# 历史文化名城基因与文化产业发展内在机制研究

## ——以西安为例

Research on the Internal Mechanism of
the Gene of Historical and Cultural Cities
and Cultural Industry Development

Taking Xi'an as An Example

梁英建　著

社会科学文献出版社
SOCIAL SCIENCES ACADEMIC PRESS (CHINA)

# 序言一

　　十数载前，梁英建担任曲江影视集团董事长时，我便与他结缘。当时，他对文化产业的热忱以及对文化传承的坚守，给我留下了深刻印象。曲江影视集团在他的引领下，深耕西安这座历史文化名城的深厚土壤，积极挖掘文化资源，精心打造了电视剧《白鹿原》等诸多富有影响力的影视作品，不仅在国内广受赞誉，更在国际舞台上展现了中国文化的魅力，让古老西安的文化基因借由光影得以传承与传播，为西安文化产业添上了浓墨重彩的一笔。

　　在中华文明的漫漫征途里，文化宛如不息的长河，奔涌数千年，既积淀着先辈的智慧结晶，更滋养着当代人的精神家园。从"文以载道"的古训到"文化自信"的新时代宣言，文化始终是中华民族发展进程中的关键力量，牵系着民族的魂魄，映照出国家与社会的精神风骨。梁英建的这部专著《历史文化名城基因与文化产业发展内在机制研究——以西安为例》，既是他当年经验的积攒也是他匠心独运的探索，为我们探索文化传承与文化产业融合发展之路作出了贡献。

　　书中聚焦西安，这座承载着华夏文明辉煌历史、坐拥璀璨文化基因宝库的古城，透过系统梳理相关文献，从文化基因这一独特视角切入，深入剖析文化基因与文化消费、文化产业之间的内在逻辑关联。在此基础上，他细致描绘西安历史文化名城基因的结构与谱系，还清晰梳理了西安文化消费及文化产业发展的现状脉络，借助严谨的实证研究，论证了历史文化名城基因对文化产业发展的积极影响，最终为西安文化产业现代化发展提出极具前瞻性的对策与保障措施。

西安，这座十三朝古都，是中华文化的重要发源地之一。从周秦汉唐的辉煌过往，到如今在新时代焕发出的勃勃生机，西安的历史文化基因始终在岁月长河中闪耀。然而，如何让这份珍贵的文化遗产在当下绽放光彩，并为文化产业注入强劲动力，是一个亟待深入探讨的时代命题。梁英建的专著恰逢其时，他的研究为这一命题提供了详尽且深刻的解答。

书中创新性地构建了文化基因与文化消费、文化产业发展的理论分析框架，这一框架的搭建绝非空中楼阁，而是建立在对文化基因、文化消费及文化产业的深入剖析之上。他清晰地阐述了文化基因如何影响文化消费偏好，进而不遗余力地塑造文化消费模式，最终深刻影响文化产业的走向。这一理论贡献，不仅丰富了文化经济学等多学科领域的理论宝库，更为文化产业从业者提供了极具价值的实践指引，使其能够精准把握文化消费的脉搏，从而更好地推动文化产业发展。

通读全书，不难看出，梁英建的研究紧扣文化繁荣兴盛的时代脉搏。在当今全球化浪潮汹涌、文化多元碰撞的大背景下，坚守并传承民族文化之魂，是实现中华民族伟大复兴的关键所在。而文化产业作为文化传承与创新的前沿阵地，肩负着将文化基因转化为经济价值、社会价值以及精神价值的重任。梁英建深入挖掘西安的文化基因，并将其与文化产业的现代化发展紧密相连，这一研究范式为中华大地上的众多历史文化名城提供了可资借鉴的范本，有助于各地在推动文化繁荣兴盛进程中，充分发挥自身文化基因优势，推动文化产业蓬勃发展，进而汇聚成中华民族文化复兴的磅礴力量。

梁英建在这部专著中所展现的学术底气、理论深度与实践智慧，令人钦佩。他多年深耕文化产业，如今又以这样一部高质量的学术成果回馈社会，实属难能可贵。我坚信，这部专著的问世，将为文化学界和产业界带来诸多启发，激发更多人投身到文化基因研究与文化产业发展的伟大事业中来，共同铸就中华文化繁荣兴盛的精神基石。

　　是为序。

中华文化促进会名誉主席

西安交通大学丝绸之路历史文化研究院院长

2025 年 6 月

# 序言二

欣闻学生梁英建基于博士学位论文修订而成的专著《历史文化名城基因与文化产业发展内在机制研究——以西安为例》即将出版。应其邀约为本书作序，我既深感欣慰，又心怀忐忑。欣慰源于该研究从选题提出到论文答辩历经十年，经百余次修改打磨，并多次征询文化大家意见，如今终将成果公之于众；忐忑则因文化基因的探索实属艰难，期待学界同仁评判。

梁英建投身文化产业研究，与他的工作经历密不可分。他在攻读博士学位期间，担任西安曲江新区管委会下属文化企业（曲江影视集团）董事长，对西安文化产业倾注心血，成功筹办丝绸之路国际电影节，主导立项投拍电视剧《白鹿原》《那年花开月正圆》等有影响力影视剧，助力陕西文化产业发展。由此，我十分认可其博士论文选题聚焦文化产业发展。在研究过程中，两个关键问题引发我们深度思考：一是当下文化研究文献繁多，但关于文化消费偏好选择的核心问题缺乏理论阐释；二是陕西作为文化资源大省，文化产业增加值占地区生产总值比重却低于全国平均水平，这种反差背后的原因亟待探究。

中华民族伟大复兴，文化繁荣兴盛是根基。坚守中华文化根脉，从文明源头挖掘文化基因，破解文明密码，铸牢中华民族共同体意识，构筑共有精神家园，是文化繁荣兴盛的关键。同时，文化传承传播依赖文化产业发展，满足人们的精神需求，还能扩大文化影响。基于此，我指导梁英建拟定了研究大纲，从文化基因视角研究文化消费与产业发展。虽历程艰辛，但梁英建同学凭借坚韧毅力达成了研究大纲确定的预期目标。

该书成果丰硕，主要体现在四方面。一是把"基因"概念引入文化学，用经济学供求范式研究文化消费偏好，指出文化认同性是根本因素，挖掘文化基因对消费选择自觉性及守护民族根魂的重大意义。二是构建文化基因决定消费偏好、偏好影响消费选择、选择推动文化传播进而促进文化产业发展的理论框架。以西安为例，剖析文化基因对消费行为的影响，阐述消费偏好对产业发展的驱动作用。三是以西安为研究对象，探索历史文化名城基因。分析基因形成因素，通过问卷调查、层次分析法模型，确定西安 8 个基本文化基因，探讨基因表现形态与遗传路径，为后续研究提供示范。四是针对西安文化资源与产业反差，研究农耕文明基因与现代文化消费契合问题，提出推进西安文化产业现代化的路径。

这部著作是文化发展领域的创新力作，难免存在一些争议与不足，但作为探路者，值得肯定。愿我们携手为中华优秀传统文化传承发展贡献力量！

以上感言，是为序！

西安交通大学经济与金融学院教授

2025 年 6 月

# 前　言

　　一个民族的复兴离不开文化的繁荣兴盛，没有文化的繁荣兴盛，就没有真正意义上的民族复兴。要实现中华文化的繁荣兴盛，必须坚守中华文化的根和魂，必须从中华文明的源头出发，梳理挖掘其深厚的文化基因，破解中华文明的密码，铸牢中华民族共同体意识，构筑共有精神家园，这是当前文化繁荣兴盛必须解决的根本性问题。在坚守文化的根和魂的同时，还必须解决文化的传承传播问题。只有文化代代传承传播，才能使一个民族的文化根脉生生不息。文化传承传播是通过人们日常的文化消费实现的，而决定人们文化消费选择的无疑在于民族文化的内在基因。也就是说，文化基因决定一个民族的文化消费选择，影响人们的文化消费习惯。在全球化时代，文化的传承和传播高度依赖文化产业发展，后者一方面可以满足人们的文化消费需求，另一方面可以有力地增强文化的影响力。在民族文化发展进程中，由于人口集聚效应，一个民族的文化基因多集中表现为城市文化特征，其中历史文化名城往往承载着文化基因的内核，包含一系列文化载体，或有形，或无形，对文化消费有巨大影响，进而作用于文化产业发展并影响经济增长，在文化繁荣兴盛中发挥决定性作用。因此，研究文化产业发展和实现文化繁荣兴盛必须从民族文化基因的视角出发。以往关于文化产业发展的研究多局限于文化产业自身发展的视角，对文化消费选择的决定因素、文化消费选择的内在机理等核心问题缺乏深入系统的思考，一些研究偏重形而缺乏魂，偏重对文化产业的商业化发展机理的研究而缺乏对文化选择价值属性的研究。守住文化之魂是文化繁荣兴盛的根本，挖掘民族文化之魂的核心在于挖掘一个民族的文化基因。而挖掘一个民族的文化基因自然要着眼于其文化基因的重要物质载体，历史文化名城就是其中一个重要方面。

随着国家文化强国战略的实施，从文化基因视角分析该问题是个新思路。文化产业的发展壮大，离不开人们对文化产品的消费，文化消费选择的背后是人们的文化消费偏好，文化消费不同于其他商品消费，其与消费者内心的价值判断密切相关，而消费者根深蒂固的价值判断的形成离不开文化基因的内在影响。所以，文化基因影响文化消费偏好，进而决定文化消费选择，而文化消费选择影响文化产业发展构成了本书研究的逻辑主线。本书在系统梳理相关文献的基础上，从基因视角入手，基于经济学原理，特别是运用消费经济学、产业经济学等经济学理论，深入揭示文化基因、文化消费和文化产业发展三者之间的内在关系，并以历史文化名城作为解码文化基因的重要抓手，揭示历史文化名城基因影响文化消费偏好及消费的机理，以及继而影响文化产业发展的机理。在此基础上，本书以我国典型的历史文化名城——古城西安为样本进行探索性研究，采用问卷调查法和层次分析法深入刻画其基因谱系，剖析其基因结构、表现形态及遗传路径等；分析西安历史文化名城基因对文化消费与文化产业发展的影响，揭示西安文化产业发展的现状、问题及其原因；利用国内市级面板数据对历史文化名城基因、文化消费、文化产业发展的关系等进行实证分析。此外，通过国内副省级城市文化产业发展定位比较，提出推进西安文化产业现代化的具体路径与保障措施，力求找到文化繁荣兴盛和文化产业现代化的实现路径。

本书主要内容和创新之处体现在以下几个方面。

第一，探索构建了文化基因与文化消费、文化产业发展的理论分析框架。本书通过对文化基因理论和功能的探索，创新性构建了文化基因与文化消费、文化产业发展的理论分析框架。基于该框架，揭示了文化基因决定文化消费偏好，文化消费偏好决定文化消费选择，文化消费的规模化、普遍化效应推动形成文化产业形态，从而进一步促进文化消费与传播；文化消费的不同偏好决定了文化消费模式的多样性以及具有地域差异性的文化记忆传播路径，决定了文化产业的内在动力、结构和地域多样性等；文化消费对文化产业发展发挥重要的影响作用，而文化产业发展也会激发大众的文化消费，从而促进文化消费的增长，文化消费与文化产业二者的良性互动和协同发展，会推动文化产业现代化进程。该理论框架的构建，进一步丰富了已有关于文化消费与文化产业发展的理论研究。

第二，提炼归纳了西安历史文化名城基因的内涵及其结构。本书运用文化基因理论提炼了西安历史文化名城基因的内涵及其结构。结合历史文化名城基因构成，采用问卷调查方法，基于调研数据从精神层次基因、物化层次基因和民俗层次基因三个方面对西安历史文化名城基因展开分析，指出西安历史文化名城基因历史悠久、积淀深厚，具有丰富的精神内涵、遍布各代的物化载体以及典型的民俗特质。深入刻画西安历史文化名城基因谱系结构，构建层次分析模型，按照权重计算出至今还在产生影响的西安历史文化名城文化基因八个方面的基本特征。接着又从物化形态即自然生态、城市形态特征与特色景观、文物典籍以及西安的传统生活生产等方面，分析西安历史文化名城基因的表现形态，并提出西安历史文化名城基因遗传的四条路径，即历史延续、文化认同、教化传承和保育发展。对西安历史文化名城基因内涵、结构、形态及其遗传路径的研究，对挖掘中华民族文化基因，传承中华优秀传统文化有着重要的参考价值。

第三，实证检验了历史文化名城基因对城市文化产业发展的影响及其机理。本书通过实证检验发现历史文化名城基因对城市文化产业的发展起到了积极的促进作用，并且这种作用是通过历史文化名城基因影响文化消费，进而影响文化产业发展的机制得以实现的。本书基于对历史文化名城基因结构的分析以及基因图谱的刻画，从多维度收集数据来定量描述各城市的历史文化基因水平，以 2014~2021 年 199 个城市的面板数据为依据，采用双向固定效应模型验证了历史文化名城基因对文化产业发展的影响及其路径，证实了本书的理论机理；发现历史文化名城基因在文化产业发展中具有主导性和特质性，对文化消费和文化产业发展具有引导作用；政府的财政支持对文化产业发展依然非常重要，财政支持力度更大的地区，历史文化名城基因对文化产业发展的影响更为显著。这些研究发现对推动历史文化名城的文化产业现代化具有重要参考价值。

第四，发现并分析了西安文化产业发展背后的文化基因缘由。本书在对西安文化产业发展现状的研究中发现西安文化产业发展水平与其丰富的文化资源不相匹配，重要原因在于西安偏重"农耕文明"，而"现代工业文明"思维偏弱，文化表达方式和消费模式与工业时代的消费模式存在很大的时代落差。如果不赋予文化基因现代化表达方式，就难以适应工业文明时代人们的消费选择习惯，从而会影响文化的传播和文化产业的发展。而破解该问题的关键在于使农耕文明的文化基因与工业文明时代的文化表达方式相契合，进而应用现代化科技，使文化基因与现代社会的文化消费选择习惯相适应，这就为实现中华优秀传统文化的守正和创新提供了理论依据和实现途径。文化消费提升可以带动文化产业的发展和壮大，进而推动中华优秀传统文化的传承与发展，实现中国式现代化中的文化产业现代化这一重要目标。为此，本书从文化生态系统、历史文化基因现代化表达体系、文化产业人才培育体系、文化产业组织方式、国际化文化交流平台等五个方面提出了西安文化产业现代化的路径。

# 目　录

# 绪论　文化产业发展研究价值

## 一　文化产业发展的世界意义

纵观世界各国的发展历程，各国尤其是发达国家在实现自身现代化的进程中，文化的复兴和传播起到了重要的推动作用。伴随近现代工业文明时代的到来，世界上出现了以英美为代表的现代工业化强国。与工业化强国相对应的是其文化价值观的不断扩张和传播，尤其是美国，经过近百年的发展，文化产业已是其国民经济的重要支柱产业，文化产品年出口规模超过了航天工业相关产品，成为第一大出口创汇产业。在文化产品输出的同时，美国的价值观也随之不断输出。在英美等发达国家的影响下，从 20 世纪 90 年代开始很多国家和地区大力发展文化产业，不断实现文化产品的品牌化。如今，除英美之外，法国、德国、意大利、日本、韩国等发达国家的文化产业在经济发展和对外贸易中都占有了较大份额，我国香港、台湾地区的文化产业在其社会经济发展中也成为一支重要力量。文化产业在带来经济效益的同时，也促进着各个国家和地区形象的传播。发展文化产业可以提高国家文化竞争力和文化影响力，更好地保障国家文化安全。从国际视野来看，拥有国际影响力的文化企业和文化产业集群是国家综合国力的象征，也是国家文化软实力的重要体现。

实现中华民族伟大复兴，是中华民族近代以来最伟大的梦想。从历史上看，一个民族的复兴必然以其优秀文化为支撑，一个民族必然随着文化的繁荣兴盛而发展。面对世界发展形势和实现中华民族伟大复兴的历史使命，在改革开放后我国国民经济快速发展，在经济实力日益强大的基础上，特别是进入 21 世纪以来，党和国家高度重视文化产业的发展。2000 年，我国"十五"计划正式提出文化产业概念；2002 年，党的十六大报告明确要求"发展文化产业"；2007 年，党的十七大报告进一步提出"大力发展文化产业"；2011 年 10 月，党的十七届六中全会对文化产业发展进行了战略性部署；2012 年，党的十八大报告明确强调要"实现中华民族伟大复兴，必须推动社会主义文化大发展大繁荣"；2017年，在党的十九大报告中文化被提升到了前所未有的高度，并提出"中国特色社会主义文化，源自于中华民族五千多年文明历史所孕育的中华优秀传统文化"；2022 年，党的二十大报告进一步提出"坚守中华文化立场，提炼展示中华文明的精神标识和文化精髓，加快构建中国话语和中国叙事体系，讲好中国故事、传播好中国声音，展现可信、可爱、可敬的中国形象。加强国际传播能力建设，全面提升国际传播效能，形成同我国综合国力和国际地位相匹配的国际话语权。深化文明交流互鉴，推动中华文化更好走向世界"。因此，理解文化产业发展的世界意义，大力推进中华优秀传统文化发扬光大和世界传播显得尤为重要。

## 二　中华优秀传统文化传承与发展态势

2016 年 7 月 1 日，习近平总书记在庆祝中国共产党成立 95 周年大会上的重要讲话中第一次向全党明确提出了坚持"四个自信"的整体战略要求，习近平总书记提出"四个自信"，在原来讲的"三个自信"基础上增加了"文化自信"①。基于此，陕西发布了《关于坚定文化自信的意见》，旨在提升文化对外影响力。全国各地不断从中华优秀传统文化、革命文化、社会主义先进文化中寻找文化自信的根脉。2017 年《关于实

---

① 《"四个自信"形成发展的历史路径》，求是网，http://qstheory.cn/2018-12/26/c_ 11239
06146.htm。

施中华优秀传统文化传承发展工程的意见》发布后，全国各地纷纷深入研究阐释中华文化的历史渊源、发展脉络、基本走向，不断加强历史文化遗产保护与利用，不断让文化遗产"活"起来、"火"起来，不断通过发展文化产业的方式深入挖掘中华优秀传统文化的价值内涵，激发生机与活力。全党全国不断深入学习党的十九大、二十大精神，各地纷纷认识到中华优秀传统文化是中华民族发展的内在基因，必须讲好"中国故事"，以此推进中华民族伟大复兴。文化是国家和民族之魂，也是国家治理之魂。没有社会主义文化繁荣发展，就没有社会主义现代化。为在新的历史起点上进一步推动社会主义文化繁荣兴盛，建设社会主义文化强国，2022 年 8 月，根据《中华人民共和国国民经济和社会发展第十四个五年规划和 2035 年远景目标纲要》，中共中央办公厅、国务院办公厅印发了《"十四五"文化发展规划》，并发出通知，要求各地区各部门结合实际认真贯彻落实，提出"深入研究中华文明、中华文化的起源和特质，构建中国文化基因的理念体系""加强中华民族共同体重大基础性问题研究，深入研究阐释中华民族共同体历史、中华民族多元一体格局"。

按照建设社会主义文化强国战略，我国各省份纷纷提出"文化强省"目标，将发展文化产业作为重要支撑，大力推进文化繁荣兴盛。经过多年发展，以京、沪、粤、苏、浙为代表的第一梯队，文化产业增加值已远远超过 3000 亿元，占国内生产总值（GDP）的 5% 以上，对全国形成了引领态势。同时，以鲁文化、赣文化、湘文化、巴蜀文化、闽文化、中原文化为代表的山东、江西、湖南、四川、福建、河南等省份文化产业增加值纷纷突破 1000 亿元大关。2022 年全国文化及相关产业增加值为 53782 亿元，比上年增长 2.7%（未扣除价格因素），占 GDP 的比重为 4.46%，比上年下降 0.1 个百分点。[①] 我国文化产业发展取得了显著

---

① 数据来自中国政府网，https://www.gov.cn/lianbo/bumen/202312/content_6923264.htm。

的进步，但是，总体上我国文化产业和发达国家相比还有一定差距。为了增强文化自信和实现文化繁荣兴盛，还必须大力发展文化产业。

在微观层面到底是什么影响着人们的文化消费选择，从而形成了怎样的文化产业发展态势？近年来日益火爆的"国潮热"为此提供了可能的答案，即人们消费活动中内在的文化消费偏好影响了文化消费选择。"所谓国潮，可以用一个简单形象的公式来理解：国潮＝中国货＋时尚潮"，清华大学文化创意发展研究院院长胡钰如是概括。以2018年李宁品牌在纽约时装周大放异彩为标志性事件，中国李宁以"悟道"为主题，坚持国人"自省、自悟、自创"的精神内涵，从运动的视角表达对中国传统文化和现代潮流时尚的理解。自此开始，国潮经历了从国潮元素到国潮品牌，再到国潮时尚的发展变化，逐渐成为一种消费新风潮。国潮将中国文化符号、中华美学精神、传统技艺、制造业与文化产业等结合在一起，其流行既是国力的体现，也代表了传统文化的回归。国潮从消费行为逐渐演变为一种具有引领性的文化现象，从实体产品到文化创意，成为激发文化创造力的标志性内核，可以说是群众精神追求的最新体现，反映了消费者精神消费的诉求，体现了消费者在消费活动中的文化消费偏好和选择。

经济学需求理论中的消费者偏好理论为此提供了有力支持。消费者偏好可以反映消费者对不同产品和服务的喜好程度，是影响市场需求的一个重要因素。一般主要由当时当地的社会环境、风俗习惯、时尚变化等对整个消费者群体或某个特定群体产生的影响所决定。消费者的国潮消费偏好增加反映了消费者对国潮商品（或者商品组合）的喜好程度不断增强。消费者根据自己的意愿对可供消费的国潮商品或商品组合进行排序，这种排序反映了消费者个人的需要、兴趣和嗜好。这类消费者既有清晰的偏好，又对自己的文化消费偏好有足够的了解，这使他们能正确判断一种文化产品的定制化供给是否真的符合他们的偏好，从而可以推动文化产品的供给者为其提供合理化、定制化的文化供给，进而推动文化产业的发展。因此，文化供给者需要了解消费者的内在偏好，并为此做出努力，才能实现供需对接，促进自身产业发展壮大。

国潮的兴起，表现了人们对中华优秀传统文化的认可和主动追求，有利于增强文化自信、提升文化消费，但是很多人在此过程中仅偏重对中华优秀传统文化"形"的追求，以模仿、趋同为目的，而缺乏对中华优秀传统文化内在的更深层次的素养及精神道德层面的追求，因而文化"潮"停留在较为肤浅的层面，无法持续发挥更大的影响力，文化消费也难以扩大，所以探究文化的根与魂非常必要。中华民族历史悠久、文化底蕴深厚，但是相比大多数工业化国家，文化产业还不够发达，存在文化资源与文化产业发展不对称的问题。这个问题的根本在于没有理解文化消费选择与文化基因的内在结构，较少从文化基因层面展开研究。一方面，坚定文化自信需要寻找民族的灵魂，挖掘梳理民族文化基因，通过文化基因认知民族的文化本性，从而"守魂"；另一方面，坚定文化自信必须增强文化张力，加强文化传承和传播，在工业文明时代就是推动文化消费，传播本民族文化基因，从而在促进文化产业发展的同时，满足人们的文化需求。

## 三　西安历史文化名城的世界影响力

中华优秀传统文化蕴涵丰富的中华民族文化基因。历史文化名城既拥有物质文化基因载体，又蕴含非物质文化基因。当前，历史文化名城所蕴含的文化基因在很大程度上也影响着地域文化消费选择和文化产业发展。但是，历史文化名城基因对文化消费、文化产业发展及其经济效应到底有怎样的影响，成为当前很值得思考和研究的问题。

西安是我国典型的历史文化名城，古名长安，有3100多年的建城史，西周、秦、西汉、隋、唐等十三个朝代在此建都，有1100多年的建都史，是中华文明和中华民族的重要发祥地之一，在中华民族史上占有重要地位。1981年，联合国教科文组织将同时享有"古代丝绸之路的起点"和"中华文明重要发祥地之一"美誉的西安确定为"世界历史文化名城"。1982 年,西安成为我国首批命名的 24 个历史文化名城之一。西安承载着厚重的历史文化名城基因,蕴含了丰富的中华优秀传统文化,既有看得见的物质文化载体,又有滋润心田的文化精神,是传承中华优秀传统文化的重要区域。1989 年,文化史学者黄新亚教授将其专著《中国文化史概论》上册又命名为《长安文化》,即表明长安文化在一定程度上就是中国古文化。

近年来,西安的文化产业发展较为迅速,取得了较好的收益。以数据为例,2018 年,西安市规模以上文化企业营业收入为 500.5 亿元,仅占长沙规模以上文化企业营业收入的 34.3%,杭州的 16.7%;从规模以上文化企业总数来看,西安仅为长沙的 1/2,杭州的 1/5。[①] 发展到 2022年,西安市规模以上文化企业实现营收 693 亿元,同比增长 14.4%,是陕西文化产业发展的核心区和集聚区,在西北地区拔得头筹。虽然西安文化产业发展迅速,但是与长沙、杭州等省会城市相比,仍有一定差距。西安文化产业总产值与其所拥有的丰富而独特的文化资源禀赋极不匹配,亟待有效利用自身的文化资源禀赋,推进文化产业的进一步壮大,为经济高质量发展做出突出贡献。

## 四 西安文化产业发展的研究意义

西安作为十三朝古都,具有深厚的文化意蕴和丰富的历史文化名城基因。为了更深入地刻画历史文化名城的基因谱系,本书拟将历史文化名城西安作为研究对象,从文化基因的视角切入,运用经济学原理系统探讨西安历史文化名城基因影响文化消费,进而促进文化产业发展的内在传导机制。本书探讨历史文化名城基因与文化消费、文化产业发展的内在关系,选取西安历史文化名城进行案例分析研究,具有代表性。在

---

① 数据来源为西安市、长沙市、杭州市统计局网站。

新时代中国特色社会主义的语境下进行历史文化名城基因的研究，有利于充分理解中华民族共同体意识的内涵，有助于深度解构文化基因在文化产业发展中的重要意义。

本书的研究具有理论上的重要性。第一，从基因角度切入，丰富了文化产业研究理论。本书综合运用基因学、消费经济学、产业经济学、计量经济学等学科方法，将文化学与经济学理论充分结合，探讨历史文化名城基因与文化消费的根本性影响因素，为文化产业研究提供了新的视角，丰富了文化产业研究理论。第二，从西安历史文化名城微观主体出发，探究了文化产业现代化的理论机制。本书通过对西安历史文化名城基因的形成环境、谱系刻画、表现形态以及传导路径等进行深入探讨，从文化学、经济学等方面丰富了西安历史文化名城的理论研究，为探索西安文化消费与文化产业发展路径提供了更为丰富的理论支撑，为我国文化产业繁荣发展以及文化产业现代化提供了新的微观机制层面的探索。

本书研究也具有丰富的现实价值。第一，为历史文化名城文化产业发展提供示范。当前，中国正在努力加快将文化产业打造为国民经济中的支柱产业。挖掘丰富宝贵的历史文化资源，使其推动文化产业发展也一直是以西安为代表的历史文化名城努力的方向。在此背景下，深入研究和探讨西安历史文化名城基因与文化消费、文化产业发展经济效益的互动关系，对其他历史文化名城发展文化产业具有很强的示范意义。第二，为西安文化产业现代化发展和壮大提供可行路径。本书拟透过现象概括出实质性问题，归纳分析历史文化名城基因对文化消费选择的影响以及对文化产业形成机制的影响等，具体设计了发扬历史文化名城基因的路径，提出基于历史文化名城基因的西安文化产业转型升级方案，特别是根据发展现状、存在的问题为西安文化产业现代化发展提出总体顶层设计、具体路径设计建议以及路径实施的保障对策等，以期对西安依托历史文化资源发展文化产业发挥一定启迪作用。

## 五 本书核心概念

### （一）文化基因

基因是一个生物遗传学概念，即遗传因子，指通过蛋白质的合成来表达生命所携带的遗传信息，是在生物体遗传进化过程中起到载体作用的基本单位。结合相关认知，本书将文化基因定义为人类社会发展过程中一个民族或一定区域范围内共同认可、相互习得并代际相传的价值观念和思维模式。这种价值观念和思维模式需要物质和非物质的载体来强化和传承，是特定文化独有的基本遗传单位。中国历史悠久，文化辉煌灿烂、传统深厚，形成的民族文化基因鲜明而独特，"民族文化基因"也可称为"历史文化基因""传统文化基因"等。

### （二）历史文化名城

历史文化名城是一个具有中国特色的概念，一般是指国家级历史文化名城，是具有悠久历史和重要的历史价值，以古都风貌或古老的历史遗存、风景名胜为特点的城市。根据《中华人民共和国文物保护法》，"历史文化名城"是指"保存文物特别丰富并且具有重大历史价值或者革命纪念意义的城市"。按当前习惯，我国的城市通常是"广域市"，即既包括市区，也包括下辖县。也就是说，历史文化名城包括整个城市的区县。历史悠久是许多历史文化名城明显的特征，例如中国历史文化名城北京、西安、洛阳、开封等，城市发展历史都可以追溯到春秋战国或者更早的时期。这些历史文化名城是人类物质文明与精神文明的重要标志和载体。

### （三）历史文化名城基因

城市文化基因是指一个城市所特有的、所携带的文化传承信息。历史文化名城呈现特别的城市文化基因，即城市文化基因中蕴含着重大的历史价值，散发着隽永的文化魅力，亦可称为"历史文化名城基因"。

根据对文化基因以及城市文化基因的解读，本书将历史文化名城基因定义为历史文化名城形成、繁荣、延续、保护过程中具有稳定性文化传承与发展功能的文化细胞，通过外在的城市有形物体如自然环境、建筑物、民俗及服饰以及无形的语言习惯、饮食习惯等载体不断复制模仿并传播，带有地域民族性格特征的文化复制行为。

（四）文化消费

人们的消费除了物质消费之外，也包含着文化消费。文化消费是指对精神文化类产品及精神文化性劳务的占有、欣赏、享受和使用等。文化消费并不独立于物质消费，文化消费是以物质消费为依托和前提的。文化消费需求的增长总是受制于社会生产力的发展，因而文化消费水平能够更直接、更突出地反映现代物质文明和精神文明的发展水平。文化消费与物质消费也存在明显不同，文化消费主要是在生理需求以外寻求精神依托，它是一种心理需求，而这种心理上的需求，并不是出于人的生物性本能，而是受文化环境和社会文化意识的影响而产生的。可以说，文化消费既是一种有形的习惯，更是一种无形的信仰。文化消费的方式也在不断发生演变，从创造作品到提供体验，从单向传播到双向互动，体验式文化消费为文化产业发展提供了新思路，开辟了新天地。

（五）文化产业

从文化产业概念产生至今，与美国、英国、法国、日本等发达国家相比，我国经济发展起步较晚，在此基础上发展起来的文化产业及其相关理论研究等方面都较为薄弱。我国文化产业起步晚，但是潜在文化市场广阔，在积极开拓国内文化市场的同时，坚决抵制国外不良文化的侵蚀，在此基础上为文化产业发展创造了良好环境。

由于世界各国在历史状况、人文风俗、经济发展水平等方面存在诸多差异，所以各个国家对文化产业概念和内涵的说法并不统一。美国将文化产业称为版权产业，从侧面反映出美国在知识产权立法方面的完善程度。日本政府则用内容产业定义文化产业，突出反映了文化产业丰富的内容性。在我国，主要采用文化产业的概念。北京、上海、广东、台湾等地因经济、文化比较发达繁荣，也经常突出文化创意产业的概念。为了促进文化产业发展、推进社会主义文化繁荣兴盛，国家统计局发布的《文化及相关产业分类（2018）》将文化产业分为两大领域——文化核心领域和文化相关领域。文化核心领域包括新闻信息服务、内容创作生产、创意设计服务、文化传播渠道、文化投资运营、文化娱乐休闲服务六大门类。

　　文化产业的经济属性决定了其必须追求经济效益，但是意识形态的社会属性又决定了文化产业要强调社会效益，我国社会主义性质决定了文化产业必须把社会效益放在首位。基于该主旨，本书主要着力于文化产业的经济效益，探讨依托西安历史文化名城激活文化消费，进而促进文化产业发展。为了壮大文化产业，文化企业需要不断深化供给侧结构性改革，在文化产品内容上不断创新，并且考虑文化消费偏好，针对不同的受众需求提供更多细分产品，丰富受众的精神文化生活；同时要不断打造核心竞争力，以在市场中占得一席之地。

# 第一章 文化基因与文化产业研究述评

## 第一节 文化基因相关研究述评

### 一 国外的"谜米"以及文化基因研究述评

1952 年，美国著名的文化人类学家克拉克洪（Kluckhohn）和克鲁伯（Kroeber）提出了"生物基因"文化特征设想[1]。1976 年，牛津大学生物学家理查德·道金斯（Richard Dawkins）在其论著《自私的基因》（*The Selfish Gene*）中创造出了"Meme"（在中文翻译中，被直译为"谜米、觅母、拟子"，也被意译为"模因"或"文化基因"）单词，作为人类文化传播的"最小单位"，以说明和描述人类文化的传播传承现象，并在该书第二版中进行了进一步完善[2]。Meme（谜米）的出现很快引发了全球性的研究热潮，诸如《谜米与反谜米》《新谜米》《谜米学：一种元生物学体系》《谜米、元谜米与政治学》《自私的谜米与人类合作行为的进化》《一定要控制住谜米》等大量论文以及众多关于谜米的网站。

1999 年，苏珊·布莱克摩尔（Susan Blackmore）博士在其著作《谜米机器：文化之社会传递过程的"基因学"》中提出"任何事物，只要它以这种方式从一个人身上传递到另一个人身上，那它就是一个谜米"[3]。这些类似于人类学理论中的"文化习得"式的话语试图建立起一套"谜米学理论",以阐述建立在模仿基础上的复制以及这种谜米的复制对于人类文化的影响和意义,开始将谜米的研究重点转向由其所产生的社会现象,例如宗教信仰、大脑和语言的起源等,逐渐形成了一套模因理论,正式作为一种新的理论学科得以兴起。

20世纪80年代,美国人类学家罗伯特·博伊德(Robert Boyd)和彼得·里奇森(Peter Richerson)共同探讨了遗传和文化因素在进化力的影响下如何相互作用从而形成人类文化的多样性[4]。随着研究深入,众多学者从不同层面提出对文化基因的看法,如 Durham 的"有能力的概念"被编码为符号[5];Distin 提出文化基因是文化进化中修改共同的概念系统[6];Heylighen 和 Chielens 指出人类之间具有某些相似的文化特质可以在人与人之间传播,文化基因实际是一种信息模式,存储在个人的记忆中,也可以复制到另一个人的记忆中[7];Lumsden 和 Wilson 提出基因和文化可以共同进化,并论证了人性既不是任意的也不是预先确定的,并且探讨了人类基因与文化的关系[8];Feng 等人提出了四种文化基因不变化范式,即基因学习、基因选择、基因变异与基因模仿[9];Chebib 和 Marriott 提出可以使用遗传和文化遗传机制的文化基因进化代理模型[10];Frost 提出文化与基因协同进化模型可以在人类社会进化中起到巨大作用[11]。文化"空间"视角可分为外在的"有形"层面和中观的"行为"层面以及内在的"无形"层面,分别对应着显性模因和隐性模因。Zhu 等人通过运用罗兰·巴特的符号学意义二阶理论框架,提取辽代陶瓷的模因来构建文化产品设计方法[12]。Bhattacharjee 等人提出了一种基于文化基因的文化特异性设计模型,该模型包括三个阶段:文化单元的识别、以文化基因为评价标准和融入设计思维过程[13]。这些研究都拓展和深化了对文化基因的理论认识,为后来研究者提供了重要的参考依据。

## 二 国内对文化基因以及中华文化基因的研究述评

随着英国生物学家理查德·道金斯的《自私的基因》传入中国,国内的学者也开始使用"文化基因"一词。早在 1986 年，傅道彬就区别了文化与文化基因，提出了两种文化基因：非目的性的盲目基因和有目的性的自觉基因。前者对文化干预比较缓慢，后者对文化的干预比较迅速[14]。此后，刘长林、姜广辉、毕文波、王东、徐杰舜、吴秋林、赵传海、吕嘉等学者不断跟进研究。

刘长林先后发表了《宇宙基因·社会基因·文化基因》（1988 年）、《中国民族文化基因及其阴性偏向》（1989 年）两篇重要文章，并出版专著《中国的系统思维：文化基因透视》（1990 年），系统阐述了"中国式"的文化基因理论[15]。尚乐林也对文化基因问题进行了较为深入的思考，对文化基因进行了一定的解剖，基于生物遗传基因理论提出了文化基因的三个层次：第一层，硬件性知识——结构基因；第二层，软件性的规律性认识——调节基因；第三层，应用知识——操作基因[16]。在前人研究的基础上，姜广辉深刻阐释了中国历史中轴心时代的发展变迁，明确指出中华民族文化基因的形成是在上古时期，其所形成的社会组织管理等模式对后世文明发展的历程产生了深远影响，并成为一系列复杂文化现象的基因所在[17]。

毕文波对文化基因提出了独特的见解，并强调只有内在的核心伦理理念才可视为文化基因，一个国家或民族各个层次的文化基因按照一定的内在联系构成一定的系统就成了文化传统[18]。其观点代表了国内学者对文化基因的一般理解，被赵传海认定为"最完整、最系统"的定义。赵传海在梳理了相关研究后，认为应该从传统文化和文化传统的视角定义"文化基因"，就是"可以被复制的文化传统和可能复活的传统文化的思想因子"，这种定义更加切合英文 Meme 的规定性，更加具有广泛的适应性，更加体现概念的具体性，更加符合中国学者的思维惯性。他还明确指出，文化基因由于传承而表现出一些诸如外在性、多维性、互动性以及无形性等特征，文化基因的功能与作用可以体现为保证文化传承、维系民族认同、规范人的行为以及规制社会走向[19]。

　　王东在探讨中华文明的五次辉煌时，也对文化基因提出了看法，并系统分析了中华民族文化基因包含五大核心理念和四大特点，并以文化进化论梳理了中华文化基因发展的五个关键时期，特别指出了研究文化基因的四项基本任务[20]。吕嘉所撰写的《中国文化的"基因"》认为，中国文化的基因实质上是一种以良知为本的儒家思想文化，并且作为一种非宗教信仰的文化，其基因需要一个强大的"绝对真理"的支撑，才得以传承和发展下去。这种"绝对真理"就是文化基因中所蕴含的得以让文化生命延续的遗传信息[21]。马大康致力于从体现民族思维方式与价值观念的语言文字符号系统中探寻"文化基因"，提出了一套自成体系的理论[22]。徐杰舜和金力基于文化学与人类文化学理论，着力从"文化内涵组成的最小单位"给出了文化基因的定义，并以其为理论观照，认识了以葫芦神话为典型案例的"中华民族从多元走向一体凝聚的奥秘"[23]。吴秋林认为这种认识是"超越了道金斯 Meme 概念的一种新的路径"。吴秋林是国内文化基因研究的集大成者，从民族学切入，先后发表多篇论文，研究非常系统深入，并出版《文化基因论》专著，成为文化基因相关研究的必读专著[24]。吴福平、李亚楠认为文化基因是人类社会文化系统中的核心"因子"，是"决定一切文化现象的最本源"[25]。杨剑飞、王文睿认为应当通过建立中国文化基因数据库，实施国家文化数字化战略，为人民的文化消费带来新体验，支持中华优秀传统文化在数字时代的传播与传承，描绘多元一体的文化地图[26]。

　　总体上国内文化基因研究呈现两种路径：一种是以哲学家为主体基于"谜米学"的研究路径，着重宏大叙事；另一种是以民族学家和文化人类学家为主体，着重自然科学解剖式研究。相比较而言，哲学家们更注重思维模式研究，文化基因更多是一种借喻，民族学家和文化人类学家通过认知人类文化的结构，期冀找到某一人群文化结构中可能存在的类似于自然基因的结构成分，从而阐述人类文化最深层次的普遍性。可以说，这两种研究思路各有千秋，虽切入视角不同，但都有助于人们从不同角度认识文化基因，增强对文化基因的理解。

## 三　国内对城市文化基因的研究述评

近年来，越来越多的学者认识到城市也存在文化基因——城市的气质和精神，城市文化基因决定和创造城市的文化要素和样态。城市文化基因是解读城市风貌以及发展状况的密码，是区别于其他城市的质的根本所在，许多学者展开了对城市文化基因的研究。在众多研究成果中，学者已不再拘泥于探究文化基因的定义，而是更加注重文化基因在现实中的应用，尤其是将文化基因与城市规划和建筑学、文化遗产保护等领域相结合，利用文化基因的基础理论知识对城市文化基因进行解释，并分析如何对其进行保护与传承。

王蔚、史箴在《与天对话——略析中国园林的传统文化基因》一文中指出，在中国自然式园林的历史发展过程中，天地礼乐的互补意识在生活和实践中所产生的作用是其演变的重要基础，与自然沟通所产生的赞美之情和精神追求构成了中国自然式园林文化的独特传承基因[27]。张鸿雁在研究城市文化基因中首次提出了"城市文化因子"与"城市社会再造文化因子"的重要观点，并利用这两种观点对"城市化"和"城市进化"进行研究分析[28]。为了揭示城市发展的内在规律，他从人类生态学和城市社会学这两个角度出发，探究社会再造文化密码和城市发展文化基因的相互作用与意义。乌再荣在《基于"文化基因"视角的苏州古代城市空间研究》一文中论证了文化基因抑制城市空间的演变主要有两方面的原因：社会性和物质性[29]。缪合林在《城市文化基因的突变和重组》一文中指出我国城市在一段时期内存在"文化基因衰化、弱化——缺乏对自有深厚文化内涵的挖掘和再造""文化理念老化——缺少创新思维""文化体制机制僵化——创业人才匮乏、竞争机制不健全""文化资源固化——缺乏能将文化弘扬光大和基因再造的思维元素"[30]。

程翠英在《武汉文化定位及推广策略研究——以文化基因为视角》

一文中，对城市文化基因做了较好的阐释，在对文化基因分类的基础上通过物质文化基因、非物质文化基因与核心文化基因、附着文化基因等构建了武汉的城市文化基因库[31]。一些学者将文化基因与城市文化空间结构分析相结合，分析文化基因在城市空间演变过程中的影响和作用。如学者霍艳红以系统进化理论为切入点，深入探究了文化基因的传承路径和演化方式，利用文化基因阐述了水文化的演变过程[32]。刘晓娜、段汉明依据文化基因理论对开封文化基因要素进行了挖掘梳理，提出了开封城市文化传承路径建设的几种模式[33]。夏雅琴、江家慧在文化基因理论的基础上分析了城市文化基因的基本类型，即主体基因、附着基因、混合基因与"变异"基因，探讨了城市文化基因与公共文化设施之间的内在关系，并指出旧城公共设施文化性更新的价值与意义[34]。这些研究拓展了人们对城市文化基因的认知，并对城市发展起到了积极的推动作用。

## 第二节　文化消费与文化产业相关研究述评

### 一　国内外文化消费的相关研究述评

（一）国外文化消费的相关研究

凡勃伦、齐美尔、布迪厄都认为文化消费是一种标示社会区分的方式。凡勃伦在其著作《有闲阶级论：关于制度的经济研究》中提出了"炫耀性消费"（Conspicuous Consumption）的概念，指出有钱有闲阶级通过炫耀自己的悠闲来传达自己的荣耀，把炫耀性消费作为展示财富和权力的重要方式，并重点探讨了服装、高级学识这两种"高一层次的"或"精神上需要的"文化消费形式[35]。这种"炫耀性"的文化消费理论，对于后世的文化消费研究影响很深。齐美尔在代表性论著《货币哲学》中指出，"时尚是阶级分野的产物"[36]，这种时尚往往能够引导文化消费。布迪厄认为文化消费作为经济活动具有特殊的逻辑，并把文化消费过程比喻为社会沟通的解码过程，指出人们缺少必要的解码能力就会陷入混乱，从而付出时间和精力方面的代价。时尚再生产理论是布迪厄文化消费理论的核心之一：其一，文化生产和文化消费这两个领域相互作用、相互融合便产生了所谓的时尚；其二，时尚的产生和发展的全过程，不自觉地体现和反映权力关系[37]。这些经典性的文化消费论著对于当前人们的消费研究仍有非常重要的借鉴意义。

文化消费与其说是一种经济行为，不如说是一种社会现象。因此，国外的社会学家对于文化消费理论的贡献很大。受经典理论家的影响，后来很多研究者都注重从社会学层面对文化产品消费行为与社会阶层、社会地位关系等进行研究，诸如本杰明（Benjamin）认为社会分层与文化消费行为十分相近，这是一种同一社会阶层文化消费"无差别"的观点，同一社会阶层容易形成较为相同的"文化选择模式"[38]。对此，Antunes 等人则提出了相反的"个性化"文化消费观点[39]，作为对文化消费选择的一种有益补充。

在经济学领域，国外学者主要是通过建立各种模型，运用分析工具，研究发现文化需求与文化消费具有较高的价格弹性。同时，也有学者通过采用不同的变量进行分析发现了影响文化产品需求以及文化消费的其他因素。随着第二次世界大战后大众传媒的崛起，关于媒介消费和宏观经济关系中的相对常数原则等理论的提出，对于文化消费研究有着重要的借鉴意义；Song 认为文化消费表征着其文化价值，因此它依靠消费者的文化资本来识别文化消费物品的文化价值[40]。这些学者的研究，对推进全面认识文化消费做出了重要的贡献。

（二）国内文化消费的相关研究

国内关于文化消费的研究也是从社会学领域开始的，罗晓玲指出较有代表性的研究有雷五明的《九十年代城市文化消费的特点及其影响因素的调查》，徐淳厚的《关于文化消费的几个问题》，彭真善、王海英的

《对发展农村精神文化消费的思考》，傅强、王朝晖的《正确引导和调控精神文化消费》，吴芙蓉的《试论知识经济时代的假日文化消费》，李金蓉的《关于我国文化消费领域主要问题分析及宏观引导的思路》，曹俊文的《精神文化消费统计指标体系的探讨》[41] 等。随着我国改革开放的深化和社会经济的飞速发展，人民群众的文化消费意识日益强烈，关于文化消费的理论探讨越来越深入，诸如杨晓光的《关于文化消费的理论探讨》、胡敏中的《消费文化与文化消费》、朱伟钰等的《阶级、阶层与文化消费——布迪厄文化消费理论研究》、周春平的《文化消费对居民主观幸福感影响的实证研究》等。

近年来，文化消费研究早已超越了社会学范畴，成为诸多学科都开始研究的一个大众领域，在理论和实证研究方面都取得了系列成果。在文化消费理论研究方面，学者集中探讨了文化消费的内涵、功能、政策，文化消费与宏观经济等。在实证研究方面，学者认为文化消费是为了满足人们的精神文化需求，内涵十分丰富，是一种更高层次的消费，有利于推动人类物质生活消费，能够促进精神文化产品生产的发展。学者也认识到了文化消费结构、需求结构的影响因素和发展变化趋势及其与产业结构的关系[42]。城乡居民文化消费研究是学者长期关注的重点，他们通过建立模型等不断观察城乡居民文化消费现状、结构、差异、观念、类型等，分析存在的问题，提出解决路径，并进行前瞻性探索。在深入研究中，陈培培运用统计和计量的经济方法对造成不同收入阶层居民文化消费差异的原因、影响因素进行了理论诠释和实证分析[43]，金晓彤等人探索了文化消费对经济增长的贡献[44] 以及新生代农民工的发展型文化消费问题[45]，张肃、黄蕊专门探讨了文旅融合对文化消费的影响[46]，杨建生、岳芬提出了文化消费产品的价值赋值、市场认同及其实现路径[47]，汪永涛论证了 Z 世代亚文化消费的逻辑[48]，李凤亮、刘晓菲前瞻性分析了新发展格局中的文化消费走向[49]，但是在总体上仍然"少有文献从增长质量层面考虑文化消费的经济效应"[50]。朱虎啸等人认为居民文化消费的增加对经济结构转型以及以国内大循环为主体的新发展格局构建具有重要的推动作用[51]。

## 二 国内外文化产业相关研究述评

### （一）文化产业发展规模与分布、集聚相关研究

关于文化产业发展规模问题，有学者指出国外代表性的研究有：Benjamin 分析解释了文化产业自身成长的内在逻辑，以传媒企业和创意企业为代表，从二者的空间集聚导致的规模效应视角展开分析[52]；Christian 分析了文化创意企业增强优势的途径，指出应该通过加强横向并购实现企业规模扩大和优势互补，进而促进文化产业的优势不断增强[53]。

国内对文化产业发展规模的研究也逐渐深入。宋泓明认为我国文化产业发展做大做强的重要举措，应该是做好产业集群建设工作和发挥产业集群的聚合效应[54]。罗建华、李铁宁指出我国文化产业在规模经营方面，需要格外加以重视，并提出了相应的着力点[55]。王乾厚指出文化企业并购可以降低边际生产成本、共享基础设施和加强信息交流[56]。李蕾蕾指出，在我国提出的各种推动文化产业大发展的具体政策支持方面，需要格外考虑这个产业自身所拥有的规模性特点[57]。李慧、吴翠花同样很关注文化产业的规模化问题，并研究指出这个问题会大大影响到我国文化产业的健康长远发展，并影响到经济的增长[58]。韩雪冰、郑文范则指出文化产业需进一步采取扩大文化产品出口等措施，来扩大规模[59]。

文化产品具有明显的地域特征。例如，Michaelsen 指出文化产业的空间分布具有很强的异质性[60]，并在进一步研究中表明文化产业在城市空间的集聚，具有促进城市经济发展、推动文化产业健康成长的经济效应。Dominic 提出了关于"产业文化区"的概念，分析了文化产业集聚的内在动力和作用发挥[61]。

文化产业的地理分布及集聚问题，也是国内文化产业多年来关注的

重点。袁海研究发现金融服务对文化产业集聚的作用并不明显[62]。戴钰研究发现，湖南各地间文化产业集聚差异较大，其显著原因是各地发展条件不同[63]。肖博华、李忠斌研究民族地区文化产业集聚作用时发现，城市化水平、从业人员数量、交通条件、文化教育水平等发挥着重要作用[64]。胡慧源研究发现地区文化产业集聚过程中，文化产业供应商自身的作用非常重要，其专业化与多样化会发挥重要促进作用[65]。郭新茹等人充分认识到"文化产业集聚及其空间溢出效应对区域创新能力有重要影响"[66]。戴俊骋等人通过计算得出中国文化产业在整体上呈现东部地区规模和效率具有全面优势的态势，与此相比，中西部地区文化产业的发展水平仍然需要整体提升[67]。宁楠、惠宁通过实证分析认为数字经济提升了文化产业发展水平，边际效应随着数字经济发展、产业规模扩大和集聚度提高递增，但消费水平和结构升级对其效应有先增后减的影响[68]。以上都是国内外学者在文化产业发展规模与分布、集聚等方面的相关研究成果。

（二）文化产业发展效率评价相关研究

产业效率是衡量产业发展的重要指标。在早期研究中，Kahn 和 Levine 认为文化作用特殊，是一种特定社会制度的表现，是非正式制度的体现，能够实现对社会意识和人们的思维活动认知的塑造，进而可以影响正式制度，最终对一国的整体经济效益有重要影响[69]。因此，文化产业发展具有促进经济效率提升的重要作用。

Fukuyama 指出，从全球范围来看，文化中的信任要素会影响该国的发展，包括资本发展和社会经济结构。并且分析了经济增长落后地区的文化中信任要素较为缺乏，导致了经济活动的交易中，各种成本激增，资本运行效率大大下降，从而影响该地区经济的良性发展[70]。Last 等人认为，促进文化产业发展，同样需要加快推动规模扩大[71]。还有一些学者探究了影响文化产业产出效率的原因，代表性的如 Marco-Serrano 指出，要想提升城市文化效率，提升城市文化产业管理者自身的能力尤为关键[72]。

国内关于文化产业效率的文献研究以评估中国文化产业总体效率为主。马萱、郑世林通过 BCC 模型研究分析了中国的文化产业投入产出效率[73]。蒋萍、王勇研究发现文化产业投入产出效率在各省份仍然处于较低水平，且在有效省份之间存在较大差异[74]。方忠、张华荣利用 Malmquist 生产力指数模型，实证分析了文化产业效率及其动态变化[75]。雷原等人认为，中国文化创意上市公司的投入产出效率仍处于较低水平，其产出过于依赖劳动力，而忽略了科技研发和市场推广对企业发展的作用[76]。

同时，国内也对如何提高中国文化企业全要素生产率展开研究与探讨。郑世林、葛珺沂的研究结果表明，要想提升中国文化产业的整体效率，得从体制改革和制度改进方面入手[77]。马跃如等人从产业规模和生态环境两个方面具体分析了如何提升文化产业效率[78]。袁海、吴振荣指出，从发展现状来看，中国文化产业效率提升的两个重要力量，分别是市场化和城市化[79]。钟廷勇等人指出随着文化体制改革的推进，文化产业产出效率的关键就是技术因素[80]。黄辰洋等人分析了产业集聚与环境依赖对文化产业效率的影响[81]。

通过对相关文献的梳理总结，可以发现文化产业发展的理论研究成果较多，并紧密结合产业实践实现共同进步。进入 21 世纪以来，国内外学者结合经济学中关于产业问题的分析方法和研究思路，对文化产业发展问题展开了更深入的研究。这一阶段文化产业发展的研究文献与早期研究相比逐渐发生转变，由关注文化产业自身，关注文化产业的效率提升，开始拓展到经济增长领域，文化产业研究的内涵和范围实现了扩展。

（三）文化产业现代化相关研究

随着我国现代化产业体系构建工作的全面展开，具体到文化产业领域，学者也日益关注文化产业的现代化发展问题，做出了相关的研究。Dai 等人认为文化产业作为一种特殊的文化经济形态，成为 21 世纪的经济支柱[82]。文化产业的现代化是全球现代化进程中的一部分[83]。李江帆认为第三产业现代化对于实现国民经济现代化至关重要，特别是在产业结构升级和第三产业占比增大的背景下，迫切需要明确将我国第三产业现代化作为重要议题，以推动国民经济的全面现代化[84]。

文化产业作为第三产业的重要组成部分，其现代化十分重要。张凤、何传启提出文化产业的现代化是"第二次现代化"中"文化现代化"的重要内容和关键目标[85]。范建华、秦会朵认为现代文化产业体系建设要求连接文化创作、生产、传播、消费等各个环节，促使文化市场主体、文化内容、文化业态、文化消费等共同发展，从而形成有序健康的现代化体系[86]。因而加强现代文化产业体系建设，提高其技术水平和管理水平，推动文化产业向高端、高质量和高附加值的方向发展，对于促进经济增长、提升国家软实力具有重要意义。在创新机制引领下，我国文化产业要以高质量发展为目标，在制度保障、科技赋能、文化支撑、消费创新和改革动力等五个领域发力，确保实现中华民族伟大复兴的中国梦，为我国文化产业发展贡献强大动力[87]。

伴随数字经济时代的到来，推动文化产业现代化的重要途径就是推动数字化转型。潘爱玲等人认为数字化转型是文化产业实现高质量发展的重要突破口，可以通过数字技术与文化行业的融合，突破时间和空间限制，推动创新、优化生产环节、提升供给质量，满足不同形态的文化需求，促进内外循环与交流互动[88]。罗兰提出数字文化产业发展状况是文化发展水平的新航标，高质量发展是适应新时代社会主要矛盾转变的客观要求，同样也是推进文化软实力和竞争力提升的重要途径[89]。Gao认为推进文化产业链现代化作用突出，是实现我国文化产业结构优化、文化经济发展方式转变的战略举措[90]。黄松、谭腾通过研究提出文化产业数字治理体系与中国式现代化的本质要求相契合，它以技术驱动、信息要素、人才要素、制度要素和渠道要素为基础，呈现高科技、高品质、高规格、高速度的现代化特征[91]。这一体系不仅体现了中国特色社会主义治理体系的优势，也承载着中华民族伟大复兴的重任，成为中国式现代化的话语载体和影响媒介。

## 第三节　西安文化基因与文化产业研究述评

### 一　西安文化基因的相关研究述评

历史文化名城属于建筑规划概念，但其内涵又涉及历史、考古、文保等多学科内容，随着文化旅游经济的兴起而不断与其发生联系，实质上成为一个综合性概念，在研究上存在很大难度，总体上成果较少，关于历史文化名城基因的文献更是鲜有出现。目前，随着文化基因以及相关研究的深化，城市文化基因的研究文献在逐渐增多。可以说，西安的文化基因蕴含在其辉煌灿烂的历史文化之中，附着在其丰富的历史文化遗产中。

对西安历史文化的研究已取得了一定数量的研究成果。刘宝才、王美凤提出了西安所蕴含的文化基因具有的三大特质：与生俱来的文明首创精神、智慧深邃的长治久安之计、不断发展的开放包容气度[92]。赵珍通过调查西安市民对老街道的认知度，认为城市快速发展的同时，老街道上的景观、建筑消失，导致文化基因的流失，应及时通过政府、学者和媒体的宣传提高市民对老街道文化的了解程度，让老街道文化基因能够向下一辈传递，从而增强西安的文化氛围[93]。魏峰群、席岳婷从城市空间演化过程出发，分析了西安的空间格局及规划理念演变，并总结了文化基因在城市空间发展过程中的作用[94]。田涛在总结西安城市文化特色的基础上指出西安城市文化基因包括生态文化、历史文化和民俗文化三个层面：生态文化——山水映城、天人合一；历史文化——恢宏大气、严谨规整、都城文化、礼制思想、九宫格局、棋盘路网；民俗文化——朴实敦厚、悠闲自得[95]。

围绕西安文化基因的研究，部分学者关注西安城市的具体景点或地点，展开了细致的研究。陈虓以西安小雁塔为研究对象，通过对比国内外对文化区域改造的实践与理论研究，运用要素采集、实例归类、种群构建、种群分析和逆转录等文化基因提取手段，得出小雁塔历史文化区域文化基因的传承路径，为保护西安文化遗产提供理论与实践指导[96]。陈晓月以西安古城门为研究对象，将西安古城门的历史与功能变迁视为历史文化基因的传承过程，根据文化基因的传承形式与传承特点为西安古城门及其街道提供改造设计策略，在解决现状问题的同时，实现了西安历史文化基因的传承与保护[97]。王萌、李君轶研究了西安历史文化街区景观对游客情感及行为意向的影响，为相应保护和开发提供了科学依据[98]。常玉梳理了西安三学街的文化基因，进行在地性评价，提出三学街公共空间的更新策略[99]。朱立挺基于关中地区的土壤、气候以及历史发展情况，探讨了西安饮食，提出将其打造为"国际美食之都"[100]。这些研究成果，让人们更加具体地看到了西安文化基因的应用。

## 二　西安文化产业相关研究述评

近些年西安文化产业快速发展，受到了学者的密切关注，中国知网收录的相关期刊文献有 340 多篇，直接探讨西安历史文化名城文化产业的还比较少，但也有与之相关的文章，其中不少对于近年来西安文化产业发展进行了科学的理论总结，能够较好地指导文化产业运营实践，尤其是一些文章探讨了西安文化产业发展模式与相应的经济贡献等问题，成为本书研究的重要基础。

在文化产业发展模式层面上，申海元研究西安文化产业的集群效应，以曲江新区、高新技术开发区、浐灞生态区和临潼文化产业集聚区四个文化集聚区探索文化产业集群特征，指出西安文化产业空间分布呈特殊地段指向性及处于多核孤立的发展阶段[101]。才超研究西安文化产业的时空相关性及其演化机制，认为西安文化产业的空间整体分布呈现集聚特征，空间布局模式为增长极模式和点轴布局模式，而这种布局的形成是在经济发展、市场需求和相关政策扶持等因素的共同作用下形成的[102]；赵高斌研究西安文化产业的社会效益，从区域竞争力、可持续发展和幸福指数三个方面分析西安文化产业的发展对策[103]；薛东前等人从整合优势文化资源，促进结构性调整和差异化发展的角度提出了提高西安市文化产业集聚水平的对策[104]。张薇认为文化消费的多样性决定文化产业发展的层次性和多元性，从而影响西安文化产业的发展[105]。李佩玉研究了西安文化产业空间集聚与人口文化素质之间的耦合关系，认为文化产业集聚程度高的区域人口文化素质也普遍较高，但二者的耦合协调程度仍然处于较低水平，仍需要进一步改善[106]。王斌等人认为，随着大唐芙蓉园、西安城墙等文化产业片区深入发展，西安文化旅游产业融合的步伐会逐步加快[107]。詹绍文、杨婷婷指出了文化物流对西安文化产业高质量发展的影响[108]。孙汀、李同昇分析总结了西安深入挖掘文化遗产的精神内涵，使其符号化、物质化、产业化，大力发展"文化遗产+"文化创意产业模式，以及推进多种业态从形式到内容的深度融合[109]。

在文化产业的经济效应层面，众多专家学者形成了系列应用性成果。刘静构建了包括 5 项主因素指标和 15 项子因素指标的西安文化产业综合评价指标体系，针对评价结果，提出了改善西安文化产业发展现状的建议及对策[110]。李悦建立西安文化产业竞争力评价指标体系，从人力资源、需求要素、外围产业因素、企业战略因素、政府行为因素五个方面分析西安文化产业的竞争力，认为西安文化产业竞争力对比北京、上海等城市的整体水平还处在较低位置，需要得到政府政策的大力支持[111]。李琳、赵江认识到西安文化产业发展中存在管理体制不完善、品牌特色不突出、人才机制不健全等问题，并从深化体制改革、吸引民间投资、优化资源配置等方面为西安文化产业提出了发展路径[112]。胡长明等运用广义灰色关联度分析方法得出西安发展文化产业对地区生产总值、政府财政的影响比旅游业、建筑业大，建议积极利用历史文化资源发展动漫产业、影视传媒业等[113]。马红园指出，文化产业已经成为西安经济的重要组成部分，对经济的带动作用日益明显[114]。朱仁伟、刘景认为，西安文化产业取得了显著的成绩，但是仍存在多元化投融资匮乏、资本结构单一、品牌效应不足、国际化程度较低等问题，这些新的问题与挑战赋予了西安文化产业新的发展要求与发展目标[115]。梁学成认为文化产业可以拉动城市经济增长、促进城市社会发展，还可以提升城市软实力[116]。李明从政策体系及法律机制、宣传引导、创新管理等方面为西安文化产业与旅游产业的融合发展提供了理论政策指导[117]；杨博、唐彬从供给侧结构性改革视角出发，认为西安文化产业集聚发展应从拓宽融资渠道、培养优秀人才、加强企业合作和立足本土与外地市场等四个方面入手[118]。张佑林等人指出以中华文化传承和创新为主线，大力发展特色文化产业是西安市的重大历史机遇和必然战略选择，通过实证分析认识到西安发展文化产业有利于增加经济总量、带动产业结构升级、优化消费结构、提升城市人口文明素质、提升城市对外开放水平和推进城市品牌形成等[119]。梁洋在探讨文化产业集群与区域经济发展理论的基础上，论证了西安文化产业集群与区域经济发展的耦合度随着时间的推移在不断上升，整体发展态势较好，并提出了一些相关对策与建议[120]。李留通等人分析了西安文化产业成长与发展对城市空间形态演变及经济效益的影响[121]。侯宇轩指出文化产业经济效益现状与存在的短板，提出利用大数据技术为推动文化产业转型升级、深度挖掘本地文化资源提供多样且优质的文化产品，充分利用地区文化产业相关人才资源，将数字技术融合于文化产业中，充分发挥文化产业园区的载体作用等建议[122]。高敏分析了西安文化软实力发展与提升策略研究，指出西安市应审时度势，充分发挥西安承东启西、连接内外的地缘和文化优势，并进一步探索了西安的文化发展战略[123]。

总体上，研究西安文化产业的文献还不够丰富和深入，尤其是基础理论类成果明显偏少，能够充分分析西安历史文化名城文化产业的理论成果还较为少见，而且大多还没有对文化基因进行深入的解读从而将其作为理论支撑，缺乏对西安城市文化基因系统深刻的梳理与总结，这也成为本书致力于以西安历史文化名城为案例研究文化基因与文化产业问题的一个重要因素。

## 第四节　相关研究评述及本书研究视角

### 一　相关研究评述

党的二十大报告指出，"全面建设社会主义现代化国家，必须坚持中国特色社会主义文化发展道路"。随着文化强国战略的深入实施，我国文化产业发展已由外延式的扩张模式转向内涵式的高质量发展新"赛道"，转型升级的迫切需求是推动文化产业发展的新的增长动力和发展思路。

从 20 世纪 80 年代到 20 世纪末的近 20 年，文化产业逐渐进入蓬勃发展期，但是理论研究滞后于文化产业发展实践。21 世纪以来，文化产业发展日趋成熟，在国民经济中的地位日益攀升。近年来，学术界也充分认识到推动文化繁荣兴盛离不开文化产业大发展[124]；做大做强民族文化产业，使民族文化获得强大的生命力，是当今中国文化繁荣兴盛的重要路径之一[125]；文化产业发展水平的高低直接影响中华优秀传统文化传承发展工程能否顺利实施[126]。学者反复强调了文化建设等宏观性问题，国内外学者有关文化产业的相关研究主要体现在文化产业的发展规模、地理分布及产业集聚等方面，同时，随着文化产业研究的内涵和范围的扩展，学者又转向对文化产业发展效率和文化产业现代化的相关研究，文化消费选择等问题却一直没有得到深层次解决。

综观现有的学术研究，发现学者对文化消费影响因素的研究主要集中在收入、数字化发展和政府文化投入等方面。刘拥军、葛美玲认为收入是影响文化消费的重要因素，发现城乡居民工资性收入对居民文化消费的反应更敏感[127]。陈鑫等人研究认为互联网的普及缩小了城乡文化消费差距[128]，李艳燕进一步研究发现互联网使用对城镇居民文化消费的正向促进作用显著强于乡村居民，互联网使用时间与文化消费呈倒 U 形关系[129]。丁萍定量研究了数字化发展及其不同细分维度对居民文化消费规模扩大和质量提升具有显著的提振作用[130]。曾燕萍、刘霞发现政府公共文化支出的增加有助于提高家庭文娱支出占比[131]，而黄晓娟则认为政府在城市文教娱乐方面的支出增加会导致城市居民在文化消费方面的支出减少[132]。

## 二　本书研究视角

分析文化产业现有的研究，发现目前尚缺乏文化基因影响文化消费的相关研究，文化基因是文化研究过程中移用生物遗传学的一个概念[133]。文化消费与其他商品和服务消费的最大差异在于文化基因的差异，不同地域的文化基因差异决定着人们的文化消费选择，而解码文化基因必须从其载体——历史文化名城有形与无形的特质方面来挖掘。历史文化名城往往承载着文化基因的内核，集聚形成了系列文化载体。历史文化名城基因能否推动文化产业高质量发展？其作用规律如何？中介机制包括哪些途径？梳理文献发现，有关历史文化名城基因对我国文化产业发展作用效果的定性和定量研究都极为稀少。

因此，本书尝试从基因视角入手，基于经济学原理，特别是运用消费经济学、产业经济学等经济学理论，挖掘文化基因对消费者偏好的影响及对文化产业的影响，以此深入揭示文化基因、文化消费和文化产业发展三者之间的内在机理，并以历史文化名城作为解码文化基因的重要载体，为文化消费的内生性选择提供价值根基。

# 第二章 历史文化名城基因与文化产业发展内在机理

文化基因是一个国家、一个民族发展演变的"密码",不仅在社会生活中发挥着重要作用,在经济生活中也发挥着重要作用。文化基因与一个区域、城市的文化消费偏好形成以及文化消费有着密切关系,从而也影响着文化产业自身的发展,包括文化产业的规模与结构等。本章旨在剖析文化基因、历史文化名城基因与文化消费(包括文化消费偏好及文化消费)、文化产业发展的内在作用机理。

## 第一节 文化基因基础理论

基因本是一个生物遗传学名词,但自 20 世纪后半期以来其在社会领域也日益成为频频出现的热词,和许多词语搭配在一起,常见的是"文化基因"。事实上,许多词语和基因搭配在一起后,其本质上也属于文化基因,亦如本书所密切关注的历史文化名城基因。

### 一 文化基因内涵及传承发展影响因素

在《牛津英语词典》中文化基因被定义为:"文化的基本单位,通过非遗传的方式,特别是模仿而得到传递。"在后来的研究与应用层面,基因更强调意识、大脑、语言等,文化基因则强调思维模式、行为习惯以及发展要素等。就国内传播的广泛度而言，文化基因已得到较多的认知。

（一） 文化基因的内涵及分类

### 1. 文化基因的内涵

从前文的文献综述以及文化基因的定义可知，文化基因主要是通过后天模仿、学习、接受影响等非遗传方式习得的，是从被动到主动，从不自觉到自觉置入人们生命中的"基质"，集中体现为价值理念与思维方式，影响着人们一生的行为、习惯等。在传承过程中，文化基因与人类遗传基因相似，是人类行为思想等的外在表现与传承，受内在制度的支配而具有稳定性、完整性、延续性的基本特征，随社会发展而发生突变。文化承载着人类思想，文化基因则可以把人类思想的外在表现与人的行为等通过文化传播的形式记载下来，并不断进行复制、积累、完善，促进社会发展。

文化基因与生物基因不同，生物基因可以计算和计量，是被证明真实存在的客观物质，而文化基因无法计量。大多数学者融合生物遗传学、社会学理论，提出了特定的文化需要凭借自身的优势和禀赋特征，进行代际传承与传播，在这一过程中保持原有的文化特质，同时受政治制度、消费习惯等的影响，遵循优胜劣汰、适者生存的原理，进行适应性的改变，以便能够获得更好的传承或传播。因此，本书认为文化基因作为思想、制度和风俗习惯等的一种表达形式，体现了某一或者某类特定文化单位的精髓，是人们主动或被动接受的信念、风俗习惯、价值观等，是一种稳定、连续、可再生的思想或制度传播的最小信息单位，通过世代交替自觉与不自觉地深入某类人群的最小信息链路。文化基因传统表现形式如图 2-1 所示。

### 2. 文化基因的类型

在理论与应用研究中，学者从不同角度将文化基因分为各种类型。诸如根据文化基因的载体可以分为物质性文化基因和非物质性文化基

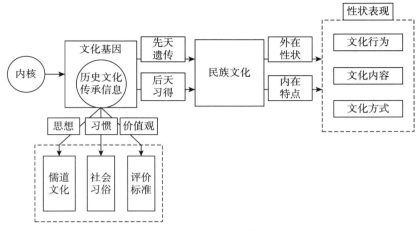

**图 2-1 文化基因传统表现形式**

因；从文化基因的呈现状态可以分为显性文化基因和隐性文化基因；依据文化基因是否主导文化属性、对地域文化的识别性、是否具有良性"变异"价值等可以划分为主体基因、附着基因、混合基因和"变异"基因。后者是目前最流行的一种划分方法，在城乡发展、文化研究等领域经常被运用。主体基因一般属于根本性的内在基因，在文化中占有显著地位，并能影响文化外在表现；附着基因通常就是文化外在表现，由主体基因决定；混合基因多是在特殊时期，吸收了外来文化而形成的基因，与主体基因共存；"变异"基因指的是受外来基因影响，主体基因发生变化后所呈现的基因。

### 3. 文化基因的特征

文化基因按照相互复制、代际传递的发展路径，受到传播制度、族群习惯与自然环境等因素的制约，以此影响文化形态发展的方向和特色文化形态的本质。文化基因既具有生物遗传的特征，又具有鲜明的民族特色，其可以传承与发展民族的思想，维系和增强民族文化认同感。基于生物基因的本原定义，文化基因具有以下特征。

一是生物遗传性。如同生物基因一样，文化基因最大的特征就是将特定人类群体的基因通过一种稳定、连续的方式不断复制、遗传演化的过程。区别于一般的生物基因，人类基因中思想观念、意识形态、审美情趣、风俗习惯、性格偏好等都是文化基因的表达形式。这些文化基因带有很强的生物遗传性，只是不表现在人类体征上，而是在人类社会发展中不断复制、遗传。当然，这种复制、遗传的过程与人类历史的进化不可分割。与生物基因遗传类似，文化基因也存在优势基因和劣势基因。

二是改变概率大。生物基因具有较为稳定的传播过程，虽然生存环境等外部条件对生物基因的变异会产生很大影响，但是其变异的过程较为漫长。文化基因有所不同，虽然它具有一定的稳定性、连续性，但是也经常受到外部影响，可能发生改变。

三是在社会系统中进行体外传承。与生物基因在系统内的唯一传承不同，文化基因通常会在社会系统中进行体外传承。文化基因遗传要通过人类的社会化系统，要借助承载主体，这些承载主体是多样化、复杂化的系统，受到各种社会生存环境的影响，在不停地交流、碰撞、融合中进化，进化的过程中"文化基因"在代际得以传承、复制和保留。

四是基因组群遗传。文化基因具有多向性、复杂性，其传播也是在多维空间中进行的，可以在不同时空、不同民族与社会群体间，实现相互影响与传承。文化基因的传播与继承，是在相互碰撞的过程中不断接受与被接受、拒绝与被拒绝、否定与被否定的，通过丰富而有效的互动，从而产生理念、思想、主张、价值等，被代际承继。

五是鲜明的时代特征和明显的意识形态特征。文化基因在很大程度上与统治者的制度约束有关，也在一定程度上表达了国家的某种管理制度。文化基因将无形与有形完美结合，具有鲜明的时代特征，在当今具有鲜明的意识形态特征。文化基因通常深刻地打上了历史变迁的烙印，使其在具有时代特征和意识形态特征的同时，又体现出显著的历史性。虽然一些物质的东西会随着时间的推移化为乌有、消失殆尽，但是民俗风貌、历史人文精神、价值观念等非物质的东西会被继承与保留，这体现了文化基因无形性和抽象性的特点，其具有相对静态的一面。

## （二）文化基因的传承发展影响因素

文化基因决定文化的基本性质和复制传播的路径，如同生物基因一样，人类的文化基因可以被"遗传和复制"（传递），这种"遗传和复制"（传递）是人类文化延续的主要方式和决定性因素。文化基因的形成过程是历史沉淀的过程，受相关事物和环境的制约，有些甚至决定了文化的存亡。综合而言，影响文化基因传承发展的有以下因素。

### 1. 自然环境

文化基因的形成、传承与人类生存生活环境密不可分，具有正相关的关系。气候条件、植物植被、地形地貌、水环境（水体系）、赖以生存的食物链等是影响文化基因最初形成的主要因素。由于这些自然环境带来的制约，人们才会想办法与自然做斗争以维持群体的生存，从而造成了人们性格上的差异性，这成为形成文化基因的主体因素之一。在中国传统文献中，早期的《礼记·王制》篇就说不同地方的人的风俗习惯自然不同；《管子·水地》中就有水土决定人的品行的说法。16世纪初期，法国历史学家博丹就提出民族差异的原因在于地理环境的不同；孟德斯鸠在《论法的精神》中也认为气候的特殊性对各民族的生理和心理等起决定性作用。这些中外思想都认为自然环境对于个人乃至民族和国家具有决定性作用。

### 2. 制度约束

文化基因的传承会受到国家制度的制约，其也会按照国家制度的要求去改造和适应。就中华历史文化基因而言，其形成离不开中国的国家制度体系文化。中华文化源远流长，在历朝历代的思想文化创新传承中，在统治阶层的价值观与利益影响下，一代一代逐渐形成如今的中华历史文化基因。其中，重要的制度有西周建立的礼乐制度、宗法制度，秦朝确立的皇权制度、度量衡制度以及西汉"罢黜百家"后形成的儒家礼法制度等。小到同一朝代的皇帝换位后的制度小调整，大到改朝换代后的制度大改变，无不影响着文化的取向和价值观的变化，只是改变多少、大小不同而已。

### 3. 宗教信仰

宗教信仰对于文化基因的形成也具有举足轻重的作用。学者吴秋林认为"信仰文化"是人类文化基础性结构。信仰文化的差异决定了人群世界观的差异，不同人群或民族的价值观不同，其根源多在"信仰文化"的不同。道教、佛教等宗教信仰与皇权文化、儒家文化共同影响了中国古代历史文化的传承与发展。

### 4. 生产方式与生活方式的变迁

人类生产方式与生活方式是文化基因的重要载体，生产方式与生活方式的变迁则又影响文化基因的传承。后者主要表现为生产方式和生活方式对思维方式和价值理念具有决定性作用，国内部分学者强调文化基因的核心内容是思维方式和价值理念[134]，从而生产方式与生活方式的变迁可以影响文化基因，当然这归根到底是生产力的作用。由于生产力进步，生产方式发生变化，诸如从小家小户的传统农业生产到工业生产、现代农业生产，生产方式更加重视集体化、组织化、规模化和专业化，人们不再以占有文化空间为主导思维，而是强调时间，生产强调时间，生活也强调时间，而且也有了更多的空闲时间，生活方式变得更加轻松、悠闲，人们的文化基因更加注重时间、效率。随着数字化时代的到来，人类在生产方式和生活方式上强调数字化、信息化、网络化、智慧化，离不开计算机、智能手机、平板电脑等，整个社会形成了信息化、网络化思维，更加开放、包容，人际关系更加平等、简单，传统的农业生产时代的文化基因内核不断消失，仅遗存下的一些文化表象也主要是为了"记忆"[135]。

## 二 中华历史文化基因谱系结构

文化基因在本质上不具备物质形态，主要传递人类思想，但可在物质载体、非物质载体或者传播信息通道方面保持特定历史文化的本质和价值。文化基因决定了文化独特性的存在，每一种文化的独特性体现于文化基因的独一无二性。在漫长的历史变迁中，由于不同的自然环境、制度约束、宗教信仰以及外部冲击等因素，不同人群和民族的文化基因逐渐形成且存在发展和改变。中华历史文化基因在传承过程中有两种发展路径：一是基因重组（修正），主要是中华文明发展过程中各民族文化的融合；二是基因碰撞，主要是在西方文明传入后与中国几千年的历史文化冲突、兼容的过程[136]。经过千百年来的传承发展，所形成的比较稳定的中华历史文化基因谱系结构，一般可以分为两大类型、五个维度，其中五个维度又可以合并为三个层次。

### （一）中华历史文化基因的两大类型

按照文化基因的"有形"与"无形"状态，中华历史文化基因可以分为显性文化基因和隐性文化基因。显性文化基因主要包括物质文化及非物质文化遗产的物质表现，体现为社会经济发展状况、生产的技术手段以及文化内涵的实物载体等，包括能够体现历史上国家制度的书籍（古籍）文献等载体。隐性文化基因主要是指人们长时期建立的人际关系、价值观念以及精神形象等"看不见"但又对社会发展、历史文化沉淀起到决定性作用的内容。

### （二）中华历史文化基因的五个维度

本书基于文化基因的"有形"与"无形"状态，将中华历史文化基因分为显性文化基因和隐性文化基因，并进一步考察了中华历史文化基因的构成，可以分为中华文明的起源、国家制度、物化的历史、民族精神特质和思想文化等五个维度。每个维度的具体解释如下。

### 1. 中华文明的起源

中华历史文化基因形成的起源奠定了中华民族长期发展的基础，表现在三个方面。①石器时代陶器的使用，人们开始从事原始农业，饲养家畜，生活稳定，由群居生活逐渐走向定居生活，形成了黄河流域的仰韶文化、大汶口文化、龙山文化与长江流域的河姆渡文化、良渚文化。②传说中的三皇五帝时期以"尧舜禅让"的民主推举制度著称，至大禹建立中国历史上第一个奴隶制国家夏朝后，其子启继位，标志着世袭制正式取代禅位制；商朝则因甲骨文的成熟运用，成为中国信史时代的开端。③西周时期，分封制与宗法制的结合，形成政权与族权的结合，如《左传·桓公二年》所记载，"天子建国，诸侯立家，卿置侧室，大夫有贰宗，士有隶子弟，庶人工商各有分亲，皆有等衰"。

### 2. 国家制度

国家制度不断塑造文化基因，文化基因也反作用于国家制度，两者相伴而生。西周是中华民族国家制度初步建立的重要时期，周礼是国家制度的显著表现。周礼又可称为"礼乐制度"，包括"礼"和"乐"。"礼"主要是对人们的行为进行规范，在不同的场合对不同的人有着不同的礼仪要求，在此之上形成了一套较为森严的政治等级制度，并成为基本的国家制度，约束每一个社会个体；"乐"辅助"礼"，不同的"礼"用不同的音乐，同时"乐"也可起到进行精神文化感召和沟通感情的作用。记录周礼最为完备的著作亦被称为《周礼》，记录了周代官制和政治制度，又称《周官》，后来成为儒家经典，对后世影响极深。秦统一六国后，确立了一套至高无上的皇帝制度，凡行政、军事、经济等大权均由皇帝统揽，并建立与"三公九卿"制配套的中央集权制度以及郡县制度。在经济上，确立了度量衡制度，其理论基础是周易哲学"阴阳和合"的辩证法则和"天人合一"的宇宙观念。"天人合一"就是指人与自然和谐相处、融为一体。这些制度及其所蕴涵的思想文化成为影响中国千年国家制度和历史文化的源泉。

### 3. 物化的历史

中华文化基因源于辉煌灿烂的历史，这些历史主要写在浩如烟海的古籍典册之中，留在人们的记忆之中，但更刻画在文物古迹和非物质文化遗产之中。朝代演进从商周秦汉到后来的唐宋元明清，形成了浩瀚的历史文物、遗址遗存：青铜器、甲骨文、殷墟、丰镐遗址，灵渠、长城、咸阳宫遗址、居延汉简、楼兰遗址、马王堆、历代帝王陵墓、古堡村寨等大多是中华文化基因的重要实物载体。这些物化的历史反映着中华民族独特的价值理念。

### 4. 民族精神特质

中华民族精神特质与民族文化基因互为一体，有怎样的民族文化基因就有怎样的民族精神特质，反过来民族精神特质也反映了文化基因的内涵。西周秦汉的文武之治，几乎成为后世国家治理的典范，基本奠定了中华民族精神的基本规范和精神特质。因此，经过千百年的历史文化沉淀、熏陶和培育，中华民族形成了特有的精神风貌。尽管存在南北差异、东西有别，民族精神特质也千差万别，但是本质差异不大，这是大一统的中华文化基因所决定的。所以，民族精神特质具有特定历史传承之特性。

### 5. 思想文化

中华思想文化形成的第一个高峰是春秋战国时期，形成了诸子百家，比较有名的是儒家、道家和法家的思想，它们影响了中国几千年。汉武帝时，董仲舒提出"罢黜百家、独尊儒术"。魏晋南北朝时期，由于战乱频仍，中国人极缺乏人文关怀，儒家思想中只重视生前而不讲死后灵魂归属的入世学说无法让普通民众在心灵上得到寄托和抚慰，于是佛教开始崛起并发展壮大。唐朝时期，由于佛教和道教交相兴盛，儒学一度衰微。宋代时期，由周敦颐和程颐程颢兄弟创立，朱熹发扬光大的"理学"诞生，此后又有南宋陆九渊和明朝王守仁创立的"心学"出世。这些思想文化成为中华思想宝库的重要组成部分。

## （三）中华历史文化基因的三个层次

在上述分析的基础上，可以将五个维度的中华历史文化基因谱系结构进行有机合并，划分为三个层次，具体可以归纳为精神层次基因、物化层次基因与民俗层次基因。各层次文化基因及其基因构成解释如下。

### 1. 精神层次基因

该层次是中华历史文化基因谱系结构中的最高层次，是中华民族价值观的核心体现，与整个民族个性特征、自然环境的发展历史等密切相关，具有典型的文化思想承接功能，属于思想与意识形态基因，也称核心文化基因。结合研究的概念界定，可以将其基因类型具体化为民族精神基因、制度文化基因、文化根源基因、性格特质基因等四个方面。

### 2. 物化层次基因

该层次是中华文化在长期的发展演变过程中产生并留存的大量历史文物、遗址遗迹及其山川河流、城乡建筑、基础设施等，代表着历史文化的发展演变与基因的形成过程。结合前文的概念界定，可以将该层次基因类型具体化为历史文物基因、遗址遗迹基因、山川河流基因、城乡建筑基因和基础设施基因等五个方面。

### 3. 民俗层次基因

该层次主要表现为人们生产生活中的风俗习惯、人情交往、习俗礼仪、语言服饰、生产方式、生产活动等，奠定了人们日常活动的基本规范。结合研究的概念界定，可以将其基因类型具体化为农耕文化基因、工商文化基因、人情礼仪基因、餐饮文化基因、民风民俗基因和文化娱乐基因等六个方面。

为此，归纳出中华历史文化基因的三个主要层次基因及各自的基因构成，具体如图2-2所示。

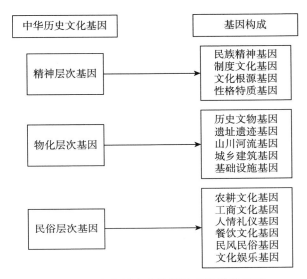

图 2-2　中华历史文化基因层次及其构成

在此基础上，综合上文分析的中华历史文化基因谱系结构的两大类型、五个维度，将其中五个维度合并为三个层次，可以总体绘制出中华历史文化基因谱系结构一览图，具体如图 2-3 所示。

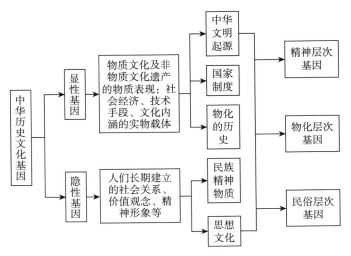

图 2-3　中华历史文化基因谱系结构

## 第二节 文化基因与文化消费、文化产业发展
## 内在机理分析

### 一 文化基因与文化消费偏好及文化消费的内在机理分析

人们的文化消费选择是基于一种难以名状的感悟而进行的选择，这种感悟背后隐含着人们的文化消费偏好，而这种文化消费偏好往往根植于人们灵魂深处的文化基因，因此文化消费选择应从对文化基因的探索开始。

（一）文化基因对文化消费偏好及文化消费的影响机理

**1. 文化基因传承及学习效应的影响分析**

文化基因与民族的世界观、价值观相伴而生，延续至今。一般而言，文化基因作为携带着民族文化信息的遗传因子，是民族文化遗传微粒上的一个功能内核，是传承历史文化信息的基本单位。文化基因通过引导民族的文化行为、内容与方式来传承历史文化信息，进而控制民族文化的性状表现。

文化基因是无形与有形的结合，在本质上具有精神性，文化消费即满足精神需求。文化基因的传承及学习效应会对文化消费产生影响，一方面，固有文化基因的传承和表现，能够促使人们产生文化消费欲望，形成文化消费偏好，进而产生相应的文化消费行为，产生文化消费活动；另一方面，人们进行文化消费可以对传统文化基因予以学习吸收，一些人群为了满足自身精神需求所进行的文化消费行为，比如游览观光、娱乐体验、文化艺术品欣赏等，会给其他人群的文化消费倾向带来影响。这就构成了其他人群在文化基因方面的学习效应，也形成文化消费偏好，促进了社会整体的文化消费活动。

**2. 文化基因"理性成瘾"特征的影响分析**

文化消费过程通常是一个知识不断增值、创新的过程。一般商品具有

效用递减规律，而在文化消费过程中则具有边际效用递增的特点。对此，可以用微观主体消费行为理论与人力资本理论结合来解释。文化基因具有"理性成瘾"特征。对此，学者 Becker 和 Stigler 结合音乐产品消费需求进行了实证研究，证明过去的文化消费体验越多，文化消费需求就会随之增加，而且这种需求具有一定的稳定性、明显的消费偏好和消费经验。这种稳定性、消费偏好、消费经验即带有文化基因，可称为"理性成瘾"[137]。适用"理性成瘾"理论分析的消费品称为成瘾性产品，由其属性决定。对于文化产品来说，质量和属性具有文化基因成瘾性的特征。考虑到文化产品的形成过程和品位具有特定的形成机制和定位，应该是品位决定了文化产品消费的特性或服务，其很大程度上受到了文化基因的影响。

学者 Becker 等人对文化消费的"理性成瘾"进行了更为深入的研究，认为现代家庭的消费效应最大化函数是由消费品、时间等因素共同决定的，消费品位也带有很强烈的"理性成瘾"特征[138]。这种文化消费的"理性成瘾"归根到底是基于文化基因的文化成瘾性消费，其中文化消费品位对于文化消费需求具有较强的内生性影响。简言之，文化基因的"理性成瘾"特征反映了消费者自身的文化消费偏好，进而在消费偏好的影响下，人们产生了相应的文化消费行为及活动。

### 3. 文化基因政府政策引导特性的影响分析

从文化产业史层面讲，每一个历史时期都存在文化消费，但从没有像当前时期这样旺盛。因此，基于意识形态的重要性，政府往往要对文化产业和文化消费进行必要的引导，这种引导对文化消费偏好的形成和文化消费活动有重大影响。在引导过程中，制度文化基因总是穿梭其中。制度文化在中外经过千百年的积累，尤其是近现代以来快速发展并互相吸收借鉴后在各个国家和地区已极为丰厚，作为四大文明古国之一的中国更是制度文化的代表。

中国特色社会主义制度在我国社会主义现代化建设中发挥了不可替代的作用。制度文化基因涉及政治、经济、文化、法律等多个方面，在我国更多时候以政策文件的方式予以体现。为了搞活经济和大力发展文化产业，从中央到地方不断出台刺激文化消费的政策文件，诸如《国务院关于进一步完善文化经济政策的若干规定》《北京市人民政府关于促进文化消费的意见》《关于进一步加快陕西文化产业发展的若干政策措施》《内蒙古自治区人民政府关于进一步促进文化产业发展的若干政策意见》等，但同时各级党委、政府也在着力引导民众树立正确的文化消费观念，引导树立有意义的文化价值观和消费观。

（二）文化基因对文化消费偏好及文化消费的作用路径分析

生物基因支撑生命的基本构造和性能，储存着生命性状、血缘、孕育、成长、死亡等相关遗传信息，演绎生命的繁衍与传承。也就是说，所有生物的生、长、衰、病、老、死等一切基本生命现象都与生物基因有关。生物基因在遗传信息的过程中，有两个基本的特点：第一，能够完全复制自身，保留遗传信息，保持生物的基本特征不变；第二，在传承信息即繁衍后代的过程中，生物基因所包含的信息可以发生变异，使后代基因产生变化，不同于之前生物基因所包含的遗传信息。在正常条件下，自然生物都会在遗传信息的基础上发生变异，这些变异是正常的变异。与生物基因类似，文化基因包含着历史文化传承信息，这些信息不断进行繁衍与变化，最终形成今天人们所看到的文化体系。消费偏好理论是消费者行为理论的一个部分，消费偏好是消费者的一种心理效应，指消费者对商品或劳务的喜爱程度，或者指决定消费者在两种或两种以上的商品或劳务间进行选择的态度。它是消费者对商品或劳务优劣性所产生的主观的感觉或评价。由于消费者个人所处的环境和生活经历各不相同，在消费过程中会受到多方面的影响，每个人的喜好不同，由于资源的偏缺，会产生一定的偏好。消费偏好通常会受到家庭文化教育因素、经济政策因素、社会环境因素等多种因素的共同影响。一般来说，消费者对于各类商品的选择都会有一定的选择顺序，在面对多种商品的选择时，往往会根据个人的喜好或者受消费者群体影响，对商品进行排序，并且在之后购买该类商品时产生习惯，总是选择同种、同类的商品。消费偏好情况与该类商品或相关服务的市场需求量一般显著正相关，因此消费者的偏好情况是一种重要的消费市场信息，是直接影响企业市场需求和产业发展的一个重要因素，对于企业市场营销中的决策分析具有重要的参考价值。

具体到文化产业系统中，由于文化基因携带大量历史文化信息、基因结构的复杂性和地域多样性，影响着人们的文化消费结构、内容和习惯，从而能够决定文化消费的发展与传承。总体上看，文化基因决定文化消费偏好，文化消费偏好又决定文化消费模式，主要归结为以下三个方面。

**1. 文化基因历史传承信息量决定着文化价值符号的选择**

一个民族的兴盛衰败与文化基因有很大关系。文化基因在很大程度上决定了一个民族的历史文化传承信息，进而决定了这个民族的生存方法和思维方式。在人类文化发展的历史长河中，文化基因不断存储新生的历史文化信息，并对已经形成和沉淀的历史文化进行传承与发展，最终形成具有庞大历史文化传承信息的当代文化系统。在长期的历史发展过程中，中华民族逐渐形成了自身特有的文化基因。这些文化基因渗透进人们的日常生活中，决定着人们对文化价值符号的选择。以古城西安为例，它所蕴含的丰富的历史文化传承信息极大地赋予了人们文化价值符号的选择能力。西安古城墙是中国现存规模最大、保存最完整的古代城垣，现代西安地铁标识即以城墙为主要符号，并与地铁隧道元素结合起来，使得人们在对地铁进行消费的同时也能感受到西安城墙的魅力。钟鼓楼位于西安市中心，作为西安标志性建筑，也在影响人们对周围文化价值符号的选择。人们在参观钟鼓楼的同时，可以在附近领略西安传统的美食文化，在感受不同历史文化信息的同时进行文化消费。西安拥有丰富的历史文化传承信息，建筑地标如大雁塔、大唐不夜城等传达出来的恢宏的历史信息，旅游景点如兵马俑、华清宫等传达出来的震撼气势，美食佳肴如凉皮、肉夹馍、羊肉泡馍等传达出来的丰富生活气息，无不促进了人们对于文化价值符号的精神追求，无不影响着消费者的文化消费偏好及其消费行为。

### 2. 文化基因结构决定着文化消费的需求结构

万事万物从根本上都有它的起源，比如中华历史文化基因的源于中国本原的哲学宇宙观。中华历史文化基因诞生于西周以前，贯穿上下五千年的发展历史，在每个历史阶段都表现出了一定的文化特征。在历史文化传承过程中，中华历史文化基因不断吸收各种文化信息，但又保留了传统文化基因的特点，在特定的自然和社会条件下，经过漫长的筛选与沉淀，最终形成了具有复杂基因结构的当代文化基因系统。以古玩市场为例，在各朝各代的历史文物中人们可以看到，不同的物质水平表现出了不同的文化特征，同时传递了不同的历史文化信息。各个朝代比较有特色的文物有商朝神秘的铜镜、战国厚重的三足鼎、唐代瑰丽的唐三彩、宋代秀雅的瓷器、元代奔放的瓷器、明清精巧的瓷器等。这些朝代的文化特征不断随历史文化的积淀而日益丰富，鲜明地呈现在这些古玩身上。虽然经过不断演变、交流和碰撞，但始终一脉相承，将中华民族特色的文化基因最大限度地保存了下来。这些大量的历史文化传承信息表现在具有丰富种类的古玩市场中，影响着消费者的偏好，为消费者提供了充足的消费选择，从而也决定了消费者多元化的需求结构。

### 3. 文化基因区域多元性决定着文化消费的地域差异性

不同的地域具有不同的文化基因，这由物质方面的生存环境和精神方面的意识形态共同决定。因此，文化基因的区域多元性也决定了文化消费的地域差异性。以旅游纪念品消费为例，它不仅是人们消费的实物文化产品，也是文化基因的一种具体表现形式。不同地区的不同文化基因，使得各种旅游纪念品在造型、内容、形式上能够直观地表达出它所具有的文化差异性。人们经常说"因地制宜"，这里的"地"就指任何区域都有它独特的资源，再结合当地特有的文化基因，使它自身的特点尤为突出，体现出文化消费的地域差异性。例如，北京天坛的纪念品，将天坛独一无二的建筑设计结构作为文化基因，与纪念品进行巧妙融合，再辅以独特的材料和文化内涵，体现了北京特有的文化消费内涵。享有瓷都美名的江西景德镇，拥有悠久的制瓷历史，瓷器种类繁多、精巧绝伦、特色鲜明、装饰丰富、闻名遐迩。瓷器是当地最好的文化消费代表和象征。景德镇得天独厚的高岭土资源是瓷器品质卓越的最大基础条件，随着大批瓷器手艺人、业内行家的涌入，瓷器文化逐渐发展成为景德镇特有的文化基因。这种文化基因最终推动形成了景德镇特有的瓷器文化消费现象。如西安的兵马俑，消费者在进行文化消费的同时能够很好地感受到西安当地的文化特色。所以，可以说不同地域所具有文化基因的多元性决定了文化消费的地域差异性。

总体上看，文化基因对文化消费决定的逻辑如下：文化基因决定了文化消费偏好，进而决定着文化消费模式的需求结构，而文化消费偏好又决定了文化消费模式的多样性以及地域性，从而形成了不同的文化消费模式，最终又由文化消费模式影响文化产业发展。由此，可以绘制出文化基因对文化消费偏好及文化消费的作用路径示意图，如图 2-4 所示。

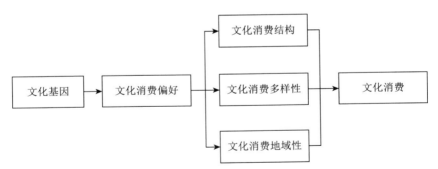

**图 2-4　文化基因对文化消费偏好及文化消费的作用路径**

## 二　文化消费与文化产业发展的内在机理分析

根据产业发展理论，产业发展的动因归结为三个因素：创新、需求和供给关系以及心理因素。这三个因素亦即造成产业发展周期的重要因素。创新带动了新技术的出现，新技术的产生和推广使用是产业发展的主要推动力；市场供给和需求的变化又会限制或者推动产业的发展；人们消费心理的变化和收入预期也会影响产业的发展现状和前景。基于该理论可以得到，人们的消费即需求对产业的形成与发展具有重要的影响。消费需求对产业发展的影响体现在以下三个方面。首先，如果价格能够很好地传递信息，那么，当某种产业的市场需求扩大时，相关产品的价格就会上涨，进入这个产业的资本就会增多，产业发展速度就会加快。其次，需求的减少会抑制产业发展。最后，需求的变动会改变原有产业的生产规模、生产模式、产品结构、成长进度等。该理论对本书分析文化消费和文化产业发展的内在机理具有重要的指导作用。

目前，文化消费构成了人们生活的重要组成部分。洞悉民众的文化消费状况有利于了解一国或地区民族的精神状态，因此，这是各国发展文化产业的主要方向之一。文化消费通过文化事业和文化产业两个途径，对大众精神道德情操以及国家软实力都产生了巨大的影响。文化产业为文化消费提供了产品和服务，并影响了文化消费。文化消费则帮助人们实现精神满足，从而推进文化产业发展。所以二者相互影响，双向作用。

**1. 文化消费对文化产业发展的影响**

消费在国民经济中具有重要地位，一直得到经济学家的高度重视，他们展开了大量的研究，取得了丰富的研究成果。其中，马克思对消费与生产的关系论述得更为深刻和全面，其理论观点概要总结为，消费对生产具有重要影响；消费构成了生产的目的，并对生产起着导向作用；消费还能提升劳动力质量，促进生产发展。具体到文化消费和文化生产发展的关系来看，也符合需求与供给的理论逻辑，表达得更为具体些，体现在以下三个方面。

一是文化消费需求是文化产业形成发展的动力，文化消费能力的提高会推动文化产业的发展。民众文化消费的增长和需求的扩大，会推动文化产业生产供给质量和水平的提高，实现供给端对需求端的有效满足。尽管文化产业发展离不开资金、技术和人才等因素，但如果没有需求端的扩展，特别是大众对文化产品服务的消费，文化产业发展就难以为继。所以，在市场经济条件下，社会大众的文化消费需求构成拉动文化产业发展的动力。同时，当大众的文化消费能力随着自身素养的提高而提升的时候，就会拉动文化消费水平和质量的提升，表现为刺激了文化产业的生产，所以需要持续推动大众文化消费能力的提升，促进文化供需良性匹配。

二是文化消费的多样性需求决定文化产业的多样化发展态势。文化消费形式多样，有个人消费和公共消费，还有被动消费和参与消费等。大众的消费需求层次多样、水平不一、要求各异，并且随着自身收入提升会发生消费的升级和质量提高，进而促使消费领域扩展和消费内容丰富，实现消费结构的优化。因而，文化产业的产品和服务供给，需要因需求之变而变，需要紧紧围绕需求开拓创新，从而呈现多元化发展的良好态势。

三是文化消费可以不断提升国民素质，提高人的现代化水平。在全球化环境中，一个民族想要长久屹立于世界优秀民族之林，这个民族每个成员的基本素质是关键因素之一。国民素质的高低，可以折射出国家精神文明建设水准，是关系国家形象、民族声望的大事。从个人层面看，国民素质和社会文明程度的提升最终要体现在"人的现代化"水平上。而文化消费能够提升国民素质，有利于人的现代化水平提升。

因而，文化消费对文化产业的发展十分重要，它可以促进文化产品生产的调整和升级，带动文化产业的成长和优化，促进国民经济的发展。同时，文化消费也可以提高劳动力的质量，提高劳动者的生产积极性，促进人的现代化发展。

### 2. 文化产业发展对文化消费的反作用

在马克思关于消费与生产的关系论述中，还指出生产对消费的反作用，他认为生产会创造和决定消费。基本观点概要为，生产创造消费品，为消费活动提供消费对象；生产决定消费方式；生产创造消费者。从社会再生产过程来看，生产是真正的主动因素，而消费是生产的目标。马克思的理论观点并不认为"供给自动创造需求"的萨伊定律是正确的，这是因为生产者不仅创造消费资料，还创造生产资料。马克思的关于生产对消费品、消费方式和消费者的创造作用，对本书分析文化产业发展对文化消费的反作用，具有直接的指导作用。

虽然文化消费可以决定文化产业的存在和发展，但是不能否定文化产业也对文化消费具有明显的反作用力，文化产业也引导着文化消费，影响着文化消费[139]。具体来说，表现在以下三个方面。

一是文化产业的发展会促进文化消费的增长。根据萨伊定律，供给创造需求。只有生产出更多高水平的文化产品，才能激发更多的文化消费。虽然我国文化市场发展很快，供需两旺，但客观来分析还存在突出问题，就是文化供给方面的精品力作较为缺乏。从事精神文化产品生产的企业对其从业人员有特殊要求。创新是文化的本质，是知识经济的根本特征，而创新的主体在于人才。能否拥有充足的高素质文化产业人才，将决定一个国家文化产业发展的水平高低和速度快慢。文化产品质量和水平取决于文化产业从业人员的文化素养，而文化素养的提高又有赖于文化消费。所以，通过文化产业供给端的改革创新，能够有效引导文化消费端的需求。

二是文化产品影响和改变人的文化素养，并创造新的文化消费。文化消费不同于物质消费，更加侧重精神依托。文化产业是文化与经济相结合的产物，具有经济和社会双重属性。文化产业在生产过程中，需要了解消费者的偏好，满足消费者的需求，特别是满足消费者的精神诉求，其生产的产品要体现积极向上的价值观导向，因而其需要实现经济效益和社会效益双赢。而传统文化产品只有向个性化、差异化发展，才能从根本上调动文化消费积极性，激活社会大众在文化消费中的活力，实现文化消费市场的繁荣。

三是文化产业的发展提高了大众的经济收入和消费能力，增加了大众的文化消费。收入是消费之源，提高大众收入水平就是扩大文化消费的关键。随着我国居民收入的总体增长和人们消费的趋势变化，多地将文化产业发展作为重要产业，甚至是支柱产业，推动了文化产业的快速发展。作为可持续发展的新兴产业，投身其中的民众也获得了较好的收益，并通过产业关联带动作用，提升了相关产业上下游的市场收益，提升了民众的经济收入。而民众会进一步扩大包含文化消费在内的各种消费，实现了文化产业的进一步发展。文化产业就是在这种微观的文化产品和服务价值不断形成、增加和实现中发展的。

综合以上分析，可知文化消费与文化产业发展具有相互影响和相互促进的密切关系，文化消费的增长及内容的变化，日益成为影响文化产业发展的内在力量和主要因素，带动文化产业的发展升级，文化产业的发展水平又决定了文化消费的发展趋势。因此，通过对文化消费与文化产业发展的相互作用分析，可以绘制出文化消费与文化产业发展的内在机理示意图，如图 2-5 所示。

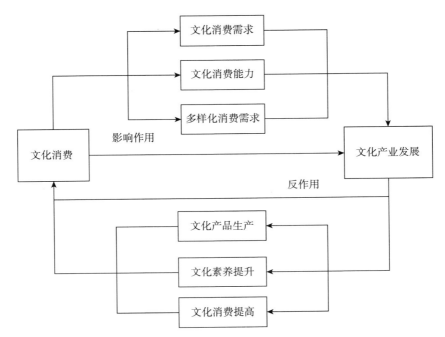

图 2-5  文化消费与文化产业发展的内在机理

### 3. 文化供需双向升级推动文化产业现代化

党的二十大报告指出，"在新中国成立特别是改革开放以来长期探索和实践基础上，经过十八大以来在理论和实践上的创新突破，我们党成功推进和拓展了中国式现代化"，并在分析中国式现代化的特征时，特别指出，"中国式现代化是物质文明和精神文明相协调的现代化"。这个论断对推动我国的文化产业现代化发展具有根本的指导作用。

文化产业具有经济和文化双重价值，在中国式现代化道路上，文化产业的变革和发展不仅是一个经济问题，还是一项关乎人民精神世界和社会文明水平的事业。新时代推动文化产业现代化发展，应做好文化供需两端协同升级。

一方面，文化供给的升级可以创造新的需求。文化领域更加需要创意和美感，实现"无中生有"。从事文化产业的人员需要打破日常思维，开动脑筋，加强对各自文化"IP"的开发和利用，创造新颖、吸引人的产品和内容，丰富现有文化市场，激发大众消费热情。这样，所形成的新业态、新内容会激活新市场和新消费，更好满足民众的多元化消费需求。

另一方面，文化消费需求的升级也可以牵引新的供给。前文的马克思主义理论分析表明，消费对生产具有影响。随着民众收入提高和经济状况改善，对消费具有天然的升级诉求，这就会引发市场的积极回应，导致供给扩大，以及产品服务等的适应和匹配。在经济学拉动经济的"三驾马车"中，如果投资和出口的作用不显著，则消费的拉动作用就升为了主要动力。文化产业也需要激活文化消费的拉动作用，并促进文化消费的不断升级，推动文化产业的转型和升级，实现文化产业的现代化。

所以，在文化产业现代化过程中，始终需要以物质文明和精神文明协调发展为导向，用高品质文化供给引导民众需求、用高层次文化消费牵引文化供给，二者良性互动和良性发展，不断丰富民众精神生活，增强人民群众的获得感和幸福感。通过文化产业现代化，不断丰富中国式现代化的内涵和构成。

## 三 文化基因通过文化消费影响文化产业发展的机理分析

文化基因决定文化消费偏好，文化消费偏好决定文化消费选择，文化消费的规模化、普遍化效应可以形成文化产业业态，进一步促进文化消费与传播。同时文化消费偏好还决定了文化消费模式的多样性以及地域差异性的文化记忆传播路径，进一步决定文化产业的内在动力、结构和地域多样性等，最终驱动文化产业发展并产生社会经济效应。文化消费对文化产业发展的影响与文化基因密不可分。为此，本书进而展开文化基因通过文化消费来影响文化产业发展的作用机理分析。

文化基因具有大量历史文化传承信息。这些信息经过历史的发展与沉淀，逐渐渗透进人们的日常生活中，形成了人们的消费偏好，特别是有关的特色文化、习俗和惯例等，进而促成人们通过消费具有传承信息的文化物品，实现与自身消费偏好的一致，并影响和决定文化产业变革的方向与内容，进而通过文化产业的供给，提高自身的文化消费能力，具体影响路径分析如下。

（一）文化基因在某种程度上决定人们的文化偏好

这种偏好与消费者内心的价值判断密切相关，文化偏好的这种特征，决定人们的文化消费选择，有了由文化偏好决定的文化消费需求，才能稳定持续地促进文化产业发展。

文化基因能够影响人们的文化消费偏好，进而提高人们的消费能力和扩大文化消费，推动文化产业的发展。如古城西安文化旅游业驰名中外，有大雁塔、钟鼓楼等旅游景点；有兵马俑、华清宫、城墙等文化地标；有肉夹馍、凉皮、羊肉泡馍（对游客而言，它们也是文化产品）等美食佳肴，它们都是承载着特定历史文化传承信息的文化基因，成为西安标志性的文化。为了更好地满足人们日益扩大的文化需求，文化产业在不断适应中无疑会得到发展。同时，人们在进行文化消费的过程中，既要与携带大量历史文化传承信息的文化基因发生联系，也要与文化产品的生产者、提供者以至文化产业发生联系。正是由于旅游业、电影业、传媒业等业态的快速发展，文化产业才得到长久的发展[140]。

工业革命以来，人类社会不断注入"工业文明"的文化基因。和工业革命前的农业文明相比，"工业文明"基因巨大的变化就是人们的文化消费能力得到了显著提升。在工业文明中，文化消费不断商品化使得现代文化产业日益呈现工业化、产业化、普及化等趋势，而且科技的发展大大促进了"三化"，并进一步体现出链条化、科技化、场景化等趋势。其中，工业化强调文化生产制作方式的巨大改变和作品的巨大变化，表现为流水线作业和大规模生产，垂直一体化的"大制片厂制"，产品内容的程式化、标准化和专业化分工等。链条化强调产业链分工合作和消费更加细分，推动文化产业规模化、集聚化、品牌化等，实现产业集聚效应、规模效应等。科技化是现代文旅产业发展的重要手段，现代文化商品从制作到终端消费，基本离不开高科技的支撑，特别是历史文化资源的整合开发，几乎已离不开技术的加工。场景化是当前消费的重要趋势，文化产品特别是历史文化产品要充分考虑消费场景，从而不断满足现代文化消费对消费场景的个性化、随机性等高要求，以实现流量变现，获得最大收益。

（二）文化基因决定文化消费需求结构从而带动文化产业结构升级

文化基因所产生的文化消费偏好导致文化消费需求结构发生了变化，这种变化推动了文化产业结构的不断升级发展。在人类社会发展初期，人们主要致力于物质生活需求的满足，随着居民收入水平的提高，物质消费占总消费的比例逐渐降低，文化、娱乐等精神消费快速增长[141]。党的十九大报告明确指出："中国特色社会主义进入新时代，我国社会主要矛盾已经转化为人民日益增长的美好生活需要和不平衡不充分的发展之间的矛盾。"这意味着，人们的消费需求已经从满足基本物质需求转向追求精神消费需求。文化消费作为精神消费的一种形式，成为推动产业转型升级和经济增长的新动能。

在人类发展演变的历史长河中，每个历史阶段都具有不同的文化基因，表现出不同的文化特征。人类在各个历史阶段不断吸收新的文化信息的过程中，往往又保留了传统文化基因的特点，从而形成了复杂的文化基因结构，最终表现在不同种类的文化物品上，最终决定了文化消费的需求结构。人们随着对文化物品种类丰富程度要求的提高，产生了各个不同层次的文化消费需求[142]。文化基因的基因结构从根本上决定了这些需求。仍以古玩市场为例，文化基因在不同朝代的具体承载形式多样，亦如前文提到的商朝的铜镜、战国的三足鼎、唐朝的唐三彩以及宋元明清各式各样的瓷器。文化产品为人们提供了充足的消费选择对象，最终决定了消费者多元化的需求结构。社会的进步提高了人们的生活水平与质量，人们对于物质的消费也不再仅仅停留在表层上，而是逐渐转向更深层次的精神文化需求上，文化消费结构不断多元化，促使文化产业链条不断延伸。近年来，人民群众旅游需求的不断旺盛，给旅游产业和与其相关的上下游产业都带来了巨大的发展机会；越来越多的人不断趋向于品鉴不同种类的电影文化，带来了电影票房的不断攀升，从而促进了电影创作、电影生产、电影院等一系列文化产业链条的结构升级。因此可以说，文化基因的基因结构决定了文化消费的需求结构，而文化消费需求结构最终带动了文化产业结构的调整，促进了文化产业结构的变迁与升级。

（三）文化基因多样性决定文化消费差异性而形成文化产业多样化地域布局

文化基因具有多样性，因而受其影响的文化偏好也具有多元性，继而文化消费具有差异性，从而推动文化产业布局的多样化。我国地大物博，不同的区域往往在气候、地理位置和自然资源等方面都不同，生存环境和物质形态大不相同，因此产生了不同种类的文化基因，呈现区域多样性。以旅游纪念品消费为例，旅游纪念品实质上是文化基因的具体承载形式，是一种常见的文化消费。不同地域的旅游文化有着不同种类的旅游纪念品。北京天坛纪念邮票、江西景德镇瓷器和西安兵马俑模型等，分别从造型、设计、形式到内容、文化、意义都直观地传达了文化消费的地域性差别。这些独具特色的旅游纪念品消费形式，由文化基因所决定的文化消费的地域性差异形成。文化产业根据其所在地域自身的文化底蕴、文化资源和文化消费习惯最终形成了客观的布局。因此，文化基因的区域多样性决定了文化消费的地域差异性，最终形成了文化产业的多样化地域布局。

与我国不同的是，美国、英国和德国等发达国家工业文明基因更加浓厚，通过经济发展引领世界潮流，文化创意产业极为发达、文化消费极为旺盛[143]。2023 年 10 月 16 日，2023 世界文化名城全球大会在成都开幕，英国 BOP 文化创意咨询集团联合创始人兼董事长、世界文化名城论坛秘书长保罗·欧文斯发布《世界文化创意中心城市报告》（以下简称《报告》），勾勒世界文创中心城市最新版图，并探讨全球数字创意产业发展趋势、市场机遇与未来挑战。《报告》指出，美国的城市在文化创意产业方面继续保持全球领先地位，尤其是在数字创意、影视制作、音乐和游戏等领域。美国的文化创意产业在全球市场中占据重要份额，其强大的技术创新能力和广泛的全球网络使其成为文化创意产业的核心力量；英国的曼彻斯特、伦敦等城市在文化创意产业方面表现突出。曼彻斯特被选为研究案例之一，其在音乐、艺术、设计和数字创意领域具有显著优势。英国的文化创意产业以创新精神、强大的专业人才基础和政府支持为特点，成为全球文化创意产业的重要节点；柏林是德国文化创意产业的核心城市，被誉为"欧洲文化创意产业之都"，其文化创意产业涵盖艺术、设计、音乐、电影、时尚等多个领域，具有显著的国际影响力，柏林 2030 年城市发展规划将文化创意产业作为重要战略，计划通过创意释放城市潜能，吸引更多国际投资和人才。《报告》分析称，高速连接技术、更强的处理能力和先进的创意生产工具结合，引发了人们对沉浸式娱乐的巨大兴趣和投资。据预测，到2032年，沉浸式内容的全球市场价值预计将达到1440亿美元，年增长率将超过20%。

通过上述分析可知，文化基因作为一种时间与空间相结合的概念，同时具有"变与不变"的特征，变的只是形式，也就是具体承载表现以及影响文化消费和文化产业发展的不同路径；不变的是文化基因本身，作为一种非生物基因，携带着历史文化传承信息，不断进行传承与延续，最终决定了文化消费以及文化产业的发展源泉、结构变迁和地域多样性等。因此，文化基因以这三种独特的传导路径影响文化消费，最终促进了文化产业的发展。其作用机理如图2-6所示。

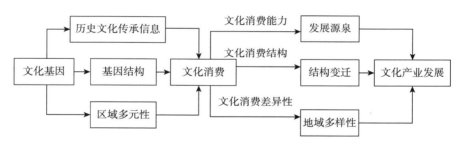

**图2-6 文化基因影响文化消费与文化产业发展机理**

# 第三节 历史文化名城基因与文化消费、
# 文化产业发展内在机理分析

## 一 历史文化名城基因"解码"

文化基因在文化的保护和传承中发挥着重要作用，历史文化名城作为一种特殊的城市，是文化基因的重要载体，蕴含了区域历史文化的精华，承载着丰富的历史文化信息。

（一）城市文化与城市文化基因

在人类社会从低级向高级发展的过程中，文化推动起着至关重要的作用。城市文化是一座城市的灵魂，是城市在长期发展中市民们共同创造的精神财富，包括社会风气、民俗文化、居民素质等各种文化形式，与城市形象紧密相关[144]。良好的城市文化会使一座城市树立具有亲和力、吸引力的良好形象，一座城市的文化会和这座城市的人民在精神上产生共鸣，这就是一座城市真正的魅力所在。美国人类学家摩尔根认为人类发展过程中，只有通过不断地积累经验知识，愚昧社会才会进化到文明社会。也就是说，没有文化的积累与沉淀就没有文化基因的传承与发展，人类社会也就不可能发展到文明社会。在现代社会，"积累经验知识"比较突出地体现为城市文化不断沉淀的过程，即本书所说的城市文化基因。

城市文化基因在漫长的人类城市发展过程中逐渐形成，通过历史交替、人文演化等以内在精神密码的形式不断沉淀下来。与生物基因遗传类似，城市文化基因也可以产生某种形式的进化[145]。无论是动物还是人类，新文化形式均产生于"文化突变"，即在一种稳定状态下的文化基因能够遗传进化，向另外一种稳定状态进行发展，这就是观察城市社会文化发展的"基因视角"。

在城市中，物质文化、制度文化以及精神文化相互作用、相互影响，内在地体现人的主观能动性，最终形成一种文化性格以及精神特质，这就是城市文化基因，也就是说城市文化基因是城市基于地缘禀赋内在的长期自发形成的独特文化性格以及城市文化精神特质。如西北城市粗犷、耿直、憨厚的文化性格，与江南城市婉约的文化性格形成鲜明对比。

城市文化基因是一种深层次的社会意识，甚至是一种"无意识"，沉淀为市民的价值取向和思想意识，是市民综合素质、文明素养的综合反映。城市文化基因更多源于城市历史地理演变，表现为历史遗址遗迹以及历史建筑、历史街区等。城市文化基因是城市的内在底蕴和张力，在很大程度上能够成为城市民众生产生活的"驱动力"，表现为市民共同的"意志"，或积极奋进，或安于现状，或开放包容，或封闭保守。城市文化基因在市民内心具有深层意义的"一致性"，可以有力推动城市经济、文化以及社会的全面发展。

在城市文化基因中通常有两种元素：智力因素和精神力量。智力因素作为 21 世纪世界经济竞争的基本保证，在经济发展中起到巨大支撑作用，集中表现为在城市经济文化相互竞争的过程中，同时拥有人才和技术。精神力量包含三个层面：激发力、导向力和感召力。这三者相互促进、相互融合，激发活力，形成组织效能，共同推动经济文化社会发展，彰显出强大的文化力。文化力通过转变人的思维方式、提高人的觉悟、激发人的斗志三种形式将人的主观能动作用充分发挥出来。文化力的推动在城市发展中起到不可替代的作用，这是社会发展的普遍规律。当然，城市文化基因中的智力因素和精神力量在促进发展中一般要有个转化的过程，而非立即推动发展。建设文明城市，就应该利用城市文化的这些内部力量推动发展，将城市文化形象完整地打造出来，最终实现城市经济的可持续发展。

（二）历史文化名城基因的具体类型及谱系结构

历史文化名城大多比较完整地保留了历史风貌或特色，在很多方面可以使人感受到强烈的历史文化氛围或民族文化特征[146]。在历史上，很多历史文化名城是政治、经济、文化中心，发挥着各不相同的功能，但是发展到今天，历史文化名城主要发挥文化传播功能，以及在此之上形成的相应经济功能。

在今天，历史文化名城的文化已更多地成为一种文化基因，已融进当地人生活生产的潜意识里，并"表现出强烈的地方文化特征，即在人的观念、生活习俗、性格、哲学思想、音乐、戏剧审美、文学等方面具有独特性"[147]。历史文化名城浓郁的文化氛围、丰富的历史遗址、不同程度的知名度和影响力以及名城中人们的潜意识、地方文化特征等方面的独特性不断融入为这个城市人群的群体自意识、学习力、共同情绪等文化基因，亦即历史文化名城基因。历史文化名城基因也是一个比较复杂的系统，按照不同标准可以划分为不同的类型，这些类型交织在一起，构成了历史文化名城基因的谱系结构。

### 1. 按照属性划分

在学者的研究基础上，可将历史文化名城基因划分为主体基因、附着基因、混合基因和"变异"基因四种类型[148]，每种类型的基因阐释具体如下。

主体基因是指在城市文化中具有一定稳定性、主导文化属性与品质的基因，可以对城市其他文化产生较大影响，是城市文化基因谱系图形成与衍生的"母体"，离开或抛弃了主体基因，文化可能就无法传承，城市特色可能就会黯然失色。

附着基因是指依附于一定的载体而存在，能准确反映城市文化特征的基因符号。诸如物质文化中城市建筑物体现出具有浓郁地方特色的形体、色彩、材质、装饰纹样等元素；亦如非物质文化中带有浓厚地域风情的方言腔调、戏剧艺术、曲调韵律、节庆习俗仪式等元素。

混合基因是指相同或不同地区的几种不同文化基因融合后形成的基因，它在历史文化名城发展过程中也可能会真实记录特定历史时期重要的文化信息。混合基因也是历史文化名城基因库中的重要组成部分，它们的存在可以有效地维护文化生态平衡和文化多样性。不同历史时期，建筑物风格、街道布局变化以及市民信仰崇拜、风俗习惯、节庆仪式的变迁等大多属于混合基因。城市混合基因是主体基因及其附着基因的变迁结果。

像生物基因一样，文化基因也存在"变异"，在"变异"中则又存在良性"变异"和恶性"变异"，这两种都属于"变异"文化基因。在现代城市建设中有必要保留城市传统风格与肌理，在保证功能的基础上加入一些时代感强烈的元素，可以形成良性"变异"文化基因；相反，在社会快速发展的过程中，若不懂文化还要进行文化旅游开发，完全不顾历史文脉和文化特色，根据开发者好恶强行在中华优秀传统文化中加入外来元素，或是干脆抛弃中华优秀传统文化，就会形成恶性"变异"基因。

**2. 按照可视性或形态划分**

结合对基因理论、类型等的认知，历史文化名城基因可以按照视觉可达性更为明显地分为显性基因和隐性基因。显性基因既包括（古）建筑、遗迹遗址、历史文化街区、饮食器皿、服饰衣物等看得见的实体物质，又包括饮食动作、艺术表演、待人接物以及其他生产生活状态等看得见的非物质化行为表现，与物质文化是紧密相关的。隐性基因主要是指思想观念、宗教信仰、思维方式、道德维系、制度约束、语言表达等看不见但往往又对区域发展传承起着重要作用的要素，更多属于精神文化层面。

按照可视性或形态也可以将历史文化基因分为物质文化基因和非物质文化基因两类。其中"物质文化基因是以实体物质的形式存在，通过物质材料呈现、传播与传承的，通常所说的饮食文化、居住文化、生产文化就属于物质文化基因。非物质文化基因又被称为'活态文化'，以精神状态的形式存在并通过口头讲述和亲身行为等方式来表现和传承，如信仰文化、语言文化、制度文化等"[149]。

按照可视性或形态划分方法可以形成两种结果。在这两种结果中，物质文化基因和显性文化基因不能画等号，因为非物质文化基因也基本属于显性文化基因。这只是分类方法的两种结果，不能产生混淆。

**3. 按照层次性划分**

结合中华历史文化基因三个层次的划分，也可以进行历史文化名城基因的层次性划分，可划分为精神层次基因、物化层次基因和民俗层次基因。其中，历史文化名城精神层次基因通常包括文化根源基因、制度文化基因、民族精神基因、性格特质基因等；历史文化名城物化层次基因主要是物质环境基因层面，包括历史文物基因、山川河流基因等，对精神层次基因有影响，但也受到精神层次基因的影响，多表现为物化形式；历史文化名城民俗层次基因主要指以历史文化名城为中心的当地生产生活方式，包括餐饮文化基因、农耕文化基因、文化娱乐基因等，和人们的日常状态紧密相关，介于精神和物质之间，多表现为民俗形式。

综合上述分析，可以绘制出历史文化名城基因谱系结构图，如图2-7所示。

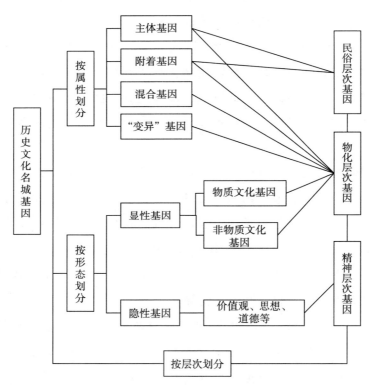

**图 2-7　历史文化名城基因谱系结构**

（三）历史文化名城基因的表现形态

探究历史文化名城基因的具体表现形态，对推动历史文化名城的文化产业发展意义突出。历史文化名城蕴含着丰富的文化基因，这些基因是城市中各类文化的"原型"以及最本质的特征，可以通过物质化的实物或非物质化的"符号"等创造并传承，表现为建筑景观风格或文学艺术表演等，诸如西安古城的方正，苏州古城前街后河的空间骨架，天井内院与建筑相间的空间肌理；或者是《骆驼祥子》《白鹿原》等名著以及川剧、越剧等；甚或是饮食方面的四川火锅、北京烤鸭等。在历史文化名城中，基于文化基因形成了一系列文化物种。这些文化物种内容广泛，从自然要素到社会要素，从远古时代到当今时代，从物质实体到精神实体，它们是历史文化名城基因的重要表现形态。

　　历史文化名城基因的表现形态主要包括以下几种。①城市中的自然生态，如山体、水体、动物、植物、气候等。虽然按照环境决定论观点，自然生态在一定程度上影响着城市文化基因，但是在城市发展过程中它们也不可避免地被人工改造，在改造过程中无疑注入了人类的价值理念；或者是通过历代名人的文学诗词歌赋，给这些自然要素赋予了浓厚的文化成分，使其成为历史文化名城基因的重要组成部分。②城市形态特征与特色景观。形态特征包括城市道路骨架、节点、公共空间、核心、地标、边缘等方面；特色景观包括城市建筑、城市绿地、城市色彩等方面。这些在一定程度上影响着城市文化基因，在漫长的城市发展过程中它们也成为或者日益成为历史文化名城基因的一部分，其中一些要素在人为规划建设中也充分体现着城市文化基因。③承载历史信息的古建筑物、历史遗址、历史事件发生地、城市基础设施、军事设施以及具有历史价值的大量文物等。这些是具备历史文化名城条件的基本要素，也是反映历史文化名城基因的实物载体，一方面通过对它们的研究分析可以进一步挖掘梳理认知城市文化基因，另一方面通过对它们的展示利用可以促进城市旅游产业与文化产业发展。④传统的生活与行为方式，包括城市传统的节日庆典、祭祀活动、地方戏曲、土特产、工艺品、餐饮、服饰、语言、交往习俗等方面。随着时代和社会发展，这些传统的生活与行为方式已比较少见，但其承载了较多的城市文化基因，特别是城市隐性文化基因；它们因为少见从而成了旅游和文化产业开发的重要资源。⑤某些传统的特色产业，如手工业等。其既具有显性基因，又具有隐性基因，也带有传统的城市文化基因，但是由于社会变迁，它们大多已不适应城市发展而遭到淘汰，仅有少量存续下来，基本都成为非物质文化遗产，并且日益成为旅游和文化产业开发的重要资源[150]。

归根到底，历史文化名城拥有着比一般城市更多的文化基因，且这些文化基因的表现形态更为多样，成为特殊的历史文化名城基因，这种基因使城市能够散发出更为耀眼的魅力。历史文化名城基因成为城市及其民众不断前进的内在动力，通过发展城市文化产业，可以创造出更多的辉煌，实现更多的社会效益和经济效益。

## 二 历史文化名城基因与文化消费偏好及文化消费的关系分析

历史文化名城基因是人们传统生活的折射和历史文化的精粹，表现了一个区域的历史文化厚度，文化消费潜力巨大，有利于文化产业发展。文化消费可以分为现代文化消费与历史文化消费两部分。现代文化消费一般是指消费以现代为背景的文化用品、文化艺术作品等；历史文化消费主要是指消费传统的历史文化作品和历史遗迹等。在此，现代与历史没有严格的区分，可以相互交融，目的在于加强民族文化的继承和发扬。而且，在《关于实施中华优秀传统文化传承发展工程的意见》等政策文件的引导下，各地在文化产业发展中高度重视对中华优秀传统文化的继承与发展，以强化民族意识、民族信念，坚定文化自信，使得历史文化产品消费也受到政府政策的鼓励与支持。在文化消费中，历史文化名城带来的历史文化消费成为重要部分。

### （一）历史文化消费的特征

和一般消费相比，文化消费更多是一种精神消费，历史文化消费即完全属于精神层面的消费。历史文化消费对象主要包括历史文物、历史古迹、纪念品以及与之相伴的山水文化，或者其他载体，但是主要消费目标是蕴含在历史文物中的中华优秀传统文化、内在精神以及被现代化的传统文化产品、精神载体等，通常会以历史文化名城、历史文物遗迹、历史人物及其行为习惯、饮食、服饰等传递思想。和现代文化消费相比，历史文化消费的文化基因更为浓厚，呈现更为明显的文化消费特征。

### 1. 属于非必需的精神需求

在当前，文化基因可以通过文学作品、新媒体以及有形的传统文化建筑等形式变为民众可以欣赏的历史类精神文化产品或服务，并进入市场成为文化商品。但是对大众而言，历史文化商品一般属于生活非必需品，人们只有收入增加后才可能增加其消费；随着人们闲暇时间的增加，人们会增加历史文化商品消费，同时整个物质文明进步也会使这类精神文化需求增加。因此，历史文化消费需求存在一定的不确定性、随机性等，消费弹性较大。

### 2. 消费群体差异化较大

历史文化消费群体非常复杂，不同收入、不同知识存量的阶层等都有消费需求，所以存在很大的消费需求差异，这对相应文化消费品的开发利用、保护等提出了更高的要求。无论是理工科背景还是文科背景，普通老百姓还是公务人员、知识精英等，无论从商、从政等都对历史文化有消费需求，只是观点不同，并且学习、吸取的文化精髓（文化基因）有所差异。因此，对于不同需求的历史文化消费群体，既要开发富有时代特征的文化消费品，又要开发差异化的文化消费品，这需要一定的创新思维。

### 3. 消费效用更具递增特征

文化消费越多、频率越高，消费效用递增越快，效用感也就越大，所以在新时代文化消费需求旺盛，传统的历史文化消费更加旺盛，更具递增特性。在当前科技更新日新月异的情况下，大多数文化产业从业者必须终身学习，历史文化产业从业者更需要不断探索新的知识，研究新的消费动向以及文化需求，因而也要不断地学习，保持与时代同步。

### （二）从历史文化名城基因到文化消费

从历史文化名城基因到文化消费，中间需要一系列环节，首先是要挖掘富有文化基因神蕴的历史文化资源。历史文化资源包括物质文化遗产资源和非物质文化遗产资源，物质文化遗产可分为文化遗产与自然遗产。这里的文化遗产主要是指古建筑、古遗址等；自然遗产主要指山水风光等。非物质文化遗产主要是指包含了人类智慧而富含文化基因的历史文化资源。这些富含文化基因的历史文化资源经过人们文化创意、辅助科技等手段，加上投资以及科学的运营管理，就可以形成历史文化产品，将其推向文化市场后，就形成了历史文化消费。在中国特色社会主义制度下政府扮演了重要的角色，特别是一些大型开发项目，多是政府启动的，并与企业联合打造文化产品，将其推向市场。

### 1. 历史文化名城基因的重要价值

历史文化名城丰富的文物古迹以及历史氛围等是发展旅游业的重要基础和依托，是一种极富吸引力的文化旅游资源，"几乎支撑着中国旅游业的大半江山，在中国旅游网络体系中有着特殊的地位和价值"[151]。同时，旅游业的发展可以带来文物古迹的修复、重建和复原，博物馆、文化城等一系列文化工程项目得以兴建，形成系列文化产品，为丰富民众文化生活提供了更多可能。在历史文化名城基因的影响和加持下，一方面本地的人们会拥有更高的文化素质，具备更高的文化品位，有更多的精神文化诉求，因此也会形成更多的文化消费欲望，产生更强的文化消费偏好；另一方面历史文化名城基因会推动形成更为丰富而珍贵的文化资源，通常成为名城内外人们文化消费的重要源泉，特别是外地人对于历史文化名城悠久的历史、丰富的文物古迹、浓厚的文化氛围等会产生强烈的兴趣，这些是历史文化名城文化消费的强大动力。这种文化消费具有知识性、学习性，能够满足人们的求知欲、陶冶人们的情操，是一种高层次的文化消费行为。

历史文化名城文化消费对民众、城市以及地区国家也都有不同层面的意义。对民众而言，人们通过对和历史文化名城相关的文化进行消费表明了他们对历史传统的追寻。这种文化消费可以满足现代社会中人们精神和情感的需求，诸如人们在历史文化名城中参加历史名人纪念活动时，会产生一种特别的情感，使人获得一定的心灵慰藉；感受过去时代的建筑风格、人文气息，同时学习、了解古人的智慧，参观者的心灵和情感可能会被触动，从而形成精神"享受"[152]。发展历史文化消费，对城市而言可以使历史文化得以传承。对内进行乡土教育、爱国主义教育，对外宣传区域历史文化、促进经济发展，是城市建设和发展的重要方式。对国家和地区而言可以通过提升人们的精气神、净化心灵，进一步促进现代城市文化与传统文化的和谐发展，促进传统文化焕发新的光彩。

2. 历史文化名城基因实现文化消费的作用过程

上文的论述，从可行性和必要性两个层面都表明历史文化名城与文化消费有着密切的关系，历史文化名城基因通过影响消费者的文化偏好，提升了消费者的文化消费欲望，进而促进了历史文化消费，所激发的巨大文化消费潜力，会使得文化旅游产业规模不断扩大。历史文化名城基因所赋予的历史文化资源，包括物质文化资源和非物质文化资源，经过合理的利用，特别是经过创意开发、社会投资以及科技创新和有效运营，可以为民众提供历史文化产品。这种有效的文化产品供给在文化市场的作用下影响文化消费需求，从而实现了历史文化消费，进而促进了文化消费。其作用机理如图 2-8 所示。当前，广大民众纷纷参与到历史文化名城的文化消费之中，引起国家和地方对历史文化名城文化消费的极大重视，均积极推进城市文化产业发展。在文化产业发展初期，历史文化名城开发往往扮演着引擎角色。

## 三 历史文化名城基因通过文化消费促进城市文化产业发展的路径

历史文化名城具有重要的文化价值和旅游价值，其对一个地区文化产业的发展具有不可磨灭的影响。历史文化名城所负载的文化基因一方面能够渗透到文化产业的发展过程中，直接表现为地区文化产业的发展，

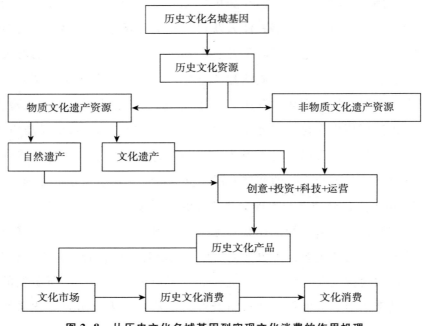

**图 2-8　从历史文化名城基因到实现文化消费的作用机理**

另一方面则能够渗透到经济活动和产品生产中，表现为地区各行业文化资源的充分利用。探究历史文化名城基因与文化产业发展的内在机理，是加快文化基因向文化资源、文化资本转型的必要环节。为此，本书先分析城市文化基因对文化产业发展的影响，继而揭示历史文化名城基因对城市文化产业发展的作用路径。

（一）城市文化基因与文化产业发展

城市文化基因对文化产业发展具有先天性的影响，并可进一步推动城市发展。第一，在世界发达经济体中，将现代文化产业部门深深植根于城市独特的文化基因之上，不仅是推动经济快速发展的关键引擎，也是扩大产业规模与提升国际影响力的重要途径。通过挖掘和利用城市的历史、艺术、传统和创新资源，文化产业能够形成独特的竞争优势，促进就业、吸引投资，并增强城市的软实力。这种以文化为驱动力的经济发展模式，已成为全球发达城市提升综合竞争力的核心战略之一。第二，城市文化基因对文化产业影响巨大。一方面文化基因富含在文化资源之中而使其更具转化为文化产业的优势，另一方面文化基因促使其他资源要素更容易和文化资源一起形成文化产业资源进行文化生产。文化产品通过市场交易实现自身的价值，适应市场需求的文化商品会拉动文化生产，包括规模化、链条化和集聚化生产，促进文化产业的发展。因此，利用好城市文化基因，优先打造文化旅游产业有利于发展旅游经济，进而有利于城市发展。城市文化基因促进文化产业发展的作用路径如图2-9所示。

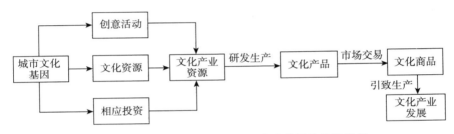

**图2-9　城市文化基因促进文化产业发展的作用路径**

（二）历史文化名城基因通过文化消费影响城市文化产业发展的传导机理

历史文化名城作为一种特殊的城市，可以带来更加旺盛的文化消费，成为城市文化产业发展的重要驱动力。许多历史文化名城通过相关产业融合、结合城市建设等，走出了适合本城市实际情况的文化产业发展路径。特别是重视城市空间载体优化等，将文化产业发展与城市建设、城市风貌、业态布局、公共服务、资源配置、社会心理等充分关联起来，形成"运营城市"的大好局面。

从历史文化名城基因作用于城市文化产业发展的机理看，首先，历史文化名城基因所体现的历史文化资源非常丰富，会对消费者的文化消费偏好产生影响，推动消费者参与文化消费活动；其次，文化消费对生产产生影响，即引致生产，将会优化文化产业在城市产业空间的布局，通过文化产业的发展，包括传统文化产业的优化提升和新兴文化产业的培育布局，促进城市产业结构的调整、升级与优化，提升产业资源的配置与经济要素转移的效率，推动城市产业空间载体重构；最后，城市现代文化产业体系的不断建立和完善，会带动城市社会、体制、生态、精神等多方面发展，实现城市产业从经济单维发展向多维度发展升级的系统性全面发展。这种发展，也是文化供需双向升级下城市文化产业现代化发展的表现。历史文化名城基因通过文化消费影响城市文化产业发展的传导机理如图 2-10 所示。

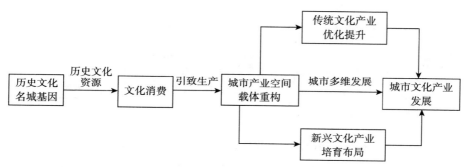

图 2-10　历史文化名城基因通过文化消费影响城市文化产业发展

# 第三章　西安历史文化名城基因结构
# 及其表现形态

依前文理论分析可知，历史文化名城是挖掘一个民族文化基因的关键。西安作为历史文化名城影响巨大。从周文王建立"丰京"开始，西安拥有3100多年的建城史和1100多年的建都史，是中华文明和中华民族的重要发祥地之一，蕴含着丰富的中国传统文化基因，在中华民族文化史上占有重要地位。西安是世界四大古都之一，是古丝绸之路的起点，是古代中华民族连接世界的重要枢纽。西安在很大程度上代表着中国传统文化的"根"与"心"，因此本书以西安历史文化名城为例进行探讨。本章主要剖析西安历史文化名城到底拥有怎样厚重的历史文化基因，有怎样的表现形态，其遗传路径如何，以及可能形成怎样的文化产业。

## 第一节　西安历史文化名城基因形成分析

西安历史文化名城的形成是历史文化发展演变的结果。西安历史悠久，多个历史王朝在这里建都，取得了辉煌的文化成就，在中国乃至世界文化史和城市史上都占有重要地位。西安之所以能够长期作为中国的都城，文化影响巨大，与西安的历史地理环境有着密切关系。因此，探寻西安历史文化名城基因的形成，需要从西安自身的历史地理环境和历史文化脉络方面着手。

## 一 西安历史地理环境与定居农业的形成

西安古称"镐京""长安"，长期作为国都，历史地理环境是其重要基础，是其成为历史文化名城的基础条件。西安在古代能够长期作为国都，与其自身良好的历史地理环境密不可分，推动了定居农业的形成以及人口集聚，具体表现在以下几个方面。

（一）良好优质的自然资源

西安地处中国陆地版图中心的关中平原，南依秦岭，北临渭河，地势平坦，平均海拔 400 多米，属于暖温带半湿润的大陆性季风气候区，气温年较差和日较差较小，日照充足，雨水适度，四季分明。适宜的气候条件造就了西安地区生物种群多样化，自古就有人类在这里繁衍。长安灵沼是周的祖地，周先祖姬弃是第一代后稷，在灵沼教民稼穑，灵沼是二十四节气的发祥地，后来几代后稷到武功（杨凌）教民稼穑。周文王从岐山回归祖地灵沼，凿灵沼，筑灵台，修灵囿，在沣河西岸建立丰京，周武王在沣河东岸建立镐京，定居农业得以形成和发展，并且周公制礼作乐，奠定了以人伦道德为基础的世俗的唯物主义文化，更加促进了农耕文明的发展。从水资源来看，历史上有"八水绕长安"之说，东有浐灞、西有沣涝、南有滈潏、北有渭泾，反映了古代西安境内河流纵横，水资源丰富，不但为农作物提供了水利之便，也通过遍布城内外的湖渠解决了都城皇宫和臣民的用水问题。渭河及其支流万千年的流淌带来了大量的泥沙淤积，形成了疏松的黄土层，关中平原沃野千里，古称"陆海"，成为历史上著名的大粮仓，关中地区富甲一方，养活了大量人口，同时使得都城的粮食以及用工问题很容易得到解决。

（二）有利的地形与军事条件

西安所处的关中平原，四面环山，内部却平坦开阔，很适合筑城。八百里秦川为都城的兴建提供了广阔的空间，周边纵深的山林为宫殿王府等的建造提供了充足的原料。所谓关中，即四面有关，萧关、散关、潼关、武关，拱卫京城，"四塞以为固，卒然有急，百万之众可具也"（《史记》），地势易守难攻。西安"进可取、退可守"的军事要塞地位在中国古代史上长时期不可撼动。

（三）十分便利的交通条件

古代由长安通往全国各地的道路，四通八达，十分便利。从关中东出潼关可通达黄河中下游地区以至辽东，还可从关中东南出至江淮浙闽；向东北从蒲津关东渡黄河可至汾晋雁代；向东南出武关可通往荆襄、江南和岭南地区；南面和西南方向有子午道和傥骆道、褒斜道和陈仓道，可穿越秦岭，经汉中进入四川，可达西南地区；从关中向西有丝绸之路，经宝鸡、天水、兰州，过河西走廊，出玉门关和阳关进入新疆，分两路汇合于帕米尔高原，进入中亚、西亚，直达地中海东岸；向北有大道直通塞外，是联系北方游牧民族的重要路线。关中东连中原，西控陇右，北达河套，南通巴蜀，"天下之中"的战略地位和便利的交通条件在当时无与伦比。黄新亚[153]认为中国古代长期建都长安，不仅在于"地险、国富"的基础条件，而且在于各部族东西迁徙过程中，可以在这里实现文化的交融。

## 二 西安历史文化脉络

从古人类开始到唐朝末年，西安在中国古代史上频频扮演着重要角色，在世界史上都熠熠生辉，一直是区域重镇、经济文化中心。对《西安市志》进行梳理，可以得到相关详细情况①。

### 1. 远古时期

蓝田县公王岭和陈家窝遗址发现的早期直立人距今约 70 万年到 115 万年，是西安最早的居民。8000 多年前，古籍记载的以今蓝田为中心的部落女首领华胥氏被认为是中华民族的始祖母，是华夏文明的源头。西

---

① 西安市地方志办公室网站，《西安市志》（第一卷），https://xadfz.xa.gov.cn/book/1.html?catid=367f47ec-375e-4d66-9903-16c9f4ad5de9。

安半坡氏族遗址，标志着 6000 多年前黄河流域仰韶文化母系氏族村落及其原始农业的存在。这些充分证明了西安是中华文明和中华民族的重要发祥地。

### 2. 西周时期

西安是历史上最早称"京"的城市，作为都城沿用 300 多年。周人由岐山迁往丰镐后，实力越发壮大，武王时期一举剪灭殷商，建立西周王朝，周公在此制礼作乐，奠定了中国传统文化的基础，对后世形成深远影响。丰镐遗址总面积 17 平方千米，被认为是中国历史上第一座布局整齐的城市，成为后来城市总体布局的楷模。

### 3. 秦国秦朝时期

战国时期，秦献公即位第二年迁都栎阳（今西安市阎良区武家屯等地）。之后商鞅在此变法。秦国于公元前 350 年将国都迁至咸阳。随着秦国征服六国，咸阳城不断增建扩大，直至秦王朝覆灭时的公元前 207 年，工程尚未完成。秦都咸阳是一座跨越渭河南北两岸（覆盖今西安）的帝都，在这里发生了许多影响中国历史进程的重大事件，例如，决定开凿都江堰和郑国渠，统一全国货币，统一度量衡，实行郡县制，修筑长城和驰道。秦始皇死后葬于秦陵，兵马俑成为世界文化遗产。

### 4. 西汉时期

公元前 202 年，刘邦定都关中，在秦咸阳渭河南岸旧址上兴建都城，面积约 36 平方千米，是当时世界上规模最大的城市，只有罗马城可与其媲美。建都长安的西汉，基本上"长治久安"，成为中国历史上的强盛时期。新莽时期，王莽曾改"长安"为"常安"。

### 5. 隋唐时期

魏晋南北朝时期，先后有几个割据政权建都长安。建立在西魏、北周基础上的隋朝很快统一南北，继续建都长安。由于原长安城已十分破败，隋文帝乃命宇文恺在旧城东南营建大兴城。唐承隋制，也承袭了其都城，改名为长安城，中国再次进入繁盛时期。隋唐长安城分宫城、皇城、外郭城三部分，面积达84.1平方千米，布局规划整齐，东西严格对称，有109坊，设东市、西市。唐长安城是一座有百万人口的国际化大都市，西市是当时最大的国际贸易中心，集聚了各国商人，能够买到各方奇珍异宝。盛唐时期既是西安历史上最为耀眼的时期，也是中国历史上光芒万丈的时期。

### 6. 五代、宋金元时期

唐朝末年朱温迫使唐昭宗东迁洛阳，几乎将整个长安城摧毁。佑国军节度使韩建重建长安城时，将皇城作为新城，面积仅为唐长安城的1/6，实为军镇。后梁时长安城所在地改为大安府，后唐再改回京兆府，历后晋、后汉、后周、北宋、金至元初。宋代置陕西路，后置永兴军路，金代改永兴军路为京兆府路。元至元九年（1272年）在府城东北浐河西岸建成安西王府，后改京兆府路为安西路，1286年陕西省从陕西四川行中书省分出后驻安西路，1312年安西路改置为奉元路。

### 7. 明清时期

明洪武二年（1369年），改奉元路为西安府，"西安"隆重登上历史舞台。明西安府为陕西布政司驻地，附郭县为长安咸宁二县，共辖37个州县，是明朝最大的府。1370年明朝在韩建新城基础上扩建西安城，建成面积7.9平方千米的西安城，并在城内偏北处修建秦王府城。清沿明制，下辖州县稍有变化，府城内钟楼、书院、学堂、贡院、寺庙等亦如明朝。为了加强统治，拆毁明秦王府城，修建满城与南城，占西安城面积的1/3。

### 8. 新中国成立前后

辛亥革命后，西安城内的"满城"被拆除。1913年北洋政府废府设道，西安地区归属中道。1927年西安第一次设市，1930年撤销。1932年国民政府宣布定长安为陪都，定名西京，建立国民政府西京筹备委员会。1936年，发生著名的西安事变。1944年国民政府将西安市政处改组为西安市政府，1947 年改设为国民政府行政院直辖市。新中国成立后，西安行政区划也经历了多次调整。1949 年 5 月西安市人民政府宣告成立，属陕甘宁边区辖市。1953 年设为中央直辖市，1954 年改为陕西省辖市。1958 年后，长安、蓝田等县相继划归西安市，为西安市首次辖县。

历史上西安叱咤风云，有 13 个王朝在这里建都（具体情况见表 3-1），留下了丰厚的历史文化遗存，在世界闻名遐迩，文化远播海外。

表 3-1　西安建都朝代情况

| 王朝 | 历史名称 | 具体地点 | 始止年份 |
|---|---|---|---|
| 西周 | 丰镐 | 西安市西南长安区 | 文王四十九年（公元前 1052 年）至平王元年（公元前 770 年） |
| 秦 | 栎阳 | 西安市阎良区武屯镇 | 秦献公二年（公元前 383 年）至孝公十二年（公元前 350 年） |
| | 咸阳 | 西安市渭河两岸 | 秦孝公十二年（公元前 350 年）至子婴元年（公元前 207 年） |
| 西汉 | 长安 | 西安市未央区 | 汉高祖五年（公元前 202 年）至初始元年（公元 8 年） |
| 新 | 常安 | 西安市未央区 | 王莽始建国元年（公元 9 年）至地皇四年（公元 23 年） |
| 东汉 | 长安 | 西安市未央区 | 东汉初平元年（公元 190 年）至兴平二年（公元 195 年） |
| 西晋 | 长安 | 西安市未央区 | 西晋建兴元年（公元 313 年）至建兴四年（公元 316 年） |
| 前赵 | 长安 | 西安市未央区 | 前赵光初二年（公元 319 年）至光初十二年（公元 329 年） |
| 前秦 | 长安 | 西安市未央区 | 前秦皇始元年（公元 351 年）至太安元年（公元 385 年） |
| 后秦 | 长安 | 西安市未央区 | 后秦建初元年（公元 386 年）至永和二年（公元 417 年） |

| 王朝 | 历史名称 | 具体地点 | 始止年份 |
|------|---------|---------|---------|
| 西魏 | 长安 | 西安市<br>未央区 | 北魏永熙三年（公元 534 年）<br>至魏恭帝四年（公元 557 年） |
| 北周 | 长安 | 西安市<br>未央区 | 北周孝闵帝元年（公元 557 年）<br>至大定元年（公元 581 年） |
| 隋 | 大兴 | 西安市区 | 隋开帝元年（公元 581 年）<br>至大业十四年（公元 618 年） |
| 唐 | 长安 | 西安市区 | 唐武德元年（公元 618 年）<br>至天祐四年（公元 907 年） |

注：此表据《西安年鉴》等资料，参考西安市人民政府官方网站的城市历史沿革介绍整理而成。

## 第二节 西安历史文化名城基因结构及其谱系刻画

### 一 西安历史文化名城基因结构分析

历史文化名城基因存在多种不同的划分类型，各种划分类型相互交织在一起，呈现复杂性。西安作为一座在历史不断巨变中积淀了深厚文化而且饱受山水精华熏染的历史文化名城，文化基因更具复杂性。结合前文对文化基因、中华历史文化基因、历史文化名城基因的理论分析，这里主要以前面提及的三个层次基因来剖析刻画西安历史文化名城基因的结构，具体如下。

（一）精神层次基因

西安作为世界四大文明古都之一，拥有璀璨悠久的历史文化，奠定了中华文明的基因基础，其在国家制度、文化根源和民族特质等精神层次基因的形成方面发挥了巨大的作用。

从国家制度的形成来看，西安为国家基本制度结构和以文明等级为核心的社会秩序的形成奠定了基础，成为中国国家制度的发源地。从人类历史长河来看，100万年前早期直立人就在蓝田出现；8000年前，蓝田还出现了母系氏族社会——华胥国；六七千年前代表中国北方原始农耕文化的半坡人在浐河边繁衍。继而国家形成，国家制度不断推进和完善。周人翦商，也被称为"殷周革命"，周公在丰镐之都制礼作乐，德治天下，形成"成康之治"——中国历史上第一个盛世。秦人在累世经营后统一六国，建立郡县制和中央集权制度。西汉"文景之治"，中国再次进入盛世，汉武帝"罢黜百家"。隋朝再次统一南北，初创"三省六部制"，推行科举制，进行了一系列改革。唐朝先后创造"贞观之治"和"开元盛世"，经济社会、文化艺术一片繁荣，成为当时世界最强盛的国家之一，声誉远播。伴随朝代演进形成的典藏制度、管理制度、祭祀礼仪等，进一步完善了国家制度。而这些与治理国家相关的制度变革也是在长安城进行的，这些显赫的历史功绩都是在西安创造的，给西安刻下了深深的痕迹，印入了西安的精神基因谱系中。

从文化根源的形成来看，西安是中华民族的重要发祥地之一，是中华文化的重要组成部分。"学人聚讼华夏史，半坡铁证说自存"，西安半坡文化是北方农耕文化的起源；早在五千多年前，周原文化就在今天的西安地区形成，这是中国古代文明的重要发祥地之一。在"贞观之治"时期，唐朝首都长安（今西安）成为当时世界上最繁华、最富有的城市之一，吸引了众多人才汇聚于此，形成了独特的长安文化。在漫长的历史长河中，西安还曾先后成为西周、秦、西汉、隋、唐等王朝的都城，并在每个朝代留下了丰富而深远的文化遗产。作为丝绸之路的起点和东西方文化交流的重要枢纽，西安还曾是国际上最有影响力的文化中心之一。在唐朝时期，众多贵族、文人、学者从各地来到长安，学习、交流、创作，推动了文化的繁荣和发展。许多著名的文艺家和学者如李白、杜甫、白居易、王维、元稹等都曾在西安留下了著名的诗词、散文、文章等作品。京都东移后，以张载、冯从吾为代表的关中学人在周礼、儒学基础上大胆创新，形成了宋明理学中的重要学派——关学。这些都为后世的中华文化传承发展做出了积极的贡献，是西安历史文化名城的基因之一。

从民族特质的形成来看，多次历史变革赋予了西安历史文化名城开放、包容、开拓、创新的民族精神。秦统一六国后选取了西安长期作为全国都城，形成了创新的民族精神；汉朝张骞开辟"丝绸之路"，连通欧亚，融汇中西；唐朝各民族大融合，万国来朝，容纳了各色人等，各种文化在这里相互交流，形成了开放包容的民族特质；直至今天，东西南北各地的人们都在古城西安交流发展。在周公制礼影响下，生于长安的关学创始人张载及其后学形成的"立心立命""重视气节""崇礼贵德"等思想使西安人具有使命意识、具有质朴淳厚和节烈耿直的品质、具有责任心和正义感。同时，周礼长期流传关中，一直以来西安以及周边区域"崇德尚礼"，民众到现在都表现出厚重淳朴的性格特质。从镐京城到咸阳城、从汉长安城到隋唐长安城、从民国初年 25 万人左右人口的长安城发展到今天 1300 万人左右人口的大西安，西安一次又一次在涅槃中重生，彰显了自身特有的西安精神，形成了历史文化名城基因。

以上这些制度文化、文化根源、民族精神、性格特质等都对西安的发展产生了深远影响，都是西安历史文化名城精神层次基因的核心内容，在一定程度上能够决定西安的各个方面。

（二）物化层次基因

西安作为中国积淀深厚的历史文化名城，在其发展的历史长河中，把其所崇尚的文化精神及理念融入一系列物化的历史载体中，与西安特有的地形地貌特质浑然一体。

从历史文物、遗址遗迹来看，西安历史文化名城基因的表征非常鲜明。周秦汉唐走来的西安所具有的千年历史古韵造就了这座城市厚重的文化积淀。西安是古丝绸之路的起点、世界历史文化名城、天然的历史博物馆，有六处文物古迹被列入《世界遗产名录》：秦始皇陵及兵马俑、汉长安城未央宫遗址、唐长安城大明宫遗址、大雁塔、小雁塔、兴教寺塔。秦始皇陵及兵马俑被誉为"世界第八大奇迹"和"二十世纪考古史上的伟大发现"之一，先后有 200 多位外国元首和政府首脑参观访问，成为中国古代辉煌文明的一张金字名片，又被誉为世界十大古墓稀世珍宝之一。汉长安城是汉文化的发源地、古代丝绸之路的起点，对古代东方的城市建设产生了极其深远的影响，与古罗马城东西相对，遥相辉映，当时并称为"东长安、西罗马"。唐大明宫是举世闻名的唐长安城"三大内"（太极宫、大明宫、兴庆宫）中最为辉煌壮丽的建筑群，地处长安城北部禁苑中的龙首源上，又名蓬莱宫，始建于唐贞观八年（634年），龙朔三年（663年），高宗帝将其扩建，唐大明宫是唐代最为显赫壮丽的建筑之一。从高宗时起，历朝皇帝多在此听政，唐大明宫为唐王朝 200 余年间的统治中心。西安城及其周边还拥有众多历史遗址和名胜古迹，这些都影响和表示着西安历史文化名城的基因。

从山川河流、地理地貌来看，其进一步彰显了西安的历史文化名城基因的特点。西安地处关中平原中部，关中平原由于受到渭河的浇灌滋养又称渭河平原，紧靠秦岭，四面全部被山地笼罩。四面环山的地理位置决定了它易守难攻的特性，再加上这里属于平原地区，十分适合农业劳动，有千里沃土，万亩良田，这种地理条件为农业的发展提供了得天独厚的优势。因此，诸多皇帝选择这里建都，从而使西安成为古代中国的政治、文化和经济中心。郑国渠是中国古代著名的灌溉工程，由秦朝时期的大将军郑国所修建，是中国中部以西安为中心的关中地区最重要的灌溉工程，对西安农耕文明的繁荣起到了重要作用。关中平原一马平川，该地的居民从很早开始就经常和黄土高原的游牧民族交融，形成了西安开放包容的特质。西安南边巍峨的秦岭培育了其沉稳踏实、心胸宽广的特质，西安北有黄河的最大支流——渭河，奔流不息，滋养着西安人，使其不断向前、相互融合。同时，"八水绕长安"使得西安又带有了圆润和灵秀的特质。

从城乡建筑、基础设施来看，其处处显露出西安历史文化名城基因的特点。西安长期作为盛世都城，规模盛大的汉唐长安城先后建成，一座座富丽堂皇的宫殿拔地而起，无不气势恢宏，从今天的建筑遗址中完全可以看出当年的模样，在今天西安的建筑以及民居中也能看到其影子。西安城墙是古城的显著标志，古色古香，凝聚着城市的记忆，承载了无比深厚的中国历史，是西安这座城市的灵魂所在，也作为一种建筑文化深深烙进西安市民的心里。西安城墙坚固如山，西安人也像城墙一样稳重厚实、庄敬实诚、方方正正。西安古城墙庄严肃穆，映射着这座城市的历史与现实、厚重与灵秀、传统与前卫。当代西安的文化旅游景区在风格等方面能体现出城市的历史文化基因。此外，西安的基础设施建设也体现了西安的历史文化基因，西安的马路街道宽阔笔直，现代的高楼大厦巍峨壮观，文化底蕴深厚，古今水乳交融，正是遗传了城市的历史文化基因。

此外，西安的文化典籍数量和种类丰富，蕴藏着古城厚重的历史文化基因。如著名的《道德经》是春秋时期老子的哲学作品，是中国古代先秦诸子分家前的一部著作，是道家哲学思想的重要来源，据传是尹喜迎候老子到函谷关，行以师礼，恳求老子为其著书，老子便在此写下了《道德经》五千言。仓颉是黄帝时期造字的史官，被尊为"造字圣人"，"始作书契，以代结绳"，中国汉字的发明结束了结绳记事的历史，是华夏文明的里程碑，而仓颉造字台遗址就位于西安市长安区郭杜街道办恭张村东南。西安碑林不仅是中国古代文化典籍刻石的集中地，也是历代著名书法艺术珍品的荟萃之地，有着巨大的历史和艺术价值。西安碑林博物馆收藏的《开成石经》是中国古代保存最好的一套儒家石经，是当之无愧的中国文化经典。它在宋代移藏西安碑林，奠定了西安碑林博物馆中国现存最早的博物馆的历史地位。

综合上述分析，历史文物、遗址遗迹、山川河流、地理地貌、城乡建筑、基础设施及文化典籍等都构成了西安历史文化名城的物化层次基因，都能够较好地表征西安的历史文化发展状况，并且对今日的西安仍旧具有深刻的影响。

（三）民俗层次基因

随着岁月的变化，生活在古城西安的人们在生产生活中的各种表现以及遵守的基本活动规范等，也浸入西安历史文化名城基因中，农耕文化、餐饮文化、民风民俗、人情礼仪、文化娱乐等构成了民俗层次的基因。

从农耕文化和餐饮文化来看，其是西安民俗层次基因的重要组成部分。周人长期在关中平原发展壮大并建立西周王朝，以德为内核，以礼为外形，形成了"崇德尚礼"文化。这种文化及受其影响而形成的厚德淳朴的民风一直在西安地区存在。后来，秦人也在关中平原发展壮大并统一六国，建立秦朝，推崇农耕文化，这种文化也一直在西安地区存在，对我国影响深远。在西安不再作为国都以后，注重农耕的秦文化相对于工商文化来说还显得比较突出。这些从源头上影响着西安历史文化基因的构成，至今仍渗透在民俗文化之中。因气候、土壤关系，关中平原盛产小麦，且品质很好，使得西安人在餐饮文化方面多喜面食，一是面条，二是锅盔饼，分别以宽、大为特色，所谓"面条宽得像裤带，锅盔大得像锅盖，锅碗难分开"。碗和锅一样，可见其碗之大。这些饮食反映了西安人喜好宽大的物品但又注重实用性的基因。同时，古城西安的羊肉泡馍、胡辣汤等饮食则又反映了西安人吸纳中西、兼容并蓄的基因。羊肉泡馍是阿拉伯的胡麻饼和西安羊羹的结合。在西安旅游，遍遍面和以中华老字号同盛祥为代表的牛羊肉泡馍通常是人们品尝西安小吃的必然选项。

从民风民俗和人情礼仪来看，西安历史文化基因蕴含着多元并举、开放包容的特质。受皇家宫殿文化以及秦文化等影响，西安民居一方面注重气魄、排场，另一方面注重实用、功效，在一些全国民居排行榜中，西安民居多排在前列。"板凳不坐蹲起来"是西安地区长期存在的行为民俗。为什么要"蹲起来"？因为这是对周秦时代"坐礼"的变通，反映了古风尚存，也反映了此地民众身上的忍耐力和所具有的刚毅坚忍的精神，而且这个姿势站起来迅速。此外，魏晋南北朝时期，多个少数民族在长安建立了政权，他们粗犷、豪爽的性格成为长安文化基因的一部分。唐长安城聚集了各个国家和地区的人士，特别是阿拉伯人，长期在长安城居住生活，成为我国回族的先祖之一。阿拉伯人带来的胡麻饼和西安的羊羹相结合，形成了西安羊肉泡馍特色饮食文化，并和西安原有的饮食文化共同发展。羊肉泡馍特色饮食充分体现了西安的开放包容。

从文化娱乐方面来看，其体现出西安人憨厚耿直、慷慨好义和淳朴敦厚的品格，构成了西安民俗层次基因的重要内容。在西安，更具地域民俗特色的是秦腔。所谓秦腔，一是指当地人说话的腔调；二是指当地的戏曲剧种，两者相互联系。秦腔是百戏之祖，集中反映了秦人的憨厚耿直、慷慨好义和淳朴敦厚。秦腔的雄浑粗犷，最具地方文化特色，高兴时放开嗓子大吼一段，高亢的秦腔激荡长空，让人豪迈至极；悲伤时低吼一曲，婉转曲折，山川为之动容，草木为之悲戚。西安易俗社驰名中外，原名"陕西伶学社"，是著名的秦腔科班，与莫斯科大剧院、英国皇家剧院并称为世界艺坛三大古老剧社，在秦腔的发展史上，易俗社剧场功不可没，也为西安历史文化名城添加了重要的基因。

综合以上分析，西安的民俗层次基因包含广泛内容，涉及农耕文化基因、餐饮文化基因、民风民俗基因、人情礼仪基因以及文化娱乐基因等方面，较为全面地反映了西安居民日常生产生活方面的状况。

## 二 西安历史文化名城基因发展分析

随着历史的发展，西安历史文化名城基因也在不断发展改变，对此进行考察能够深入了解西安历史文化名城基因的发展状况。在以西安为中心的关中地区，秦文化对周文化有所取代是最为突出的改变。周文化是温文尔雅的礼乐文化，秦文化是率直纯朴的功利文化。秦文化之所以是率直纯朴的功利文化，与他们的军队来源于西北少数民族有关，这些人在与六国交战中冲锋陷阵，充满野性。这种改变导致西安地区的文化基因由"崇德尚礼"向"尚武、简洁、实用"变化，影响很大，使得至今西安地区的民风民俗中还存在民风彪悍的性格特质。

经历魏晋南北朝300多年的动乱后，长安城具有了浓厚的民族融合文化基因，后秦等政权对佛教文化的推崇，更是影响深远。这一时期西域高僧鸠摩罗什在草堂寺译经，使这里成为著名的佛教祖庭。后来佛教文化在长安城一直比较兴盛。浓厚的佛教文化基因和少数民族文化基因使长安城文化基因发生了一次较大的改变：一方面佛教寺院遍布西安地区，形成了几大佛教宗派祖庭，另一方面隋唐两个王朝都融汇了少数民族的文化基因。这一时期，盛世长安的开放包容、开拓进取、勇于创新等基因更加浓郁。

北宋以后长安不再是国都，长安城很快由开放包容、开拓进取、气势恢宏的全国性文化基因变为封闭保守、怀旧落后、安逸稳重的区域文化基因，秦人文化中的简洁实用也趋于简单直接，逐渐表现出"生、冷、蹭、倔"的特点。张载开创关学之时，长安文化还呈现大气恢宏的特点，以致张夫子能具有伟大的"四为"使命，胸怀天下，而至明清之际，关学代表人物冯从吾、李颙等人就只能"正己""正人心""做好人""做好事""致用""躬行"了。可见，文化基因改变之明显。

明清以来尤其是辛亥革命后，西方文化传入中国，西安地区的文化基因又发生改变。在这一过程中，西安地区勇于创新等文化基因较为明显地体现出来，在响应武昌起义的各个城市中，西安属于较早的一批。

近现代史上，红色文化基因和现代工业文明基因不断注入，使西安文化基因又发生很大改变。1925年，西安建立了第一个党组织——中国共产党西安特别支部，也是党在西北地区最早的党组织①。1936 年，张学良和杨虎城在西安发动了震惊中外的"西安事变"，后经中国共产党调停得以和平解决，成为由国内战争走向抗日民族战争的转折点。抗日战争时期，中国共产党设立"八路军西安办事处"，其是历时最长、最有影响力的"八办"，有力促进了西安党组织的发展和抗日救亡运动的开展。

红色政权全面建立执政后，西安文化基因发生了更大的改变。1935 年，西北地区最早最大的纺织厂——大华纺织厂以及华峰、成丰面粉厂等建成运行，这标志着西安工业文明萌芽。新中国成立后的"一五"时期，苏联援建我国的 156 个重要工业项目，在西安布局了 17 个，西安是援建项目最多的城市，一举奠定城市工业化基础和基本框架，西安现代工业文化基因逐渐形成。

## 三 西安历史文化名城基因认知调查

### (一) 调查目的及内容

在前文对西安历史文化名城基因分析的基础上，为了进一步验证前述分析，本书展开社会公众对西安历史文化名城基因认知情况的调查。问卷内容主要包括三部分，第一部分是历史文化名城的认知，第二部分是西安历史文化名城基因构成的测量，第三部分是个人基本信息。在问卷形成后，严格按照问卷调查程序开展，首先在问卷内容设计上征询了理论界、实践界及行业管理专家等，进而进行了小样本的预调研（20 份），并根据填写情况进行了问项的修改，随后再次征询相关专家，确定了最终问卷，详见本书附录 1。

### (二) 问卷情况及基本情况统计

将最终问卷面向社会公众进行了发放，为期一个多月（2023 年 1 月

---

① 资料来源：西安党史网，http://www.xadsw.org.cn/index.php? c＝show&id＝545。

18日至2月28日），利用线上平台（问卷星）发放并回收问卷1152份，有效问卷1137份，问卷有效率98.7%。问卷受众的基本情况统计如表3-2所示。

表3-2　问卷受众基本情况统计

单位：人，%

| 问项 | 选项 | 人数 | 占比 |
|------|------|------|------|
| 年龄 | 小于18岁 | 11 | 0.97 |
| | 18~30岁 | 266 | 23.39 |
| | 30~50岁 | 657 | 57.78 |
| | 50~70岁 | 198 | 17.41 |
| | 70岁及以上 | 5 | 0.44 |
| 性别 | 男性 | 608 | 53.47 |
| | 女性 | 529 | 46.53 |
| 受教育程度 | 小学及以下 | 7 | 0.62 |
| | 初中/中专 | 47 | 4.13 |
| | 高中/大专 | 181 | 15.92 |
| | 大学及以上 | 902 | 79.33 |
| 对中华历史文化的熟悉程度 | 非常熟悉 | 112 | 9.85 |
| | 比较熟悉 | 571 | 50.22 |
| | 一般 | 416 | 36.59 |
| | 不太熟悉 | 35 | 3.08 |
| | 很不熟悉 | 3 | 0.26 |
| 对西安的了解程度 | 非常了解 | 218 | 19.17 |
| | 比较了解 | 626 | 55.06 |
| | 一般 | 275 | 24.19 |
| | 不太了解 | 16 | 1.41 |
| | 很不了解 | 2 | 0.18 |
| 合计 | | 1137 | — |

从表 3-2 可以看出，问卷的受众群体覆盖面较为广泛，从小于 18 岁到大于 70 岁均有，且以中青年为主；性别构成比例基本做到了各占一半，其中男性占比略高一点；从受教育程度来看，大学及以上所占比例较高，有利于开展该主题的调研；从受众对中华历史文化的熟悉程度来看，比较熟悉的占了一半多，其次是熟悉程度一般的，占了三成多；从受众对西安的了解程度看，比较了解的占了一半多，其次是了解程度一般和非常了解的。总体来看，样本受众多元，有利于展开对西安历史文化名城基因认知情况的调查。

问卷受众对于历史文化名城的基本认知情况，具体如表 3-3 所示。从表中可以看出，针对"历史文化名城对传承文化基因是否具有影响"，高达 97.80% 的受众认为"是"；针对"历史文化名城对促进文化产业发展是否具有影响"，也有 97.80% 的受众认为"是"；而在"下列城市属于历史文化名城的有"这一问题中，"西安"的占比排在第一，高达99.56%，反映了西安历史文化名城具有重要的影响力。综合这几项问卷调查情况可以得到一个基本判断，历史文化名城的概念已经深入人心，并且会对文化产业发展起到积极的作用。

表 3-3　问卷受众对历史文化名城的基本认知情况

单位：人，%

| 问项 | 选项 | 人数 | 占比 |
| --- | --- | --- | --- |
| 历史文化名城对传承文化基因是否具有影响 | 是 | 1112 | 97.80 |
| | 否 | 14 | 1.23 |
| | 不清楚 | 11 | 0.97 |
| 历史文化名城对促进文化产业发展是否具有影响 | 是 | 1112 | 97.80 |
| | 否 | 15 | 1.32 |
| | 不清楚 | 10 | 0.88 |
| 下列城市属于历史文化名城的有 | 西安 | 1132 | 99.56 |
| | 洛阳 | 940 | 82.67 |

| 问项 | 选项 | 人数 | 占比 |
|---|---|---|---|
| 下列城市属于历史文化名城的有 | 北京 | 915 | 80.47 |
| | 南京 | 875 | 76.96 |
| | 杭州 | 428 | 37.64 |
| | 成都 | 284 | 24.98 |
| | 苏州 | 382 | 33.60 |
| | 其他（请填写） | 53 | 4.66 |
| 合计 | | 1137 | — |

## （三）西安历史文化名城基因特征的调查分析

在问卷中，针对西安历史文化名城基因所具有的特征展开了调研，采用较为具体和生动形象的语句进行选项描述，让受众容易理解。首先进行了对西安历史文化名城基因所拥有的典型特征的多项选择，随后对每个特征进行了李克特五级量化打分。西安历史文化名城基因所拥有的典型特征如表3-4所示。

### 1. 西安历史文化名城基因的典型特征分析

从表3-4中可以看出，受众认为西安历史文化名城基因具有多个典型特征，按比例高低可以列为：保存的历史文物特别丰富，历史上曾经作为周秦汉唐等十三个王朝的政治、经济、文化、交通中心和军事要地，保留着传统格局和历史风貌，发生过重要历史事件，能够集中反映周秦汉唐建筑的文化特色、民族特色，古代历史建筑集中成片，其传统产业、历史上建设的重大工程对本地区的发展产生过重要影响。这些判断与本书前文所述的西安历史文化名城基因的结构等情况基本一致，在一定程度上验证了前文对西安历史文化名城基因形成的分析。当然，具体的西安历史文化名城基因的特征还需要进一步的验证。

表 3-4　西安历史文化名城基因所拥有的典型特征

单位：人，%

| 问项 | 选项 | 人数 | 占比 |
|---|---|---|---|
| 您认为西安属于历史文化名城，那么，请您指出西安历史文化名城基因所具有的典型特征是哪些？ | 保存的历史文物特别丰富 | 1071 | 94.20 |
| | 古代历史建筑集中成片 | 808 | 71.06 |
| | 保留着传统格局和历史风貌，如明城墙 | 1004 | 88.30 |
| | 历史上曾经作为周秦汉唐等十三个王朝的政治、经济、文化、交通中心和军事要地 | 1026 | 90.24 |
| | 发生过重要历史事件，如西安事变 | 957 | 84.17 |
| | 其传统产业、历史上建设的重大工程（如郑国渠灌溉设施）对本地区的发展产生过重要影响 | 692 | 60.86 |
| | 能够集中反映周秦汉唐建筑的文化特色、民族特色 | 822 | 72.30 |
| | 其他特征（请填写） | 35 | 3.08 |

## 2. 西安历史文化名城基因特征类别分析

针对采集到的西安历史文化名城基因特征定量评价数据，本书进行了基本统计分析，结果如表 3-5 所示。评分从 1 分到 5 分，按照从"完全不同意"到"完全同意"进行分值对应，从中可以看出，42 项西安历史文化名城基因特征类别受众打分的总体平均分为 4.43 分，处于较为接近"基本同意"类别，受众是比较认可的。从平均分前五名来看，分别是"秦兵马俑是世界第八大奇迹"（4.67 分）、"明城墙是国内保存最完整的古代城墙"（4.65 分）、"秦岭是中国的南北分界线"（4.62 分）、"秦王朝的大一统，特别是文字统一促进了文化传承"（4.61 分）、"在汉唐盛世，中华文化世界影响广大"（4.61 分），都较为典型地代表了西安历史文化名城的基因特征。

表 3-5　西安历史文化名城基因特征定量评价数据的基本统计

| 问项 | 完全不同意（人） | 基本不同意（人） | 说不清楚（人） | 基本同意（人） | 完全同意（人） | 平均分（分） |
|---|---|---|---|---|---|---|
| 秦时老秦人的拼搏进取精神 | 64（5.63%） | 27（2.37%） | 93（8.18%） | 253（22.25%） | 700（61.57%） | 4.32 |
| 汉唐时期的开放包容创新精神 | 62（5.45%） | 21（1.85%） | 50（4.4%） | 218（19.17%） | 786（69.13%） | 4.45 |
| 宋明清关学的"立心立命"和"重视气节" | 61（5.36%） | 39（3.43%） | 166（14.6%） | 258（22.69%） | 613（53.91%） | 4.16 |
| 周朝周公礼制，德治天下 | 57（5.01%） | 35（3.08%） | 100（8.8%） | 228（20.05%） | 717（63.06%） | 4.33 |
| 秦统一文字和度量衡，推行郡县制 | 52（4.57%） | 13（1.14%） | 42（3.69%） | 160（14.07%） | 870（76.52%） | 4.57 |
| 汉王朝的罢黜百家，独尊儒术 | 67（5.89%） | 58（5.1%） | 135（11.87%） | 246（21.64%） | 631（55.5%） | 4.16 |
| 隋唐的大一统，科举制影响至远 | 51（4.49%） | 18（1.58%） | 53（4.66%） | 226（19.88%） | 789（69.39%） | 4.48 |
| 周公制礼作乐，奠定了中国传统文化根基 | 51（4.49%） | 14（1.23%） | 58（5.1%） | 246（21.64%） | 768（67.55%） | 4.47 |
| 秦王朝的大一统，特别是文字统一促进了文化传承 | 52（4.57%） | 12（1.06%） | 16（1.41%） | 164（14.42%） | 893（78.54%） | 4.61 |
| 在汉唐盛世，中华文化世界影响广大 | 48（4.22%） | 12（1.06%） | 25（2.2%） | 165（14.51%） | 887（78.01%） | 4.61 |
| 老秦人的质朴淳厚、节烈耿直 | 52（4.57%） | 20（1.76%） | 82（7.21%） | 234（20.58%） | 749（65.88%） | 4.41 |
| 关中人的开放包容、刚毅坚韧 | 51（4.49%） | 29（2.55%） | 93（8.18%） | 239（21.02%） | 725（63.76%） | 4.37 |
| 秦兵马俑是世界第八大奇迹 | 51（4.49%） | 5（0.44%） | 14（1.23%） | 126（11.08%） | 941（82.76%） | 4.67 |

续表

| 问项 | 完全不同意（人） | 基本不同意（人） | 说不清楚（人） | 基本同意（人） | 完全同意（人） | 平均分（分） |
|---|---|---|---|---|---|---|
| 明城墙是国内保存最完整的古代城墙 | 49 （4.31%） | 9 （0.79%） | 17 （1.5%） | 146 （12.84%） | 916 （80.56%） | 4.65 |
| 西安文化典籍丰富 | 49 （4.31%） | 12 （1.06%） | 51 （4.49%） | 177 （15.57%） | 848 （74.58%） | 4.55 |
| 秦咸阳城遗址 | 46 （4.05%） | 15 （1.32%） | 78 （6.86%） | 248 （21.81%） | 750 （65.96%） | 4.44 |
| 汉长安城遗址 | 47 （4.13%） | 14 （1.23%） | 59 （5.19%） | 225 （19.79%） | 792 （69.66%） | 4.5 |
| 唐大明宫遗址 | 46 （4.05%） | 17 （1.5%） | 42 （3.69%） | 216 （19%） | 816 （71.77%） | 4.53 |
| "八水绕长安"景象 | 48 （4.22%） | 22 （1.93%） | 75 （6.6%） | 250 （21.99%） | 742 （65.26%） | 4.42 |
| 秦岭是中国的南北分界线 | 49 （4.31%） | 11 （0.97%） | 26 （2.29%） | 151 （13.28%） | 900 （79.16%） | 4.62 |
| 西安位于关中平原中部，气候温和土地肥沃 | 47 （4.13%） | 21 （1.85%） | 44 （3.87%） | 244 （21.46%） | 781 （68.69%） | 4.49 |
| 西安建筑风格以唐风为主，同时融合不同历史时期的建筑特色 | 46 （4.05%） | 28 （2.46%） | 50 （4.4%） | 252 （22.16%） | 761 （66.93%） | 4.45 |
| 西安以合院式建筑为主，端庄灵秀，大多形成聚落。 | 46 （4.05%） | 39 （3.43%） | 131 （11.52%） | 252 （22.16%） | 669 （58.84%） | 4.28 |
| 西安城墙内明清文化、南部唐文化、西部周文化、北部汉代文化和东部秦文化 | 47 （4.13%） | 20 （1.76%） | 77 （6.77%） | 246 （21.64%） | 747 （65.7%） | 4.43 |
| 西安马路街道宽阔笔直 | 52 （4.57%） | 36 （3.17%） | 50 （4.4%） | 291 （25.59%） | 708 （62.27%） | 4.38 |
| 西安现代高楼巍峨壮观 | 53 （4.66%） | 80 （7.04%） | 109 （9.59%） | 303 （26.65%） | 592 （52.07%） | 4.14 |

| 问项 | 完全不同意（人） | 基本不同意（人） | 说不清楚（人） | 基本同意（人） | 完全同意（人） | 平均分（分） |
|---|---|---|---|---|---|---|
| 西安主干道路中间大部分有绿化带 | 50（4.4%） | 32（2.81%） | 99（8.71%） | 329（28.94%） | 627（55.15%） | 4.28 |
| 关中有以"男耕女织""耕读传家"为代表的农耕文化 | 49（4.31%） | 34（2.99%） | 119（10.47%） | 277（24.36%） | 658（57.87%） | 4.28 |
| 半坡文化显示出北方地理环境的特色，可以说是北方农耕文化的代表 | 48（4.22%） | 15（1.32%） | 82（7.21%） | 289（25.42%） | 703（61.83%） | 4.39 |
| 人们常说的"买东西"，就源自大唐西市、东市。 | 48（4.22%） | 18（1.58%） | 63（5.54%） | 223（19.61%） | 785（69.04%） | 4.48 |
| 秦汉时期出现了"农不如工，工不如商"的现象，商业地位逐渐上升 | 51（4.49%） | 37（3.25%） | 125（10.99%） | 292（25.68%） | 632（55.58%） | 4.25 |
| 西汉古丝绸之路及大唐西市的繁荣 | 50（4.4%） | 9（0.79%） | 40（3.52%） | 245（21.55%） | 793（69.74%） | 4.51 |
| 迎宾入门后，设宴款待，谓之"接风"或"洗尘" | 47（4.13%） | 11（0.97%） | 50（4.4%） | 256（22.52%） | 773（67.99%） | 4.49 |
| 客人临走时，"长亭送别"已被传为佳话，并有折柳赠别的习俗 | 47（4.13%） | 10（0.88%） | 42（3.69%） | 250（21.99%） | 788（69.31%） | 4.51 |
| 西安人好热闹、重感情、讲礼节，举手投足皆依礼而动，有礼可循 | 48（4.22%） | 19（1.67%） | 52（4.57%） | 263（23.13%） | 755（66.4%） | 4.46 |
| 锅盔像锅盖，锅碗难分开，体现出西安气势恢宏的特质 | 49（4.31%） | 38（3.34%） | 103（9.06%） | 254（22.34%） | 693（60.95%） | 4.32 |
| 以面食为主，"油泼辣子一道菜"体现出西安人喜好宽大的物品又注重实用的特质 | 51（4.49%） | 19（1.67%） | 55（4.84%） | 231（20.32%） | 781（68.69%） | 4.47 |

续表

| 问项 | 完全不同意（人） | 基本不同意（人） | 说不清楚（人） | 基本同意（人） | 完全同意（人） | 平均分（分） |
|---|---|---|---|---|---|---|
| 羊肉泡馍等体现出西安吸纳中西、兼容并蓄的特质 | 52（4.57%） | 26（2.29%） | 70（6.16%） | 234（20.58%） | 755（66.4%） | 4.42 |
| "板凳不坐蹲起来"的行为民俗，是对周秦"坐礼"的变通 | 53（4.66%） | 28（2.46%） | 126（11.08%） | 243（21.37%） | 687（60.42%） | 4.3 |
| "房子半边盖"既能保证居住的实用性，又能实现节约资源的目的 | 53（4.66%） | 25（2.2%） | 95（8.36%） | 256（22.52%） | 708（62.27%） | 4.36 |
| 秦腔是百戏之祖，雄浑粗犷 | 45（3.96%） | 19（1.67%） | 74（6.51%） | 229（20.14%） | 770（67.72%） | 4.46 |
| 关中皮影诞生于西汉，兴起于北宋，久负盛名 | 45（3.96%） | 11（0.97%） | 85（7.48%） | 255（22.43%） | 741（65.17%） | 4.44 |
| 合计 | 2130（4.46%） | 978（2.05%） | 3016（6.32%） | 9890（20.71%） | 31740（66.47%） | 4.43 |

注：括号内数字表示选择该选项的人数占比。

下面围绕该量化评价数据，进一步展开分析。首先需要进行信度和效度检验，确保收集到的问卷数据质量可靠，能够用于进一步的分析研究中。信度分析结果见表 3-6，效度分析结果见表 3-7。

表 3-6　Cronbach 信度分析

| 项数 | 样本量（人） | Cronbach's α 系数 |
|---|---|---|
| 42 | 1137 | 0.991 |

从表 3-6 可知，量表数据的信度系数值为 0.991，大于 0.9，说明研究数据信度质量很高，可用于进一步分析。

进而观察表 3-7 可知，使用 KMO 和 Bartlett 检验进行效度验证，从表中数据结果可以看出，KMO 值为 0.986，大于 0.8；效度分析要求需要通过 Bartlett 检验（对应 p 值需要小于 0.05），表中的 p 值为 0.000，因此研究数据非常适合提取信息，从侧面反映出数据的效度很好。

对量表数据的信度和效度分析，表明数据质量很好，可以用于深入的分析，以此来提炼西安历史文化名城基因的各个具体特征类别。

表 3-7　KMO 和 Bartlett 检验

| 检验 | | 数值 |
|---|---|---|
| KMO 检验 | | 0.986 |
| Bartlett 球形度检验 | 近似卡方 | 73396.493 |
| | df | 861 |
| | p 值 | 0.000 |

继而，进行了探索性因子分析，将 42 个选项进行了计算，得到的结果如表 3-8 所示，可知：因子分析一共提取出 3 个因子，特征根值均大于 1，此 3 个因子旋转后的方差解释率分别是 32.313%、29.561%、18.629%，旋转后累积方差解释率为 80.503%。

表 3-8　旋转后因子载荷系数

| 名称 | 因子载荷系数 | | | 共同度（公因子方差） |
|---|---|---|---|---|
| | 因子 1 | 因子 2 | 因子 3 | |
| 老秦人的质朴淳厚、节烈耿直 | 0.522 | 0.486 | 0.516 | 0.775 |
| 关中人的开放包容、刚毅坚韧 | 0.546 | 0.406 | 0.526 | 0.739 |
| 秦咸阳城遗址 | 0.581 | 0.573 | 0.371 | 0.803 |
| "八水绕长安"景象 | 0.582 | 0.515 | 0.412 | 0.773 |
| 西安建筑风格以唐风为主，同时融合不同历史时期的建筑特色 | 0.586 | 0.532 | 0.416 | 0.799 |
| 西安以合院式建筑为主，端庄灵秀，大多形成聚落。 | 0.657 | 0.352 | 0.430 | 0.740 |
| 西安城墙内明清文化、南部唐文化、西部周文化、北部汉代文化和东部秦文化 | 0.613 | 0.517 | 0.403 | 0.805 |
| 西安马路街道宽阔笔直 | 0.638 | 0.430 | 0.341 | 0.708 |

续表

| 名称 | 因子载荷系数 | | | 共同度（公因子方差） |
|---|---|---|---|---|
| | 因子 1 | 因子 2 | 因子 3 | |
| 西安现代高楼巍峨壮观 | 0.766 | 0.188 | 0.376 | 0.764 |
| 西安主干道路中间大部分有绿化带 | 0.733 | 0.351 | 0.328 | 0.768 |
| 关中有以"男耕女织""耕读传家"为代表的农耕文化 | 0.708 | 0.332 | 0.424 | 0.791 |
| 半坡文化显示出北方地理环境的特色，可以说是北方农耕文化的代表 | 0.643 | 0.498 | 0.387 | 0.812 |
| 人们常说的"买东西"，就源自大唐西市、东市 | 0.596 | 0.592 | 0.255 | 0.772 |
| 秦汉时期出现了"农不如工，工不如商"的现象，商业地位逐渐上升 | 0.676 | 0.347 | 0.360 | 0.707 |
| 西安人好热闹、重感情、讲礼节，举手投足皆依礼而动，有礼可循 | 0.668 | 0.509 | 0.367 | 0.840 |
| 锅盔像锅盖，锅碗难分开，体现出西安气势恢宏的特质 | 0.776 | 0.374 | 0.285 | 0.823 |
| 以面食为主，"油泼辣子一道菜"体现出西安人喜好宽大的物品又注重实用的特质 | 0.683 | 0.524 | 0.274 | 0.817 |
| 羊肉泡馍等体现出西安吸纳中西、兼容并蓄的特质 | 0.699 | 0.469 | 0.256 | 0.774 |
| "板凳不坐蹲起来"的行为民俗，是对周秦"坐礼"的变通 | 0.764 | 0.360 | 0.314 | 0.811 |
| "房子半边盖"既能保证居住的实用性，又能实现节约资源的目的 | 0.750 | 0.400 | 0.274 | 0.798 |
| 秦腔是百戏之祖，雄浑粗犷 | 0.653 | 0.552 | 0.292 | 0.816 |
| 关中皮影诞生于西汉，兴起于北宋，久负盛名 | 0.652 | 0.558 | 0.305 | 0.830 |
| 秦统一文字和度量衡，推行郡县制 | 0.313 | 0.689 | 0.514 | 0.837 |
| 隋唐的大一统，科举制影响至远 | 0.357 | 0.617 | 0.531 | 0.790 |
| 周公制礼作乐，奠定了中国传统文化根基 | 0.397 | 0.574 | 0.563 | 0.805 |
| 秦王朝的大一统，特别是文字统一促进了文化传承 | 0.332 | 0.773 | 0.422 | 0.885 |

续表

| 名称 | 因子载荷系数 | | | 共同度（公因子方差） |
|---|---|---|---|---|
| | 因子1 | 因子2 | 因子3 | |
| 在汉唐盛世，中华文化世界影响广大 | 0.347 | 0.767 | 0.417 | 0.882 |
| 秦兵马俑是世界第八大奇迹 | 0.403 | 0.806 | 0.326 | 0.918 |
| 明城墙是国内保存最完整的古代城墙 | 0.392 | 0.801 | 0.317 | 0.896 |
| 西安文化典籍丰富 | 0.517 | 0.670 | 0.342 | 0.833 |
| 汉长安城遗址 | 0.530 | 0.638 | 0.373 | 0.827 |
| 唐大明宫遗址 | 0.525 | 0.667 | 0.353 | 0.846 |
| 秦岭是中国的南北分界线 | 0.486 | 0.713 | 0.311 | 0.841 |
| 西安位于关中平原中部，气候温和土地肥沃 | 0.558 | 0.601 | 0.371 | 0.810 |
| 西汉古丝绸之路及大唐西市的繁荣 | 0.542 | 0.659 | 0.341 | 0.844 |
| 迎宾入门后，设宴款待，谓之"接风"或"洗尘" | 0.609 | 0.624 | 0.304 | 0.853 |
| 客人临走时，"长亭送别"已被传为佳话，并有折柳赠别的习俗 | 0.539 | 0.666 | 0.323 | 0.838 |
| 秦时老秦人的拼搏进取精神 | 0.351 | 0.361 | 0.743 | 0.805 |
| 汉唐时期的开放包容创新精神 | 0.278 | 0.502 | 0.693 | 0.809 |
| 宋明清关学的"立心立命"和"重视气节" | 0.401 | 0.241 | 0.754 | 0.788 |
| 周朝周公礼制，德治天下 | 0.334 | 0.355 | 0.776 | 0.840 |
| 汉王朝的罢黜百家，独尊儒术 | 0.429 | 0.328 | 0.554 | 0.599 |

注：旋转方法为最大方差法。

从表3-8可知，所有研究项对应的共同度值均高于0.4，意味着研究项和因子之间有着较强的关联性，因子可以有效地提取出信息。根据探索性因子分析方法，如果一个研究项对应多个因子，此时应结合专业知识判断具体归属于哪个因子。表中存在这种情况，比如"老秦人的质朴淳厚、节烈耿直"和"关中人的开放包容、刚毅坚韧"同时归属于因子1、因子2和因子3，结合对现有因子归属的总体情况，可以命名因子1为民俗层次因子、因子2为物化层次因子、因子3为精神层次因子。

因而，将"老秦人的质朴淳厚、节烈耿直"和"关中人的开放包容、刚毅坚韧"归于因子 3，即归属于精神层次因子较为恰当。类似的情况均如此处理，最终可以将 42 个问项所代表的西安历史文化名城基因归为三类：精神层次基因、物化层次基因和民俗层次基因。这个实证结果验证了前文所论述的西安历史文化名城基因结构划分的合理性。

进一步地，结合问项内容和探索性因子结果，将西安历史文化名城精神层次基因细化为，文化根源基因、制度文化基因、民族精神基因、性格特质基因等；将西安历史文化名城物化层次基因细化为，历史文物基因、山川河流基因、基础设施基因、城乡建筑基因、遗址遗迹基因等；将西安历史文化名城民俗层次基因细化为，餐饮文化基因、农耕文化基因、文化娱乐基因、工商文化基因、人情礼仪基因、民风民俗基因等。从而通过问卷调查的方式，从社会公众视角出发，为全面刻画西安历史文化名城基因谱系做好相应准备。

## 四　西安历史文化名城基因谱系刻画

### （一）西安历史文化名城基因结构指标设计

根据中国社会结构变迁演化以及中华历史文化基因的构成，结合历史文化名城基因相关理论，以及上文的问卷调查和剖析，本书从精神层次基因、物化层次基因和民俗层次基因等三大方面对西安历史文化名城基因结构指标进行体系设计，具体由 3 个一级指标，15 个二级指标构成（见表 3-9）。

表 3-9　西安历史文化名城基因结构指标体系

| 一级指标 | 二级指标 |
| --- | --- |
| 精神层次基因 | 文化根源基因 |
| | 制度文化基因 |
| | 民族精神基因 |
| | 性格特质基因 |

| 一级指标 | 二级指标 |
|---|---|
| 物化层次基因 | 历史文物基因 |
| | 山川河流基因 |
| | 基础设施基因 |
| | 城乡建筑基因 |
| | 遗址遗迹基因 |
| 民俗层次基因 | 餐饮文化基因 |
| | 农耕文化基因 |
| | 文化娱乐基因 |
| | 工商文化基因 |
| | 人情礼仪基因 |
| | 民风民俗基因 |

在此指标体系的基础上，为了进一步探明每个二级指标对于西安历史文化名城基因的相对重要性或相对优劣次序，需要借助层次分析法进行计算、确定。

（二）西安历史文化名城基因层次分析及模型构建

结合上文分析，运用层次分析法可以将西安历史文化名城基因结构因素划分为：第一层次是目标层（$G$），即西安历史文化名城基因结构因素；第二层次是准则层（$P$），包括精神层次基因、物化层次基因和民俗层次基因三个方面；第三层次是方案层（$Q$），包括 15 个组成要素。根据三大层次因素构建如图 3-1 所示的层次分析模型。

（三）西安历史文化名城基因各因素影响权重层次分析

根据西安历史文化名城基因层次结构模型，完成对各个因素的判断矩阵，依据问卷数据（见附录 2），对表 3-9 中的二级指标进行两两比较并予以赋值。首先，将目标层 $G$ 和准则层 $P$ 进行比较并赋值，构造出判断矩阵（见表 3-10）。

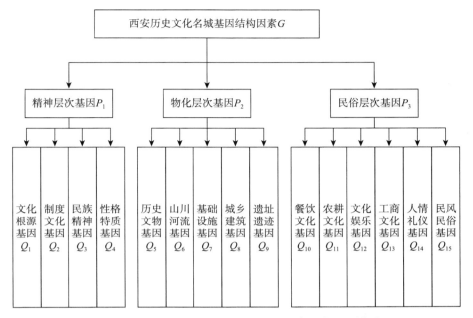

图 3-1　西安历史文化名城基因结构因素层次分析模型

表 3-10　目标层 $G$ 和准则层 $P$ 之间的判断矩阵

| $G$ | $P_1$ | $P_2$ | $P_3$ | $W_1$ |
| --- | --- | --- | --- | --- |
| $P_1$ | 1 | 0.3 | 0.2 | 0.105 |
| $P_2$ | 3.33 | 1 | 0.5 | 0.318 |
| $P_3$ | 5 | 2 | 1 | 0.577 |

其次，根据表 3-10 的数据，利用 yaahp 10.3 软件进行计算，得到权重向量 $W_1 =$ [0.105、0.318、0.577]$^\mathrm{T}$，计算出判断矩阵的最大特征值 $\lambda =$ 3.009，因此有 C.I. = 0.005，进而根据随机的一致性指标表得出 R.I. = 0.580，计算出 C.R. = 0.090<0.1，说明该判断矩阵达到一致性要求，$W_1$ 可以作为 $P$ 层对 $G$ 层的权重向量。

再次，利用同样的方法，将方案层 $Q$ 和准则层 $P$ 的各个因素进行对比，可以分别得出判断矩阵，分别见表 3-11、表 3-12 和表 3-13。

表 3-11 $P_1$ 和 $Q_1$、$Q_2$、$Q_3$、$Q_4$ 之间的判断矩阵

| $P_1$ | $Q_1$ | $Q_2$ | $Q_3$ | $Q_4$ | $W_2$ |
|---|---|---|---|---|---|
| $Q_1$ | 1 | 2 | 1.5 | 4 | 0.407 |
| $Q_2$ | 0.5 | 1 | 0.5 | 2 | 0.184 |
| $Q_3$ | 0.67 | 2 | 1 | 3 | 0.310 |
| $Q_4$ | 0.25 | 0.5 | 0.33 | 1 | 0.099 |

如表 3-11 所示，利用 yaahp 10.3 软件得到权重向量 $W_2 = [0.407、0.184、0.310、0.099]^T$，计算出判断矩阵的最大特征值 $\lambda = 4.016$。由此得出 $C.I. = 0.005$，进而根据随机一致性指标表得出 $R.I. = 0.900$，计算出 $C.R. = 0.006 < 0.1$，可见，该判断矩阵达到一致性要求。

表 3-12 $P_2$ 和 $Q_5$、$Q_6$、$Q_7$、$Q_8$、$Q_9$ 之间的判断矩阵

| $P_2$ | $Q_5$ | $Q_6$ | $Q_7$ | $Q_8$ | $Q_9$ | $W_3$ |
|---|---|---|---|---|---|---|
| $Q_5$ | 1 | 2.5 | 4.12 | 0.4 | 0.15 | 0.122 |
| $Q_6$ | 0.4 | 1 | 2 | 0.24 | 0.15 | 0.066 |
| $Q_7$ | 0.24 | 0.5 | 1 | 0.2 | 0.2 | 0.049 |
| $Q_8$ | 2.5 | 4.12 | 5 | 1 | 0.3 | 0.268 |
| $Q_9$ | 6.67 | 6.67 | 5 | 3.33 | 1 | 0.504 |

同样，根据表 3-12 的数据，利用 yaahp 10.3 软件求出权重向量 $W_3 = [0.122、0.066、0.049、0.268、0.504]^T$，计算出判断矩阵的最大特征值 $\lambda = 5.381$，因此有 $C.I. = 0.095$，$R.I. = 1.120$，$C.R. = 0.085 < 0.1$。可见，该判断矩阵达到一致性要求。

表 3-13 $P_3$ 和 $Q_{10}$、$Q_{11}$、$Q_{12}$、$Q_{13}$、$Q_{14}$、$Q_{15}$ 之间的判断矩阵

| $P_3$ | $Q_{10}$ | $Q_{11}$ | $Q_{12}$ | $Q_{13}$ | $Q_{14}$ | $Q_{15}$ | $W_4$ |
|---|---|---|---|---|---|---|---|
| $Q_{10}$ | 1 | 0.18 | 0.5 | 0.2 | 1.2 | 0.4 | 0.059 |
| $Q_{11}$ | 5.56 | 1 | 3.5 | 2 | 5 | 2.8 | 0.370 |

| $P_3$ | $Q_{10}$ | $Q_{11}$ | $Q_{12}$ | $Q_{13}$ | $Q_{14}$ | $Q_{15}$ | $W_4$ |
|---|---|---|---|---|---|---|---|
| $Q_{12}$ | 2 | 0.29 | 1 | 0.25 | 2 | 0.4 | 0.090 |
| $Q_{13}$ | 5 | 0.5 | 4 | 1 | 4 | 2.5 | 0.279 |
| $Q_{14}$ | 0.83 | 0.3 | 0.5 | 0.25 | 1 | 0.5 | 0.060 |
| $Q_{15}$ | 2.5 | 0.38 | 2.5 | 0.4 | 2 | 1 | 0.142 |

根据表 3-13 的数据，利用 yaahp 10.3 软件进行计算，得到权重向量 $W_4 = [0.059、0.370、0.090、0.279、0.060、0.142]^T$，进而计算出判断矩阵的最大特征值 $\lambda = 6.142$，因此有 $C.I. = 0.028$，$R.I. = 1.240$，$C.R. = 0.023 < 0.1$，可得出该判断矩阵达到一致性要求。

最后，根据以上数据以及权重总体排序公式，得出方案层 $Q$ 对目标层 $G$ 的权重向量 $W$。通过总排序的一致性检验，得出 $C.I. = 0.047$，$R.I. = 1.166$，$C.R. = 0.040 < 0.1$，层次总排序符合一致性要求，$W$ 可以作为方案层 $Q$ 对目标层 $G$ 的权重向量（见表 3-14）。

表 3-14　影响因素指标权重总排序

| 方案 | $P_1$ | $P_2$ | $P_3$ | 权重 | 总排序 |
| | 0.105 | 0.318 | 0.577 | | |
|---|---|---|---|---|---|
| $Q_1$ | 0.407 | | | 0.043 | 7 |
| $Q_2$ | 0.184 | | | 0.019 | 13 |
| $Q_3$ | 0.301 | | | 0.032 | 11 |
| $Q_4$ | 0.099 | | | 0.010 | 15 |
| $Q_5$ | | 0.122 | | 0.039 | 8 |
| $Q_6$ | | 0.066 | | 0.021 | 12 |
| $Q_7$ | | 0.049 | | 0.013 | 14 |
| $Q_8$ | | 0.268 | | 0.085 | 4 |
| $Q_9$ | | 0.504 | | 0.160 | 3 |
| $Q_{10}$ | | | 0.059 | 0.034 | 10 |
| $Q_{11}$ | | | 0.370 | 0.213 | 1 |

续表

| 方案 | $P_1$ | $P_2$ | $P_3$ | 权重 | 总排序 |
|---|---|---|---|---|---|
| | 0.105 | 0.318 | 0.577 | | |
| $Q_{12}$ | | | 0.090 | 0.052 | 6 |
| $Q_{13}$ | | | 0.279 | 0.161 | 2 |
| $Q_{14}$ | | | 0.060 | 0.035 | 9 |
| $Q_{15}$ | | | 0.142 | 0.082 | 5 |

（四）西安历史文化名城基因结构分析结果解释

借助层次分析法，从以上数据可以得出方案层 $Q$ 对目标层 $G$ 的权重向量排序结果，即 $W_{11}>W_{13}>W_9>W_8>W_{15}>W_{12}>W_1>W_5>W_{14}>W_{10}>W_3>W_6>W_2>W_7>W_4$。根据权重大小顺序，得出西安历史文化名城基因的八大主要构成因素，依次是：$Q_{11}$ 即农耕文化基因，$Q_{13}$ 即工商文化基因，$Q_9$ 即遗址遗迹基因，$Q_8$ 即城乡建筑基因，$Q_{15}$ 即民风民俗基因，$Q_{12}$ 即文化娱乐基因，$Q_1$ 文化根源基因以及 $Q_5$ 历史文物基因。以上 8 项构成了西安历史文化名城基因的主要谱系，可用图 3-2 表示。

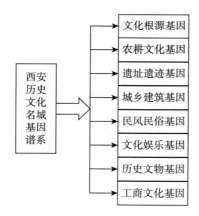

图 3-2　西安历史文化名城基因谱系

以上得到的是构成西安历史文化名城基因的主要因素。需要注意的是，层次分析法根据问题的性质和要达到的总目标，将问题分解为不同的组成因素，并按照因素间的相互关联影响以及隶属关系将因素按不同层次聚集组合，形成一个多层次的分析结构模型，从而最终使问题归结为最低层相对于最高层的相对重要权值的确定或相对优劣次序的排定。本书所研究的西安历史文化名城基因谱系，是一个由相互关联、相互制约的众多因素构成的较为复杂的系统，采用层次分析法则为研究这个问题提供了一种新的、简洁的、实用的决策方法，并不意味着所得到的结论就是完全精准的、唯一的结论。所以辩证地看，除了采用该方法得到的八大历史文化名城基因的主要构成因素外，相信随着经济社会的发展，其他的基因类型也会日益体现出自身的重要影响力。

## 第三节　西安历史文化名城基因表现形态

作为著名的历史文化名城，西安蕴含着丰富的文化基因，表现出了千姿百态的形式，形成了古城西安内容广泛且独有的文化物种。这些丰富的西安历史文化名城文化物种，有些可以体现主体基因，有些表现为附着基因，有些呈现混合基因，有些表现为"变异"基因[154]。结合历史文化名城基因的文化物种理论，古城西安的文化物种——历史文化名城基因具体表现在以下几个方面。

### 一　西安历史文化基因与文物和典籍

西安这座著名的历史文化名城，满城都是遗址遗迹，是中华优秀传统文化的重要组成部分。西安市登记在册的各类不可移动文物点有 2944 处，其中全国重点文物保护单位 58 处，省级文物保护单位 107 处，市级文物保护单位 60 处（见表 3-15）。据统计，西安市直管馆（库）藏文物近 17 万件（组），其中国家珍贵文物 15545 件，一般文物 14.8 万件。这些文物主要保管在西安市文物库房内，约 11.6 万余件，其余保管在西安中国书法艺术博物馆及周至、蓝田、长安、高陵、临潼等单位和区县的文物库房中。

种类繁多的遗址遗迹以及丰富的馆藏文物，是中国历史源远流长和生生不息的重要见证，更是西安历史文化名城基因不可缺少的载体。

表 3-15　西安市的重要全国文物保护单位

| 名称 | 时代 | 属性 | 批次 |
|---|---|---|---|
| 大雁塔 | 唐 | 古建筑及历史纪念建筑物 | 第一批 |
| 小雁塔 | 唐 | 古建筑及历史纪念建筑物 | 第一批 |
| 兴教寺塔 | 唐 | 古建筑及历史纪念建筑物 | 第一批 |
| 西安城墙 | 明 | 古建筑及历史纪念建筑物 | 第一批 |
| 西安碑林 | 汉至近代 | 石刻及其他 | 第一批 |
| 半坡遗址 | 新石器时代 | 古遗址 | 第一批 |
| 丰镐遗址 | 周 | 古遗址 | 第一批 |
| 阿房宫遗址 | 秦 | 古遗址 | 第一批 |
| 汉长安城遗址 | 西汉 | 古遗址 | 第一批 |
| 大明宫遗址 | 唐 | 古遗址 | 第一批 |
| 秦始皇陵 | 秦 | 古墓葬 | 第一批 |
| 西安事变旧址 | 1936 年 | 革命遗址及革命纪念建筑物 | 第二批 |
| 蓝田猿人遗址 | 旧石器时代 | 古遗址 | 第二批 |
| 八路军西安办事处旧址 | 1937~1946 年 | 革命遗址及革命纪念建筑物 | 第三批 |
| 杜陵 | 西汉 | 古墓葬 | 第三批 |
| 西安清真寺 | 明、清 | 古建筑及历史纪念建筑物 | 第三批 |
| 隋大兴唐长安城遗址 | 隋、唐 | 古遗址 | 第四批 |
| 华清宫遗址 | 唐 | 古遗址 | 第四批 |
| 仙游寺法王塔 | 隋 | 古建筑 | 第四批 |
| 西安钟楼、鼓楼 | 明 | 古建筑 | 第四批 |
| 水陆庵 | 明 | 古建筑 | 第四批 |
| 康家遗址 | 新石器时代 | 古遗址 | 第五批 |
| 栎阳城遗址 | 战国至汉 | 古遗址 | 第五批 |
| 鸠摩罗什舍利塔 | 唐 | 古建筑 | 第五批 |
| 西安城隍庙 | 明、清 | 古建筑 | 第五批 |

| 名称 | 时代 | 属性 | 批次 |
|------|------|------|------|
| 八云塔 | 唐 | 古建筑 | 第五批 |
| 重阳宫祖庵碑林 | 元至清 | 石窟寺及石刻 | 第五批 |
| 秦东陵 | 秦 | 古墓葬 | 第六批 |
| 长安华严寺塔 | 唐 | 古建筑 | 第六批 |
| 昭慧塔 | 唐 | 古建筑 | 第六批 |
| 易俗社剧场 | 民国 | 近现代重要史迹及代表性建筑 | 第六批 |
| 杨官寨遗址 | 新石器时代 | 古遗址 | 第七批 |
| 鱼化寨遗址 | 新石器时代 | 古遗址 | 第七批 |
| 西峪遗址 | 新石器时代、秦汉 | 古遗址 | 第七批 |
| 建章宫遗址 | 西汉 | 古遗址 | 第七批 |
| 阛丘遗址 | 唐 | 古遗址 | 第七批 |
| 蓝田吕氏家族墓地 | 北宋 | 古墓葬 | 第七批 |
| 大学习巷清真寺 | 明、清 | 古建筑 | 第七批 |
| 革命公园 | 民国 | 近现代重要史迹及代表性建筑 | 第八批 |
| 江村大墓 | 西汉 | 古墓葬 | 第八批 |

资料来源：根据西安市文物局官网、《西安市志》等整理。

历史文化名城基因除了散布在遗址遗迹、文物和古建筑中外，还集中在古籍文献和相关历史文化图书之中。西安古籍文献包括正史、别史、编年史、杂史以及纪事本末史等，整体存藏量十分丰富，达到5万余种100多万册。截至2022年底，西安市有公共图书馆15个，公共图书馆总藏量达935.2万册。

## 二　西安历史文化名城基因与传统生活和生产方式

西安历史文化名城基因既表现在城市的山川河流、动植物中，也表现在城市的本身形态和特色景观中，还表现在遗址遗迹中，更表现在传统的生活与行为方式和某些传统的特色产业中。西安市的世界级、国家级及省级（部分）非物质文化遗产代表性项目如表3-16所示。

表 3-16　西安市世界级、国家级、省级（部分）非物质文化遗产代表性项目名录

| 级别 | 项目名称 | 类别 | 批次及时间 |
|---|---|---|---|
| 世界级 | 西安鼓乐 | 传统音乐 | 2009 年 |
| 国家级 | 西安鼓乐 | 传统音乐 | 第一批 2006 年 |
| | 蓝田普化水会音乐 | 传统音乐 | 第一批 2006 年 |
| | 楮皮纸制作技艺 | 传统技艺 | 第二批 2008 年 |
| | 眉户曲子 | 曲艺 | 第二批 2008 年 |
| | 同盛祥牛羊肉泡馍制作技艺 | 传统技艺 | 第二批 2008 年 |
| | 牛郎织女传说 | 民间文学 | 第三批 2011 年 |
| | 高陵洞箫艺术 | 传统音乐 | 第三批 2011 年 |
| | 秦腔 | 传统戏剧 | 第一批 2006 年 |
| | 迎城隍 | 民俗 | 第四批 2014 年 |
| | 马明仁膏药制作技艺 | 传统医药 | 第四批 2014 年 |
| 陕西省 | 社火 | 民俗 | 第一批 2007 年 |
| | 周至牛斗虎 | 民间舞蹈 | 第一批 2007 年 |
| | 豆村大蜡制作技艺 | 传统技艺 | 第一批 2007 年 |
| | 临潼区骊山女娲风俗 | 民俗 | 第一批 2007 年 |
| | 阎良核雕技艺 | 传统技艺 | 第一批 2007 年 |
| | 秦镇米皮制作技艺 | 传统技艺 | 第二批 2009 年 |
| | 楼观台祭祀老子礼仪 | 民俗 | 第二批 2009 年 |
| | 华夏财神故里祭祀活动 | 民俗 | 第二批 2009 年 |
| | 龙窝酒手工酿造技艺 | 传统技艺 | 第二批 2009 年 |
| | 中华老字号春发生葫芦头泡馍制作技艺 | 传统技艺 | 第二批 2009 年 |
| | 长安道情 | 曲艺 | 第二批 2009 年 |
| | 寒窑传说 | 民间文学 | 第三批 2011 年 |
| | 周至起良村造纸技艺 | 传统技艺 | 第三批 2011 年 |
| | 周至剪纸 | 传统美术 | 第三批 2011 年 |
| | 长安仓颉造字传说 | 民间文学 | 第三批 2011 年 |
| | 终南山钟馗信仰民俗 | 民俗 | 第三批 2011 年 |
| | 上巳节风俗 | 民俗 | 第三批 2011 年 |

资料来源：根据陕西省非物质文化遗产保护中心官网资料整理。

西安市拥有联合国教科文组织命名的世界级非物质文化遗产代表性项目 1 项、国家级非物质文化遗产代表性项目 12 项，省级非物质文化遗产代表性项目 123 项，市级非物质文化遗产代表性项目 229 项①。

## 三　西安历史文化名城基因与自然生态

在探讨西安地理环境时已知，历史上西安之所以能够长期成为都城，主要与关中地区良好的自然资源、有利的地形与军事条件以及比较便利的交通条件有关。但是发展到后来，关中地区人口过度集中，自然环境逐步恶化，再加上东南地区经济、人文条件的日益成熟以及政治中心的变迁等因素，唐末都城东迁后就再未回归。这里表达的意思是都城迁出西安有各方面原因，自然环境变化只是其一。

事实上，自然环境变化对西安而言也并非彻底大伤元气，与汉唐时期相比，大体框架还在，自然环境还体现着西安历史文化之"基"。随着当前国家和地区生态保护力度不断加大，黄土高原日益绿化，关中平原的气候逐渐恢复温润。"八水"确实水量比较小了，时而还出现干涸现象，但是河流河床依在，渭河还是黄河的第一大支流。汉唐时候，围绕长安的"八水"和遍布城内的湖池河渠相互联通，现在湖池河渠遗留数量可数，西安正着力改变这一局面，建成了兴庆湖、未央湖、丰庆湖、曲江池、汉城湖、昆明池等一批惠民工程，以恢复古都盛世风貌。

随着生态保护的加强，西安周边的河流水量在不断加大，特别是随着"引汉济渭"工程的推进，"八水绕长安"的盛景将重现。西安现有的湖池，多为人工改造而成，但是其和西安历史文化紧密结合，使其承载了浓厚的西安历史文化名城基因。和汉唐相比，秦岭和关中平原的动植物较少，但人们在西安动物园的基础上建成秦岭野生动物园，园区动

---

① 数据来源：《2024 年西安市非物质文化遗产项目名录》，http://www.xa.gov.cn/gk/wtly/ssml/6261100af8fd1c0bdc90f772.html。

物种类齐全，动物种群、数量为西北之最，野生动物放养区面积为全国野生动物园之最。利用秦岭植物资源，在西安市周至县内还建成了秦岭国家植物园，是世界上面积最大的国家级特大型综合植物园。目前，秦岭野生动物园和秦岭国家植物园都是西安历史文化名城的重要名片，承载了秦岭的生物基因，也承载了秦岭的文化基因，秦岭和古都西安关系密切，因此在很大程度上也承载了西安历史文化名城基因。

从历史到今天，各代文人墨客留下了大量与西安山川河流湖池等相关的诗词歌赋以及书画艺术品等，给这些自然景观赋予了特有的历史文化成分，也成为西安历史文化名城基因的重要组成部分。如王维的《辋川别业》，孟郊的"一日看尽长安花"，白居易在周至县仙游寺写下的《长恨歌》等。

## 四 西安历史文化基因与城市形态和特色景观

西安市辖 11 区 2 县，总面积 10108 平方千米，建成区 700 平方千米，常住人口 1300 万人。在发展中，城市骨架不断拉大，西南有高新区，北面是经济开发区，东南布局了曲江新区和航天产业基地，东北规划了浐灞生态区和国际港务区，西北属于汉长安城遗址保护区，西安主城区形成了"九宫"格局。这是西安作为古都形成的具有中国历史文化基因的城市格局。在新时代，作为共建"一带一路"的重要地区，古都西安和三个万亿元产业聚集带构成了"丰"字形城市布局结构，文旅产业分布在整个市域，点缀在"丰"字形结构上，使"丰"字形结构更加绚丽多彩。

作为国内重要交通枢纽，西安有西安站、西安北站、西安南站、阿房宫站等四大客运火车站。西安北站目前是国内最大以及亚洲最大的火车站，开通了至全国各大城市的直达高铁线路。西安咸阳国际机场是中国重要的国际国内航空港，年旅客吞吐量排名居于全国前列。西安于2011 年开通地铁，目前共开通 8 条线路，运营里程长度共计 252.6 千米，另有 7 条在建线路，最高日客运量为 448.21 万人次，排名居全国前列。西安地铁 LOGO 以城墙为基本元素，彰显了古城文化基因。西安城市会客厅——大雁塔北广场东西宽 218 米，南北长 346 米，拥有全世界最豪华的绿化无接触式卫生间等 8 项亚洲乃至世界之最。西安最大的商业单体项目——赛格国际购物中心有中国最长的室内电梯、世界最大的室内瀑布、西北最大的空中停车场、1 层直达 6 层的心跳飞天梯。这些都充分体现了缔造了汉唐盛世的古都西安的魄力，充分表现着西安历史文化名城的基因。

基于历史文化名城基因，经过多年努力，西安已发展成为国际国内知名的网红旅游城市，历史文化景观以及富含历史文化基因的自然山水景观等遍布城市内外。兴庆宫公园因在唐代皇宫兴庆宫遗址上修建而得名，与西安交通大学毗邻，是中国最古老的历史文化遗址公园。华清宫是唐朝著名的离宫，唐玄宗与杨贵妃每年十月都要到此游历，现为古城西安的著名景点，大型实景历史歌舞剧《长恨歌》即在此表演。大唐芙蓉园是中国第一个全方位展示盛唐风貌的大型文化主题公园，一开园就使"国人震撼，世界惊奇"。大明宫国家遗址公园在唐代大明宫遗址上建成，是西安市最大的城市中央公园。2020 年 7 月，大唐不夜城步行街被列入首批全国示范步行街名单。长安八景的曲江流饮、雁塔晨钟、灞柳风雪、骊山晚照、草堂烟雾、咸阳古渡、太白积雪、华岳仙掌等，无不景色优美，充满历史文化的神秘感。

## 第四节　西安历史文化名城基因遗传路径

文化基因遗传作为人类文明传承的密码，核心遗传机制是思维方式和价值观念的延续。文化基因既可以通过具有物质形态的载体进行遗传，又可通过非物质文化遗产，诸如戏曲等遗传，还可在一定的地域环境风貌中遗传。物质载体、非物质文化遗产以及地域环境风貌等都是文化基因遗传重要的介质[155]。西安历史文化名城基因依托这些介质主要有四条遗传路径。

## 一 历史延续的基因遗传路径

关中平原良好的自然资源、有利的地形和军事条件以及十分便利的交通条件为历代政权建都提供了基本可能。几千年来，关中平原自然生态情况变化不是很大，一代又一代统治者在此上演了一幕幕大戏，你方唱罢我登场，无论长安城繁荣或衰败，秦岭、渭河等山川河流依旧，历史仍在不断延续。在历史的不断延续中，从丰镐到长安城以至西安城，历史文化积淀愈加深厚，城市的主体文化基因像灵魂一样和城市合二为一。只要历史延续，几千年来西安的城市基因就会得到遗传，历史圣地基因不断增强。直至今日，人们更加认识到西安历史文化名城基因的重要性，使其发挥出更为重要的作用。

西安3100余年建城史和1100余年建都史从周文王建立丰京开始①。后来周武王扩建镐京，史称"丰镐"，是中国历史上第一座规模宏大的城市，开创了中国城市平面布局方整、宽敞、宏伟的先河，赋予了后世西安城布局方正、街道宽敞、气势宏伟的基因。丰镐作为西周都城沿用近300年，平王东迁，定都成周（洛邑），但是秦人这时候却沿着周人的脚步再次在关中平原发展壮大，他们勇于创新、开拓进取，一脉相承。在发展中，秦国都城从栎阳迁至自然条件更好的咸阳，距离丰镐故都很近。在建咸阳城及其宫殿时，完全延续了丰镐的恢宏气势，以距离最近的阿房宫为代表。西汉的长安城基本是在咸阳城的基础上建成的，同样是规模宏大、气势恢宏，并通过一系列文治武功形成"汉武雄风"，整个国家呈现"大气""创新""开放包容"的气象。东汉刘秀定都洛阳，但是长安城依在，故有汉献帝和晋愍帝迁都长安。此后，先后有前赵、

---

① 资料来源：《西安市志》（第一卷），https://xadfz. xa. gov. cn/book/1. html? catid = 367f47ec － 375e－4d66－9903－16c9f4ad5de9。

前秦、后秦、西魏、北周等几个少数民族政权建都长安。这段历史，长期动荡，但是在长安建都的少数民族统治者一方面延续了长安城大开大合以及秦人简洁实用的基因，同时因为他们多从黄土高原来，进一步形成了土气中带有霸气的基因[156]。直至隋唐，才真正从精髓上延续了秦汉的恢宏气势、开放包容、开拓创新，并将其推向一个新高度，在政治、经济、文化、艺术等各个方面都有所体现。后来国都东迁，长安城缩建，但仍一直保持着西北乃至西部的军事重镇，经济、文化中心地位，频频闪烁出历史的星光。赵匡胤、朱元璋在建都时也都考虑过长安，北宋伟大的哲学家张载在长安出生，明末李自成起义亦建都西安。北宋以后，长安城的历史一直在延续，城市的框架一直存在，城市基因底蕴一直存在。近年来，西安市致力于国际化大都市、国家中心城市建设，这些都反映了西安作为历史文化名城名副其实，其历史文化名城基因强大。

## 二　文化认同的基因遗传路径

西安是十三朝古都，在中国乃至世界历史和文化上的重要性不言而喻。历史上，西周、秦、西汉、隋、唐五个大一统王朝建都西安地区，形成了光辉灿烂的文化，对周边地区和后世产生了深远的影响。西周礼制文化经孔子改造为儒家文化后成为中国传统文化的骨干，刻入广大中国人以至海外华人的内心。秦朝实现大一统后，推行"书同文、车同轨"，建立中央集权制度等一系列措施彻底影响了后世中国。有学者认为，中国的英文名"China"就源于"秦（Qin）"[157]，表明秦文化在世界上的影响。汉朝更是通过"独尊儒术"等举措在文化方面取得了巨大成就，汉朝以后的多个朝代，中原人都称自己为"汉人""汉子"，中华民族的主体民族被称为"汉族"，语言被称为"汉语"，文字被称为"汉字"。隋朝建立的科举制对中国社会的影响重大而深远，奠定了古代中国"文官制度"的基础，对中国古代教育、学术发展以及人才培养等方面起到了重要作用。唐朝更是取得了巨大建树，在政治、经济、文化和外交等多个方面取得了接近巅峰的成就，开放包容、勇于进取、兼容并蓄的社会风气为各个民族提供了一个空前的文化交流环境，不仅对国内有深远影响，还对邻国产生了深远的影响。

几个大一统王朝都建都于西安地区，其本身存在因历史延续而形成文化基因遗传现象，但更重要的是存在因对前朝文化认同而遗传其基因的现象。从秦阿房宫的布局和奢华大气程度、兵马俑的阵势以及以法为礼等能窥视到秦文化对周文化基因的遗传。汉承秦制，即汉对秦文化存在许多方面的认同与沿袭，包括汉长安城在秦宫殿的基础上建成。隋朝建立时，最初想沿用汉长安城，但城池宫殿实在太过残破，因此才重新兴建了大兴城，这也表明了隋朝对汉长安城文化的认同以及基因的遗传。唐朝除都城外，更是在很多方面都沿袭了隋朝，对隋朝的三省六部制、科举制、均田制等都予以了发扬光大，形成了繁盛局面。在十六国南北朝时期建立的众多少数民族政权，大多认同周秦汉文化，从他们的国号以及多定都长安来看这一特征非常明显。汉唐时期，畅通了以长安为起点的陆上"丝绸之路"，这条道路后来被称为"东西方文明交会之路"。在这条道路上，不仅仅交流了物资、东西方特产，更重要的是交流了文化。通过"丝绸之路"，西域以及亚欧各国加深了对汉唐文化的认同，加深了对盛世长安的认同。直至今天，还有众多的国内国际人士对故都长安有着深刻的文化认同，在不断促进着西安历史文化名城基因的遗传。

## 三　教化传承的基因遗传路径

中国古代更注重教化，相当于现代的教育＋文化，教育面向"上者"，文化面向"下者"，所谓"教行于上，化成于下也"。古代面向"上者"的教育是"小众化"的，面向"下者"的文化是"大众化"的。先"小众化"教育再"大众化"文化，是中国古代教化的基本模式，西安历史文化名城基因正是在这种教化中不断得到遗传的。

西周时候，学在官府，基本上贵族才能接受教育，他们通过学习德行、礼制及其他知识技能不断给规模盛大、布局严整、气势恢宏的丰镐城增加光彩，让京城从外到内都充满魅力。在生产生活中，贵族们又不断用德行和礼仪等感化其他人，进行着社会教化。在社会教化中，丰镐城和西周社会逐渐具有了"崇德尚礼"基因，气势恢宏、勇于创新等基因也都在丰镐城不断代际传承，并形成厚重淳朴的民风。秦朝以法为教，以吏为师，"设三老以掌教化"。由于秦始皇"焚书坑儒"等，这时期教化更加重视言传身教，城市基因大多渗透在人们的行为之中。西汉儒学抬头，更加重视教化，设太学、立五经博士、倡行察举制，全国的人才都来到长安城。通过教化，长安城的雄阔恢宏、雍容华贵、开拓进取、开放包容等优秀基因不断得到遗传。隋唐时庙学合一，民众教化趋向普及化，加之科举制的推行使百万人口的国际化大都市长安城集聚了各类优秀人才，长安城成为国内外人们的向往之地，一系列优秀基因经过多代遗传后得到了全面释放，体现在长安城的方方面面。宋元时书院盛行，长安城及其周边出现了一批书院，诸如长安区正学书院、眉县横渠书院、咸宁县鲁斋书院、临潼区居善书院、高陵区渭上书院等。这些书院以张载授课的横渠书院为代表，以"讲授知识、探讨学术、教化民众"为己任，在很大程度上遗传着古长安固有的尊德贵礼、崇礼贵节以及兼容并蓄、积极进取、勇于创新、厚重淳朴等优秀基因[158]。明清时期，长安城多称西安府，城中的关中书院成为书院中的代表，冯从吾、李颙、李雪木等大儒先后在此讲学，彰显"使命意识"。民国时期，国民政府认识到西安属于四大古都，于是在学校中开始加强相应教育。直至现在，以专门的学校教育传承西安历史文化名城基因，成为遗传的有效路径。

在社会发展中，宗教也承担了重要的教化责任。西安作为国都、西北重镇，汇聚佛教、道教、伊斯兰教、天主教等中外宗教，在很大程度上也遗传着历史文化名城的文化基因。周至县楼观台因老子讲经、写下《道德经》五千言而被尊为"道教祖庭"，鄠邑区祖庵镇重阳宫是举世公认的全真派道教祖庭。中国佛教八大宗派中的六个祖庭都在西安，至今香客不断；伊斯兰教传入西安始于唐代，西安知名国内外的网红打卡地"回民街"即在诉说着千年的历史文化。现藏于西安碑林博物馆的"大秦景教流行中国碑"，碑额顶部莲花瓣朵上吉祥云环绕十字架的造型，反映了当时西安在文化上包容万象的气度和自信。西安有 10 座宗教寺观被国家确定为全国重点寺观，26 处宗教活动场所属于重点文物保护单位。它们很多保存完好，建筑风格多样、各具特色，观赏性很强，吸引着很多海内外信徒、专家学者和游客，传播传承着西安文化基因。

当然，西安历史文化名城基因教化传承式遗传也体现在一些民间文化活动中，诸如秦腔的传播传承。在秦腔的发展过程中，每一个历史阶段具有代表性的剧目都反映了人民的生活状态和美好愿望，体现出了每个阶段人民的高尚品德。著名的西安易俗社就以"移风易俗"为宗旨，重新编排设计了秦腔剧目，充分反映了秦人耿直豪爽、厚重淳朴、勇于斗争等高尚品质。秦腔不仅仅是艺术的体现，更是教化民众、遗传西安历史文化名城优秀基因的有效路径。另外，还有社火等民间文化，也能让民众在休闲娱乐的同时，教化民众，遗传西安历史文化名城基因。

## 四 保育发展的基因遗传路径

文化基因的保育，是指对一切原生态的能记录历史信息的文化基因进行保护和维育；文化基因的发展是指借助文化基因推动开发展示，特别是以文化和旅游的方式，甚至形成产业化规模。文化基因保育是文化基因发展的基础，文化基因发展有利于更好的保育。

新中国成立后，党和政府对历史文化名城西安的考古工作高度重视。西安城东浐河东岸的半坡遗址于 1953 年被发现后，1954~1957 年，国家先后对半坡遗址进行了 5 次较大规模的发掘，总计发掘面积 1 万平方米，1957 年就地建成西安半坡博物馆。20 世纪 60 年代，蓝田猿人遗址的发现引起国内外轰动。西安古遗址与文物极为丰富，多年来考古工作者一直在对丰镐、汉长安城等一系列大型遗址不断开展挖掘考察，对文物、古建筑不断加大保护力度。西安市已有 2 项 6 处遗产被列入《世界遗产名录》，有价值的古遗址、古墓葬达到 4000 余处，文物达到 500 多万件，共有陕西历史博物馆、秦始皇帝陵博物院、西安碑林博物馆、汉帝景阳陵博物馆、西安博物院、含光门遗址博物馆等各类博物馆 150 多座。

21 世纪以来，西安市不断加快历史文化名城保护利用步伐。2002 年西安市出台《西安历史文化名城保护条例》，重点体现了彰显西安历史文化名城的三种类型：古遗址、古城墙以及历史文化风貌区域。其中古遗址主要包括蓝田猿人遗址、半坡遗址、汉长安城遗址等；古城墙不仅仅指明城墙，还包括城墙以内的北院门、三学街、竹笆市、德福巷、湘子庙街区等历史文化街区以及钟楼、鼓楼、碑林、宝庆寺塔、城隍庙、化觉巷清真寺以及八路军西安办事处、西安事变旧址等文物保护单位；历史文化风貌区域主要包括秦始皇陵园、霸陵、大雁塔、小雁塔、华清池、楼观台、大兴善寺、兴教寺、青龙寺、草堂寺、八仙庵、水陆庵等。该条例在 2010 年和 2017 年先后两次得到修订，不断加大保护力度，成为西安市城市规划与建设的重要前提条件。

我国规模最大、保存最为完整的古城墙是西安历史文化名城最突出的文化符号。在民国时期和新中国成立后几次全国性的城墙拆除运动中，经过有识之士的努力，西安城墙被有幸保存下来，并得以不断保育发展，成为中国乃至世界文化遗产。1931 年，陕西省政府出台《保存城垣办法五条》，1953 年，《西安城市总体规划》明确保护城墙与护城河，1959 年，国务院发出《关于保护西安城墙的通知》，1961 年 3 月，西安城墙被列入国务院公布的《第一批全国重点文物保护单位名单》，同年 5 月 30 日，陕西省文化局拨款开始整修西安城墙[159]。

1983 年起，西安全民保护城墙工程正式启动，至 21 世纪初西安城墙重新恢复往日雄姿。2004 年，西安城墙管理委员会正式成立，西安城墙得到更为科学、持续的保护，逐渐成为古城西安最为知名的景区之一。2018 年，西安城墙列入申报"世界文化遗产"的预备名单。目前，西安城墙的保护与利用不断在融入现代城市发展、提升市民生活品质的道路上前行，同时也在演出、文创等方面加大创新、推广力度，各种文化活动频频举办。西安城墙在文化创新和旅游开发的碰撞中鲜活起来，成为一个彰显文化自信、讲述中国故事的重要文化品牌。

2002 年以来，西安市成立曲江新区，先后建成大雁塔北广场、大唐芙蓉园、杜陵遗址生态公园等一批重大文化项目，组建了西安曲江文化产业投资（集团）有限公司［全额投资了西安曲江旅游投资集团公司、西安曲江影视投资（集团）有限公司、西安曲江出版传媒投资集团有限公司、西安曲江文化演出（集团）有限公司、西安曲江国际会展（集团）有限公司等一批大型文化企业］、西安曲江文化旅游股份有限公司、西安大明宫投资集团（有限）公司等产业集团，形成了几乎全业态的文化产业体系。西安市先后获得中国最佳旅游目的地、中国特色魅力城市、网红旅游打卡地、首批国家文化和旅游消费试点城市、世界历史都市联盟理事、世界特色魅力城市 200 强等一系列荣誉称号。

# 第四章　基于历史文化名城基因的
# 西安文化产业现状

一个国家或地区通常有着典型的民族或地域文化特征，而这一特征往往影响着区域文化基因在文化消费以及文化产业等方面的表达。本章主要按照第二章的理论逻辑分析框架，结合第三章西安历史文化名城基因结构及其遗传路径，分析现代西安的文化消费选择以及文化产业发展等情况。

## 第一节　西安文化产业发展现状

随着国内外文化产业的发展，古都西安日益重视文化建设和文化产业发展。在各界持续努力下，不断利用历史文化名城基因激活文化消费潜力，取得了一系列成就，但是西安文化产业发展与北上广等城市相比，还有很大距离，存在很多问题需要解决。

### 一　文化产业发展总体情况

进入 21 世纪，西安将文化产业作为经济转型的重要方向，特别是 2013 年"一带一路"倡议中，西安作为丝绸之路经济带的核心城市，文化产业被纳入国家"一带一路"建设框架，享受政策红利；《关中平原城市群发展规划》明确提出支持西安建设国家中心城市，推动文化产业与科技、旅游等产业深度融合。这些扶持政策，旨在推动文化产业成为城市经济的重要支柱，提升文化软实力和竞争力。

自 2013 年以来，西安市政府及相关部门也出台了一系列支持文化产业发展的政策文件，推动文化产业发展取得了显著成就。

一是逐步完善了文化产业政策体系。出台了《西安市建设"丝路文化高地"行动计划（2018—2021）》，明确了战略定位是将西安建设为中华民族共有精神家园重要标识地、国际参与"一带一路"文艺创作的内容生产高地、丝绸之路文化产业带引领区、"一带一路"文明交流互鉴高地、西部领先的公共文化服务高地、最能体现东方神韵的国际化大都市；《关于补短板加快西安文化产业发展的若干政策》是贯彻落实市委十三届三次全会精神的重要举措，是补齐"十大短板"系列政策措施的首个文件，也是近年来西安市在扶持文化产业发展方面出台的比较全面、系统、完备的政策措施，旨在通过金融支持、产业园区建设、企业培育等方式推动文化产业增长；《西安市"十四五"产业发展规划》针对文化产业提出到 2025 年，旅游业总收入超过 5000 亿元，全市规模以上文化企业数量达到 950 个，建成国家级文化产业示范园区 2 个，形成产业要素齐备、融合效应集聚、高质量发展的文旅融合发展格局；《西安市促进文化旅游体育产业高质量发展若干措施》共发布 10 条措施，核心是激发市场主体活力，支持企业发展，进而提升企业发展规模，推动产业集聚发展、结构优化升级。这些政策、措施，无不为西安文化产业的前进指明了发展方向，为文化产业突破瓶颈提供了政治基础和政策依据。

二是不断培育壮大文化产业主体。2013 年以来，西安市建设了多栋具有文化传播功能的实体建筑，如西安秦腔剧院等，为文化传播提供了良好载体，有利于发挥文化资源优势，实现与战略平台的有效对接，最终培育出良好的文化产业市场主体。2023 年末共有博物馆 134 座，各级别文物保护单位 428 处。公共图书馆 14 个，全年总流通 416.14 万人次；

群众艺术馆 1 个，文化馆 13 个，艺术表演团体 16 个。2023 全年规模以上文化及相关产业企业营业收入 808.78 亿元，增长 10.0%。初步形成文化产业发展格局。先后建设了具有西安特色的文化产业园区，建立实施了包括西安城墙景区工程、大唐不夜城项目、关中民俗艺术博物馆项目等十二个重大文化产业项目。精品力作不断涌现，文艺创作空前繁荣。优秀电影如《图雅的婚事》《隐形的翅膀》《纺织姑娘》《老港正传》等；优秀小说作品如《秦腔》《手铐上的兰花花》《青木川》等。这些文化产品均在国内外产生巨大影响，得到各界一致好评。

三是西安文化产业成绩显著。在陕西省和西安市党委和政府领导下西安市文化产业快速蓬勃发展，特别是以曲江新区、高新区等为代表的区域大力发展以历史文化资源为底蕴的历史文化与现代科技相交融的文化产业取得了巨大成就。根据西安市统计局的数据，2023 年西安文化产业成绩显著，西安全市规模以上文化企业实现营业收入 808.78 亿元，新增规模以上文化企业 84 家，曲江新区和高新区是西安文化创意产业的主要集聚区；西安接待游客 2.78 亿人次，旅游业总收入 3350 亿元；全市 44 个文旅重点项目完成投资 197.4 亿元。中国-中亚峰会以"大唐盛礼"为主题的迎宾仪式获全网赞誉，首创驻场观念演出《无界·长安》、舞剧《长恨歌》等 17 台重点旅游演艺演出 1.26 万场，接待游客 1420 万人次，游客接待量和旅游总收入分别同比增长 33.1%、65%。从上述数据可以看出，西安市的文化产业总体发展迅速，表现出良好的势头和潜力，为全市经济社会发展和陕西文化产业做出了突出贡献。

## 二 西安文化产业相关业态情况

近年来，西安市认真贯彻落实习近平总书记关于推动文化产业高质量发展的重要论述和到陕考察重要讲话重要指示精神，牢牢把握文化产业的意识形态属性，通过重点项目建设、培育园区基地、扶持企业发展、开展招商引资、组织重大产业活动、强化宣传营销等方式，全力推动文化产业高质量发展。2022 年，全市规上文化企业 737 家，占全省的 44%；实现营业收入 693 亿元，占全省的 59%。2023 年上半年，西安市有国家级文化产业示范园区 2 个、文化产业示范基地 11 个，省级文化产业示范园区、重点园区、示范基地、示范单位 116 个。2023 年举办各类展会活动 516 场，比上年增加 260 场。其中，举办国际性展会活动 52 场，比上年增加 28 场；全国性展会活动 124 场，比上年增加 37 场。参展参会 253 万人次，同比增长 63.2%。

　　历史文化资源丰富是西安发展文化产业的基本优势。在文化产业发展过程中，西安也依托这一优势取得了成效。为更形象、更直观地说明西安文化产业的业态构成和发展情况，本节借助《西安统计年鉴 2023》得出文化产业相关业态的最新数据，包括旅行社、电影放映单位、公共图书馆、艺术表演团体机构、艺术表演场馆、艺术科研机构、文化馆（站）、博物馆、文物科研机构和文物保护管理机构等，相关的产业活动单位和收入发展情况及从业人员情况如表 4-1 所示。

表 4-1　2022 年西安市文化产业相关业态情况

| 单位 | 单位数（个） | 收入（亿元） | 从业人员（人） |
|---|---|---|---|
| 旅行社 | 547 | 14.09 | |
| 电影放映单位 | 276 | 3.85 | |
| 公共图书馆 | 15 | | 438 |
| 艺术表演团体机构 | 16 | | 1396 |
| 艺术表演场馆 | 15 | | 884 |
| 艺术科研机构 | 2 | | 54 |
| 文化馆（站） | 201 | 3.51 | |
| 博物馆 | 131 | | 6068 |
| 文物科研机构 | 3 | | 712 |
| 文物保护管理机构 | 30 | | 532 |

资料来源：《西安统计年鉴 2023》。

## 三 彰显西安历史文化底蕴的文化产业创新案例介绍

历史文化资源保护是历史文化名城基因保育的基本要求，也是发展历史文化产业的前提基础。历史文化资源利用是历史文化名城基因发展的基本表现，也是发展历史文化产业的必要手段。多年来，从曲江新区开始，西安不断加快历史文化资源保护和开发，在保护中开发，在开发中保护。

在保护和开发中，以曲江新区为代表的各个板块依据国家相关法规，在对历史文化资源考察和保护的基础上，根据历史文献和民间传说等开发许多在历史烟云中已经消失的景观或符号式的文化资源，通过建造一些与历史文化遗址以及相关历史典故有关的雕塑、建筑等，尽可能做到历史文化资源显性化。打造了大唐不夜城、长安十二时辰主题街区、白鹿原影视城等比较有代表性的文化产业创新案例。

### 1. 大唐不夜城

大唐不夜城以盛唐文化为底蕴，构建了"一轴·两市·三核·四区·五内街"的总体布局，全面涵盖唐食荟萃、潮玩文创、沉浸式演艺、综合商业等多种业态，并形成了集观光游憩、文化休闲、特色餐饮、购物娱乐等于一体的文旅融合新业态。其沉浸式夜游项目让游客仿佛穿越到盛唐时期，体验唐代的繁华与辉煌，具体介绍如下。

大唐不夜城，坐落于陕西省西安市雁塔区大雁塔脚下，是一处充满盛唐气息与现代活力的独特景点。大唐不夜城的建设构想源于 20 世纪 90 年代末，西安市欲打造以盛唐文化为主的旅游、文化产业。2002 年正式启动建设，历经多年逐步完善。2018 年开始进行大规模改造提升，对标国家 5A 级旅游景区标准，对硬件建设和基础设施全面升级，于同年 12 月 25 日正式开街。此后，大唐不夜城不断发展，成为西安文化旅游的新名片，荣获全国首批示范步行街等多项荣誉。

街区呈南北长 2100 米、东西宽 500 米的长方形，以雁南路景观商业步行街为中轴线，贯穿玄奘广场、贞观文化广场、开元庆典广场三大主题广场，连接六个仿唐街区，并融合了西安音乐厅、陕西大剧院、西安美术馆、曲江太平洋电影城四大文化场馆。主街道两侧为"新唐风"仿古建筑群，依照唐代建筑风格和装饰特色建造，融入现代设计原则与材料。地面选用青砖与石板铺路，分区域用各色地面玻璃装饰。绿化采用唐代园林式设计，行道树、灌木丛和草地交错，且与灯光结合，国槐树上悬挂暖黄色诗文灯，营造出浓郁的历史氛围。

大唐不夜城具有三大广场，分别是开元广场、贞观广场和玄奘广场。开元广场是大唐不夜城中轴线的景观高潮，南北长 161 米，东西宽 78 米。广场上有"开元盛世"群雕和 8 根 LED 灯蟠龙柱，柱高 20 米，柱头直径 8.9 米，柱身直径 2 米。当 LED 灯柱点亮，广场宛如露天宫殿，尽显大唐盛世的辉煌。贞观广场的景观文化主题为帝王文化，位于大唐不夜城中枢位置，呈半封闭状态，长 300 米，宽 230 米。广场四周环绕着美术馆、音乐厅、大剧院等文化建筑，核心是李世民骑马雕像及附属雕塑，还有"房谋杜断""水能载舟亦能覆舟"等雕塑群，展现了贞观之治的盛世景象。玄奘广场为景观轴线开端，是佛文化主题广场，位于大慈恩寺门前，因立有玄奘法师像得名。广场面积约 27000 平方米，长 180 米，宽 150 米，周边建有文学馆、民间艺术馆和唐城墙遗址公园的复原城门与城墙。

中轴景观大道上分布着盛世帝王、历史人物、英雄故事、经典艺术作品九组主题群雕，分为大唐群英谱、大唐佛文化、贞观之治、大唐文化艺术、开元盛世等五组主题雕塑。这些雕塑立体展现了大唐帝国在宗教、文学、艺术、科技等领域的至尊地位，彰显大国气象。两边还有四大文化场馆。西安音乐厅是西北地区顶级的音乐殿堂，定期举办各类音乐会，涵盖古典与现代音乐，为音乐爱好者提供了高品质的音乐享受平台。陕西大剧院则集歌剧、戏剧、音乐、舞蹈等多种艺术形式于一体，是陕西乃至西北地区重要的文化艺术表演中心，能让观众欣赏到国内外顶尖的文艺表演。西安美术馆是艺术爱好者的天堂，展示大量古代绘画、雕塑以及现代艺术作品。游客可在此近距离欣赏珍贵艺术品，感受艺术家的情感与思想。曲江太平洋电影城则为游客提供最新的电影放映服务，让人们在游玩之余，能够享受观影的乐趣。

同时，大唐不夜城以丰富多彩的特色活动和表演吸引着大量游客。包括音乐喷泉表演，大雁塔北广场的音乐喷泉是亚洲第一大音乐氛围喷泉，每晚定时表演，喷泉与音乐完美结合，水柱随音乐节奏舞动，配合五彩斑斓的灯光，形成壮观的水幕表演；《盛唐密盒》，两位身着唐代服装的表演者吟诗作对，并随机挑选路人上台互动对诗，妙趣横生，让游客仿佛穿越回盛唐，亲身参与文人雅士的聚会；《贞观之治》，通过精彩的舞蹈展现唐代士兵的英勇形象，场面震撼，生动再现了贞观时期的军事风貌和大唐的强盛国力；《再回长安》，这是一场规模宏大的表演，场地大、演员多、时间长，讲述大诗人白居易回到长安的故事，带领观众领略千年前长安的繁华与文化底蕴；《唐装不倒翁》，在开元广场东侧，不倒翁表演吸引众多游客驻足观看，表演者身着唐装，轻盈的身姿和灵动的表演展现出唐代艺术的独特魅力。

大唐不夜城不仅是文化展示的窗口，也是商业繁荣的代表。步行街上美食林立，各种西安特色小吃和饮品琳琅满目，如肉夹馍、羊肉泡馍、凉皮等，还有传统茶饮以及现代的咖啡、奶茶等，游客可以品尝舌尖上的盛唐风味。同时，这里拥有众多购物中心和休闲娱乐设施，包含各种品牌的时尚店铺、KTV、电玩城等，可以满足不同游客的购物与娱乐需求。

### 2. 长安十二时辰主题街区

"长安十二时辰主题街区"依托古城西安的文化底蕴，从深耕唐朝市井文化，到复刻长安的繁华过往；从专属产品开发设计，到全业态一站聚合，呈现了原汁原味的全唐市井生活体验空间，雅俗共赏的唐风主题休闲娱乐互动空间，以及琼筵笙歌的主题文化宴席沉浸空间。"长安十二时辰主题街区"成为长安—丝路文化实现现代化转化的又一成功范例，引发了社会各界的广泛关注，为传统文化实现现代化转化提供了新的经验和启示，具体介绍如下。

以"文+商+旅+城市空间"，实现综合化的开发动机与多元化的转化路径。一是"文"，即文化、文艺。该项目以盛唐长安历史文化为基石，以传承中华优秀传统文化为核心，深度融入小说、电视剧《长安十二时辰》IP 和唐风市井文化内容以及大量演艺项目，让游客沉浸、体验和参与其中。二是"商"，即商业空间开发。该项目精准定位"唐风市井文化生活体验区"，在小体量空间承载人们对盛唐长安"人间烟火气"的向往。三是"旅"，即旅游业开发。"陕文投"还原长安—丝路独特的文化景观，有效激发了游客的兴趣。四是"城市空间"，即城市空间开发。该项目以曼蒂广场 2.4 万平方米商业空间为载体，与同在曲江新区的"大唐不夜城""大唐芙蓉园"等新兴城市空间相呼应，形成了以长安唐风市井街市为特色的新的城市空间，成为游客和市民享受生活、提升幸福感的公共空间，也成为国风美学创新街区、文化赋能存量空间的商业地产升级与城市更新升华的典型创新案例。

以"文化+科技"，实现历史情境还原。"长安十二时辰主题街区"由三层构成。街区负一层展示了三个板块：一是"长乐幻影"，包括唐风演艺、文创购物、唐艺手作体验等趣味体验场所，展现了多彩繁盛的大唐市井风貌；二是"穿唐而嬉"，在这里游客可步入"长安福街"，鲤鱼花灯千灯引路，脚下荷花步步生莲，唐宫画卷幔帷绵延展开；三是"通善人间"，是唐风特色美食体验空间，无论是有记载的"萧家馄饨、庾家粽子、樱桃毕罗"还是"火晶柿子、水盆羊肉"等胡风胡食，皆汇集于此。街区一层由两个板块构成。一是"诗礼锦绣"。这是一个由文化和科技融合打造而成的休闲娱乐和文化主题餐饮体验空间，是集娱乐休闲、科技互动、文化体验于一体的潮流打卡地。二是"万象盛唐"。这是一个轻奢休闲餐饮+盛唐体验空间，设有以花入馔的"花馔小厨"，集文创、点心于一体的"玉环花钿"，唐风居酒屋"竹里馆"等创意店铺。街区二层是"琼筵笙歌"主题文化宴席体验空间。该空间利用长安城的里坊文化元素，共规划了 26 个主题包间，八大唐风宴席。

以沉浸式演艺，吸引市民+游客+学生参与的交互体验空间。一是印象系列所"浸入"的环境空间是自然山水，而"长安十二时辰主题街区"演艺项目"浸入"的环境空间则是通过科技手段还原的唐长安—丝路市井景观，因而又别有一番风味。二是这种沉浸式演艺比印象系列多了受众参与体验的环节，受众可以直接加入演艺中去，而不是看看就走。"长安十二时辰主题街区"项目深入挖掘唐朝人物、音乐、舞蹈等文化元素，结合项目场景特征，深度融入影视剧经典剧情，精心编排了 20 多场互动沉浸式大型唐风演艺节目。项目以唐代多职业、不同身份人物，以及唐名画、唐历史等元素真实再现的方式，让受众身处故事性、互动性极强的深度沉浸式空间内，重新感知大唐盛世。大型沉浸式演艺游戏"大唐永不眠"，带领受众深度体验经典故事剧本。这些特色表演，让游客能够更深入地体验唐代文化。以下是一些街区内的特色表演节目。

《霓裳羽衣舞》：这是唐代著名的宫廷舞蹈，以华丽的服饰和优美的舞姿著称。在"长安十二时辰主题街区"，游客可以欣赏到这一经典舞蹈的现代演绎，感受唐代宫廷文化的奢华与精致。秦腔表演：秦腔是中国最古老的戏剧形式之一，起源于陕西地区。街区内会有专业的秦腔演员进行表演，让游客体验这一传统艺术的魅力。《仿唐乐舞》：这种表演通常包括多种唐代乐器演奏和舞蹈，如琵琶、古筝、笛子等，以及唐代风格的舞蹈，为游客呈现一场视听盛宴。街头艺人表演：街区内会有身着唐代服饰的艺人进行各种表演，如杂技、武术、说书等，这些表演通常会与游客互动，可以增加体验的趣味性。唐代礼仪展示：街区会安排专门的演员展示唐代的礼仪文化，如茶道、香道、书法等，让游客了解唐代的生活习俗和文化礼仪。主题巡游：街区会定期举行主题巡游活动，演员们身着唐代服饰，手持各种道具，沿着街区巡游，营造出浓厚的节日氛围。互动式戏剧：街区内还设有互动式戏剧体验节目，游客可以参与到剧情中，与演员互动，体验成为故事情节一部分的乐趣。唐代婚礼仪式：街区会重现唐代婚礼仪式，展示唐代的婚姻习俗，让游客了解唐代的社会风貌。这些特色表演不仅丰富了游客的体验，也使得"长安十二时辰主题街区"成为一个集文化、娱乐、教育于一体的综合性旅游目的地。通过这些表演，游客可以更直观地了解唐代的历史和文化，感受古代长安的繁华与辉煌。

### 3. 白鹿原影视城

白鹿原影视城，坐落于陕西省西安市蓝田县前卫镇，是以陈忠实先生的长篇小说《白鹿原》为文化依托，集影视拍摄、文化体验、休闲娱乐于一体的综合性文化旅游景区。它不仅仅是陕西文化旅游的新名片，更是中国当代文学与影视艺术深度融合的典范，具体介绍如下。

白鹿原影视城的建设，源于对陈忠实先生文学巨著《白鹿原》的致敬与传承。小说《白鹿原》以关中平原上的白鹿村为背景，讲述了白姓和鹿姓两大家族祖孙三代的恩怨纷争，展现了从清末到新中国成立初期半个多世纪的历史变迁。

为了将这部文学经典以更加直观、生动的方式呈现给世人，2013年，陕西旅游集团有限公司投资建设白鹿原影视城。项目总投资约35亿元，占地面积1050亩，历经三年的精心打造，于2016年7月16日正式开园迎客。影视城的建设并非简单地复制小说场景，而是力求还原小说中所描绘的关中农村风貌和民俗文化。景区以"天地白鹿原，一览大关中"为定位，以陈忠实老宅、滋水县城、白鹿村、影视拍摄基地为核心，打造了多个主题区域，真实再现了小说中所描绘的关中农村生活场景。自开园以来，白鹿原影视城凭借其独特的文化魅力和丰富的旅游体验，迅速成为西安文化旅游的新地标。景区先后荣获"国家AAAA级旅游景区""陕西省文化和科技融合示范基地"等荣誉称号，并成功举办了多届白鹿原国际文化艺术节，吸引了众多海内外游客前来观光游览。

白鹿原影视城最大的特色在于其对关中文化的深度挖掘和对沉浸式体验的打造。景区以《白鹿原》小说为蓝本，将关中建筑、历史、宗法文化和民俗融入景区建设，为游客呈现一幅原汁原味的关中民俗画卷。表现在以下几个方面。

一是原生态的关中建筑群。漫步在白鹿原影视城，仿佛穿越时空，回到了百年前的关中农村。景区内的建筑均以关中传统民居为原型，采用土木结构，青砖灰瓦，古朴典雅。白鹿村、滋水县城等主题区域，真实还原了小说中所描绘的街巷、祠堂、戏台等场景，让人身临其境地感受关中农村的生活气息。

二是丰富多彩的民俗体验。白鹿原影视城不仅能带来视觉的享受，更能提供深度的文化体验。景区内设有多个民俗体验项目，游客可以亲身参与其中，感受关中文化的独特魅力。例如，在"白鹿原·黑娃演义"剧场中，游客可以欣赏原汁原味的华阴老腔表演，感受关中汉子的豪迈与激情；在"白鹿原·乡约立威"剧场中，游客可以体验传统的关中婚俗，感受当地人的热情与淳朴。

三是沉浸式的影视体验。作为影视拍摄基地，白鹿原影视城吸引了众多影视剧组前来取景拍摄。游客在景区内不仅可以欣赏到精彩的影视表演，还可以参与影视拍摄的幕后，体验一把当演员的乐趣。景区内设有多个影视体验项目，例如"白鹿原·特效科技馆"，游客可以亲身体验电影特效的制作过程，感受科技与艺术的完美融合。白鹿原影视城的成功，不仅在于其对《白鹿原》小说的成功再现，更在于其对关中文化的深度挖掘和创新表达。未来，白鹿原影视城将继续以"文化+旅游"为核心，不断丰富景区业态，提升服务质量，打造世界级文化旅游目的地。

此外，通过不断努力，西安市先后建成大慈恩寺遗址公园大唐西市国际古玩城、关中民俗艺术博物馆、唐城墙遗址公园、大明宫国家遗址公园、楼观台生态文化旅游度假区、寒窑遗址公园、诗经里小镇、昆明池七夕公园、兴庆宫公园等，不断丰富西安历史文化资源保存格局，彰显西安历史文化风貌，形成了具有特色和规模的西安历史文化产业格局，推动了西安文化产业发展。

除了建设遗址公园等外，打造影视产业也是西安发展历史文化产业的重要方式。在发展中，业已形成集影视投资、拍摄、制作、发行、后期产品开发、产权交易、院线经营、影视拍摄基地于一体的全影视产业链，仅西安曲江影视投资（集团）有限公司就先后投资拍摄《窃听风云》《纺织姑娘》《大明宫》等电影 18 部，拍摄《大秦帝国》《白鹿原》等电视剧 1218 集，荣获国内外重量级奖项 35 项，形成了西安曲江影视文化产业品牌。历史演艺也是西安历史文化产业的重要内容。除了陕西旅游集团有限公司的强势品牌"历史演艺"《长恨歌》外，还打造了《仿唐乐舞》《西安事变》等，陕西歌舞剧院创演原创乐舞诗《大唐赋》以及大型歌舞《苏武》《张骞》，纷获好评。在出版（包括数字出版）方面，大型文化丛书《中国传统文化经典语录》《大秦帝国》等陆续出版；网游《大秦帝国》完成新加坡、马来西亚的版权销售。

## 第二节　西安文化产业发展存在的主要问题

21 世纪以来，国家和社会大力鼓励、激发相应文化消费，积极促进旅游和文化产业发展，充分彰显了历史文化名城基因的作用，文化消费品位相对较高。只是，历史文化名城基因的差异性，以及存在诸如简单直接等一些不利于文化消费的因素，使得西安在文化消费方面还存在诸多问题。这使得西安的文化产业虽然蓬勃发展，但也存在各种问题，并和文化消费中存在的问题交织在一起，在很大程度上导致了和文化产业发展领先城市形成较大差距。

### 一　西安文化消费发展状况

西安是首批"国家历史文化名城"和 1981 年联合国教科文组织命

名的"世界历史名城"，秦始皇兵马俑一经出土就震惊了世界。西安历史文化资源极为丰富，被誉为"天然的历史博物馆"。旅游对文化产业具有带动作用，西安旅游业发展即带动了文化消费。

20 世纪 80 年代，西安是国家旅游局确定的七个旅游重点城市之一，所接待的入境游客人次数一直处于全国第四或第五位。1996 年以后，西安入境旅游接待人次数年均增长率为 8%，2004 年入境游客超过 65 万人次，旅游外汇收入为 3.3 亿元。这一时期，国内旅游消费开始旺盛，2004 年西安国内旅游人数 2084 万人，旅游收入为 127 亿元。党的十八大后，西安大力传承弘扬中华优秀传统文化，充分用好兵马俑、大雁塔、城墙等旅游名片，讲好"西安故事"，阐释"中国精神"。2019 年，西安旅游人次超过 3 亿人次，旅游业总收入为 3146.05 亿元，占 GDP 比重达到 33.8%，随后由于新冠疫情影响，旅游业发展受到冲击，但是西安旅游业仍具有较好韧性。2020 年全市接待游客 1.8 亿人次，旅游业总收入 1882 亿元；2021 年接待游客 2.4 亿人次，旅游收入 2460 亿元；2022 年接待游客 2.1 亿人次，旅游收入 2030.17 亿元；2023 年接待游客 2.78 亿人次，比上年增长 33.1%，实现旅游总收入 3350.39 亿元，比上年增长 65.0%。西安在九大国家中心城市中具有较强的竞争力，具体如表 4-2 所示。

表 4-2　2022 年、2023 年九大国家中心城市旅游业发展情况

| 城市 | 国家 5A 级旅游景区（2023 年）（个） | 旅游接待人次（亿人） | | 旅游业总收入（亿元） | |
|---|---|---|---|---|---|
| | | 2022 年 | 2023 年 | 2022 年 | 2023 年 |
| 北京 | 10 | 1.82 | 3.29 | 2520 | 5850 |
| 天津 | 2 | 1.12 | 2.36 | 773 | 2215 |
| 上海 | 4 | 2.50 | 3.26 | 2080 | 4122 |
| 广州 | 2 | 1.76 | 2.34 | 2246 | 3310 |
| 重庆 | 12 | 3.80 | 9.99 | 5400 | 5800 |
| 成都 | 2 | 1.64 | 2.8 | 3085 | 3700 |
| 武汉 | 3 | 2.05 | 3.33 | 2224 | 3770 |

续表

| 城市 | 国家 5A 级旅游景区（2023 年）（个） | 旅游接待人次（亿人） | | 旅游业总收入（亿元） | |
|---|---|---|---|---|---|
| | | 2022 年 | 2023 年 | 2022 年 | 2023 年 |
| 郑州 | 2 | 0.89 | 1.49 | 1132 | 1802 |
| 西安 | 5 | 2.10 | 2.78 | 2030 | 3350 |

资料来源：2022 年和 2023 年西安市国民经济和社会发展统计公报。

在旅游业发展带动下，西安文化消费日益得到激发，特别是随着曲江新区成立，西安历史文化名城基因不断得到挖掘、梳理并产生巨大的文化生产力，历史文化消费潜力不断得到释放。曲江新区依托大雁塔、唐城墙遗址、唐大慈恩寺等国家级文物文化资源，先后投资 49 亿元，建成了系列知名文化公园和文化广场等重大文化旅游项目和文化设施，极大地促进了古城西安的历史文化消费。除了建设硬件文化设施项目外，还先后举办了大唐芙蓉园开园庆典以及开园迎客仪式等文化活动，形成了《梦回大唐》大型诗乐舞剧等核心文化产品。西安曲江影视投资（集团）有限公司设立 4 亿元风险投资基金，推出《大唐芙蓉园》《小六》等一批优秀影视作品，成功带动了历史文化消费。随着社会经济发展、城乡居民收入水平提高，西安文化消费不断增长。西安城镇居民教育文化娱乐服务支出 2022 年增加到 2804.3 元/人，相比 2004 年文旅开始兴起时，近二十年间几乎翻了一番。

以曲江新区为代表的古城西安文化消费不断呈旺盛趋势。2016 年 9 月 28 日曲江书城一经开业，便十分火爆，西安市民争相打卡。曲江书城近 12 万种图书和近 60 万册的藏书量能够全面满足读者需求，还引进了 3 万余种外文原版图书。同时，为了满足更为丰富的文化消费需求，书城内设有文化活动区、亲子乐园、时尚餐饮区等，业态丰富。在曲江书城"阅读·春暖花开的味道"读书月主题活动期间，整体客流销售额更是大幅增长。西安音乐厅、陕西大剧院、西安美术馆、太平洋电影院等四大场馆的情况更能代表曲江文化消费情况，先后举办了西安国际音乐节、西安戏剧节、曲江618唐文化旅游周等各类特色活动，为市民游客带来了丰富多彩的文化消费体验。在西安音乐厅和陕西大剧院，已经上演过2376场演出活动，15540位艺术家在这里向173万人次的观众展示过他们的才华。这代表了人们全新的文化消费理念，也是历史文化名城基因在新时代西安的彰显。2020年，文化和旅游部公布首批60个国家文化和旅游消费试点城市，西安市赫然在列。

在发展中，西安市居民文化消费日趋多元化。据《西安晚报》调查，公园和电影院是西安市民最常去的文化活动场所，排在公园（46.6%）、电影院（44.1%）之后的是图书馆（37.8%）、博物馆和展览馆（37.4%）、文化广场（28.7%）、体育馆（20.8%）、社区文化中心（20.6%）、剧院（13.2%）和美术馆（9.9%）。每周参与文化活动1~2次的市民占57.0%，参与3~5次和5次以上的也达到17.7%和12.7%。西安市民文化消费的目的中放松身心占到31.8%；其次是兴趣爱好（25.8%）；之后依次是获取知识（17.3%）、扩大交往（8.4%）等。受访市民最希望获取的文化信息是影视信息（43.0%），其次是旅游节庆信息（40.7%），之后依次是音乐美术信息（32.7%）、体育信息（31.9%）、地方品牌文化信息（28.2%）、文博知识（22.0%）、重大文化活动信息（21.9%）和舞台艺术信息（18.0%）。调查显示，81.5%的西安受访市民愿意参加社区或市里举办的公共文化活动。其中，最愿意参与的是非物质文化遗产展示活动（54.7%），其次是公益观影活动（42.7%）和书画摄影展览活动（41.0%），之后依次是文艺演出活动（37.0%）、文博知识讲座活动（27.3%）和大型巡游活动（23.7%）。

为了解当前年轻人过节和消费的新变化、新趋势、新诉求，2023年西安市统计局对1126位"80后"、"90后"和"00后"青年群体进行了专题调研，调研采取网络在线填报方式。结果显示，西安年轻人过节方式多元，在保留传统习俗和"项目"的同时，对新型过节方式和消费方式参与热情较高，悦己消费、体验式消费、沉浸式消费和品质消费等新消费特征显现。随着生活水平提高，年轻人对于品质生活的追求越来越高，多元化、个性化消费需求增长。34.8%的受访者春节期间增加了旅游、电影、演出等文化娱乐开支①。

以上的相关调查表明，在历史文化名城基因作用下，西安市民有着很大的文化消费需求，而且品位相对较高，诸如非物质文化遗产展示活动、文博知识等需求带有浓郁的历史文化色彩。

西安市统计局数据显示，从绝对量看，城乡居民家庭人均文化娱乐消费比值从 2019 年的 5.4∶1 缩小到 2020 年的 3.8∶1，2021 年缩小到 2.12∶1，到 2023 年比例更小，约为 1.81∶1。总体上，西安市居民文化消费在不断增长，城乡文化消费差距不断缩小，但是两者的占比都不是很高。缩小的城乡文化娱乐消费比值有可能是农村居民收入水平提高、文化消费观念转变升级导致的，以及促进城乡均衡发展的政府政策支持的结果。其是促进社会公平的重要方面，因为文化娱乐消费是居民生活质量的重要体现，缩小城乡差距有助于提升农村居民的幸福感和获得感，促进社会和谐发展。这为文化消费政策制定、文化市场分析提供了重要参考。

## 二 西安与北京、上海文化消费比较分析

北京、上海都是国内外著名城市，也都是历史文化名城，文化消费和文化产业发展都走在全国前列。因此本部分以这两座城市为代表，探讨其为西安促进文化消费提供的借鉴。

### 1. 北京市文化消费状况及政策举措

2023 年，北京市文化消费市场全面复苏，文旅消费恢复到新冠疫情前水平。前三季度，北京居民人均教育文化娱乐支出达到 2619 元，同比增长 15.9%，高于同期人均消费支出增速（8.7%），文化消费对消费市场的拉动作用显著。

---

① 搜狐网，《从年轻人的节庆方式看西安消费新变化——兔年西安青年过年方式及消费情况调查报告》，https://www.sohu.com/a/643532954_121106869。

消费热点领域突出，演出市场呈现井喷式增长，前三季度同比增长280.9%；艺术品拍卖消费规模最大，达到 238.99 亿元；数字文化消费方面，文化新业态特征明显的 16 个行业小类营业收入同比增长近 20%，总收入占比接近七成，数字文化消费参与度达 90% 以上；并通过"夜经济"政策推动，夜间消费场景不断丰富，成为拉动消费的重要力量。在消费活动与品牌建设方面，第十一届北京惠民文化消费季举办活动36.87 万场次，带动消费金额约 151.8 亿元，惠民让利 12.6 亿元；"大戏看北京""电竞北京"等品牌活动提升了城市文化氛围；文化消费赋能乡村振兴，休闲农业和乡村旅游释放火热消费活力。

北京市所采取的政策举措有，一是给予财政支持与发放消费券。北京市安排 5000 万元财政资金支持惠民文化消费季，带动消费金额约151.8 亿元；实施消费惠民让利行动，通过消费券、满减和积分奖励等方式刺激消费。二是拓展文化消费空间。推动文化艺术与商业深度融合，打造"文化商圈"；支持夜间经济，延长热门景区和文博场馆的开放时间，优化夜间消费环境。三是扶持文化产业。重点支持网络视听、网络游戏、影视投资等领域，推动文化企业并购重组和挂牌上市；支持文化新业态发展，推动"文化+科技"企业营业收入增长。四是创新消费场景。打造沉浸式文旅新产品新场景，打造空间型虚拟现实体验项目，打造"跟着演出去旅行""跟着影视去旅行"等文化旅游套餐。五是区域协同与国际推广。发起成立文化消费城市联盟，探索城际文化消费联动机制；推动中华文化"走出去"，提升北京文化的国际影响力。

北京市将继续深耕首都特色高品质文化消费，优化文化消费结构，推动全国文化中心和国际消费中心的协同建设。同时，通过数字经济的拉动作用和夜间经济的持续发展，进一步释放文化消费需求，推动文化消费市场的提质升级。

**2. 上海市文化消费状况及政策举措**

2023 年，上海文化演出市场显著扩大，营业性演出超过 4.5 万场，票房收入突破33亿元，接待观众量达到2000万人次。电影产业也表现强劲，总票房达到28.6亿元，位居全国71个城市之首。文化消费场景不断拓展，包括"一江一河游览""海派城市考古""建筑可阅读"等文旅品牌，成为吸引国内外游客的重要项目。此外，上海还通过举办环球美食节等活动，打造国际美食之都，进一步激发消费活力。数字文化消费增长迅速，通过数字技术赋能文化消费场景，打造数字文化产业集群。文化新业态成为消费增长的重要驱动力，2023年全国文化新业态营业收入对规模以上文化企业增长的贡献率达到70.9%。同时，上海通过文旅融合，推出红色旅游、乡村旅游、工业旅游等特色线路，进一步提升文旅消费体验。同时，上海还加强文化遗产保护与传承，通过"上海文化遗产季"等活动，吸引更多市民和游客。

上海所采取的政策举措有，一是举办促消费活动。上海市全年举办了一系列促消费活动，包括第四届"五五购物节"和六大主题消费季活动，涵盖购物、文旅、美食、赛事、展览等多个领域。通过"政策＋活动"双轮驱动，上海进一步释放消费潜力。二是发放消费券。为刺激消费，上海计划发放总额达6000万元的体育消费券，鼓励市民参与赛事及相关消费活动。此外，还通过"你运动 我补贴"等公益配送活动，进一步扩大体育消费。三是打造文化消费新场景。上海通过"一江一河"游览、苏州河游船等活动，打造水岸联动消费套餐，提升消费体验。同时，上海还鼓励商业企业结合5G、人工智能等技术，创新消费场景。四是支持文化数字化发展。上海市发布《贯彻落实国家文化数字化战略的实施方案》，推动打造文化数字化新基建，提升公共文化服务数字化水平。通过数字技术赋能文化消费，上海打造了一批数字化文化消费地标。五是不断优化营商环境和加强国际传播与推广。上海持续深化"放管服"改革，营造市场化、法治化、国际化的文旅营商环境。通过包容审慎监管新兴业态，上海进一步优化文化消费环境。并通过举办国际节展和活动，提升城市的文化吸引力和国际影响力。例如，上海旅游节、中国上海国际艺术节等重大活动，进一步扩大了上海的文化消费市场。

2023 年，上海通过一系列政策举措，显著提升了文化消费市场的活力和影响力。未来，上海将继续深化文旅融合，推动文化数字化发展，优化消费环境，进一步提升文化消费的品质和规模，助力国际消费中心城市建设。

### 3. 西安与北京、上海文化消费比较分析——基于博物馆、图书馆视角

从北京、上海的文化消费及其举措来看，必须高度重视公共文化设施建设并创新相关服务，积极引导文化消费。在公共文化设施中，博物馆、图书馆建设发展情况等是文化消费和文化产业发展的重要表现。

西安作为十三朝古都和古丝绸之路起点，独特的历史文化遗产为"博物馆之城"建设提供了得天独厚的条件。在 2009 年西安市文物工作会议上，西安首次提出建设"博物馆之城"的构想，2010 年正式启动建设。2017 年，西安市第十三次党代会明确提出打造"博物馆之城"，使其上升为西安城市文化发展战略。2022 年 2 月，《西安市"十四五"文物事业发展规划》提出从优化体系布局、夯实发展基础、提升公共文化服务效能、激发创新活力四个方面推动"博物馆之城"建设。截至 2022 年底，西安拥有各类博物馆 159 座，涵盖历史综合、红色革命、自然科学、民俗文化、科学普及等 40 余个类型。免费开放博物馆数量达 95% 以上，全市（包含西咸新区）平均每 8.28 万人拥有一座博物馆，位居全国前列[1]。

从博物馆性质来看，西安市逐渐形成了以国有博物馆为主体，以行业博物馆为骨干，以民办博物馆为补充的博物馆体系。从空间分布上来看，主城区布局集中、城郊局部分散，形成了北部自然科学区、主城区历史文化区、南部自然民俗区三大博物馆区块。由此可以看出，在博物

---

[1] 陕西网，《平均每 8.28 万人拥有一座博物馆 西安建设"博物馆之城"》，https://www.ishaanxi.com/c/2023/0308/2767481.shtml。

馆建设方面，西安市取得了显著效果。

然而，尽管西安博物馆数量逐年上升，但是和北京、上海相比仍有较大差距（见图4-1）。三座城市中，北京拥有的博物馆数量最多，其次是上海，而西安作为十三朝古都，其建设与服务状况是一个地区文化消费的重要表现。西安历史文化名城基因强大，需要以博物馆这种载体将自己的优势发挥出来。因此，未来一段时间古城西安仍然需要继续进行博物馆建设，加强对博物馆的管理，提高利用率，促进市民文化消费。

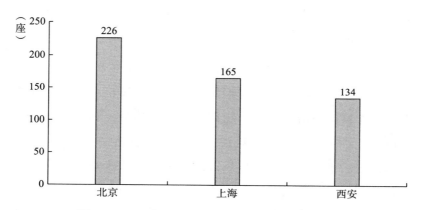

**图 4-1　2023 年西安与北京、上海博物馆数量对比**

资料来源：2023 年西安市、北京市、上海市国民经济和社会发展统计公报。

在图书馆方面，近十年来西安市公共图书馆数量一直稳定在 15 座左右，北京和上海则拥有更多公共图书馆。截至 2023 年底，北京拥有 20 座公共图书馆，上海也拥有 20 座（见图4-2）。虽然从数量上看，西安与这两座城市的差距不是很大，然而从图书馆文献外借人次来看，西安远不及北京和上海。根据图 4-3 可以看出，在图书馆文献外借人次上，上海排在第一，且数据远超北京和西安。西安不足 100 万人次，差距非常大。

文化通过图书传播给读者，而图书馆正是这些图书的载体。政府除了应该加大对图书馆的建设与管理外，还应鼓励居民多读书、读好书，

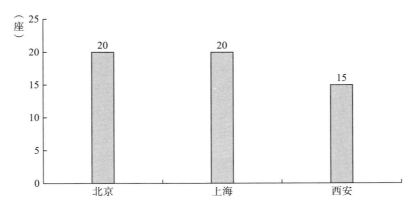

**图 4-2　2023 年西安与北京、上海公共图书馆数量对比**
资料来源：2023 年西安市、北京市、上海市国民经济和社会发展统计公报。

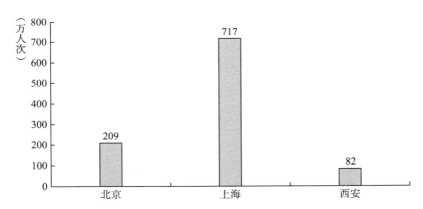

**图 4-3　2023 年西安与北京、上海图书馆文献外借人次对比**
资料来源：2023 年西安市、北京市、上海市国民经济和社会发展统计公报。

开展"文化读书月"活动，真正将文化通过图书渗入每一个居民的日常生活中。图书馆是城市文化软实力的重要体现，是城市文化基因的重要组成部分。提升图书馆服务水平是提升居民文化水平和文化素养的重要手段，也是培养居民文化消费习惯的重要路径。西安要促进文化消费和文化产业发展，必须大力进行图书馆建设，做好图书馆服务，从基础上培养居民的文化消费意识，奠定好文化产业发展的基础。

### 三 西安文化消费存在的问题

西安历史文化遗产极为丰富，是全世界的旅游胜地，历史文化名城基因非常强大。当前，西安正在建设具有历史文化特色的国际化大都市，历史文化名城基因保育发展很引人注目，但是相对于其他国家中心城市，文化消费还较为落后。从表4-2中可以看到，在九大国家中心城市中西安国家5A级旅游景区数量居于前列，但是旅游总收入却相对靠后，表明旅游消费与文化消费存在较大问题。究其根源，主要分析如下。

（一）西安历史文化名城基因价值挖掘不足

一是西安历史文化名城基因展现出的文化价值不够清晰。虽然好多游客可能熟悉西安的历史片段，但是进入西安后想要迅速了解其历史和文化价值似乎很难。人们到北京后马上可以了解到古城北京的历史脉络和文化，并能够了解其价值以及对当代产生的影响等；到苏州后马上可以了解到苏州的园林文化，可以了解到近现代文人墨客集聚于此的客观历史根源，以及更为具体的现代文化价值。因而西安需要在历史文化名城基因方面加强梳理和展示。

二是西安历史文化名城基因与现代城市发展融合不足。虽然西安拥有丰富的历史遗迹和文化遗产，但大多距今较久，学者对它们与现代化城市发展之间到底有怎样的联系，缺乏深度的研究和思考。西安现有城市规划考虑较多的是文物保护，缺乏在历史文化名城打造、文化基因传承创新等方面的长远规划、长远布局，导致文化产业结构不够合理等问题长期难以解决。

三是西安历史文化名城基因的价值挖掘不足。西安近年来文化旅游取得了突出的成就，吸引了国内外大量游客，但是整个文化消费表现欠佳，"流量大、价值小"，未能有效将文化消费的层级提升，未能有效增加文化消费价值量。因而西安需要做好历史文化名城基因的价值挖掘，从城市发展的各个方面考虑，诸如城市空间布局、产业发展布局等方面，而不是仅依赖个别管委会进行文化资源挖掘，同时需要融入现代文化消费理念，提升城市历史文化基因的价值。只有采用这样的文化产业发展思路，才可以长久支撑西安历史文化名城的发展。

（二）西安历史文化名城基因消费现代化转化机制缺失

按照文化基因消费要符合市场供求的原理，西安历史文化名城基因推动文化产业规模化的过程一定是市场化的过程，因此，满足市场的消费需求是关键。历史文化名城皇冠下的西安文化产业开发，从城市打造到历史街区的建设事实上也取得了显著成效，但是立足自身无比优质的资源禀赋，对比其他历史文化名城文化产业发展所取得的成绩，还存在一定的差距。其原因应主要归结为现代文化与历史文化资源的整合缺乏高度契合。现代文化产业需要实现规模化、科技化、工业化（制作工艺）、链条化的发展模式，但是西安历史文化名城的开发受到了各种限制，如何突破现有条件制约，目前还存在较多问题。

一是近年来西安历史文化产品创新力与创造性不足，历史文化宣传缺乏创新，有代表性的作品太少。创意创新是历史文化资源产业化过程中的重要一环，西安历史文化作品主要采用现代化影视制作技术，结果不尽如人意，作品或者脱离史实，迎合大众化消费；或者收视率很低，尊重史实的作品实属太少；作品同质化问题也较为严重，看了开头就知道结尾。历史文化旅游商品现在还多是简单的复制，特色不够明显，难以满足多样化的消费需求，长此以往严重影响了文化基因的传承和价值开发。

二是西安文化产业的开发以政府为主导，具有优势并取得了一定成绩，但是存在大包大揽，市场化运作效果不佳问题。按照当前的发展形势，文化产业发展必须吸引民间资本的参与、合作，推动民间资本对历史名城文化资源的开发，做好消费引导，满足消费需求。

三是历史文化产业的规模较小，没有形成完整的消费链条。西安历史文化名城文化产业在发展中融合了旅游地产模式，这种模式有利有弊，在短期内效应明显，但随着城市发展规模的迅速扩大，并不利于中华优秀传统文化的规模化开发和长远发展。目前，西安城市文化发展在总体上仍以现代文化为主，真正的历史文化特色并没有凸显，历史文化消费不够明显。

（三）西安历史文化名城基因与文化消费符号不相匹配、彰显不力

目前来看，西安还没有清晰梳理出历史文化名城的文化消费符号。从表象来看西安有小吃文化，但是这不足以代表西安的历史文化。兵马俑周边旅游纪念品备受欢迎，但是市场乱象丛生，严重影响游客的消费心理和消费行为；大雁塔作为佛教建筑本应神圣肃穆，但是周边过度的商业气息总让人不适，难以感受到宗教场所的存在。这些问题只是一些表象，本质则在于对中华文明和西安历史文化缺乏深刻的认知。

西安的历史文化名城的文化消费符号没有形成，至少没有让本地市民和游客感受到，导致游客乘兴而来，扫兴而归，二次消费的可能性较小；本地人不懂本地文化的现象更为突出，常态化的本地消费拉动不足，只能依赖于旅游业发展。目前，西安自然景观的消费成为当代旅游消费的主流和旅游重心。所以，游客到西安到底消费什么，文化消费符号是什么，这些消费符号是否具备持续消费吸引力，这些问题需要认真思考。有学者指出这些现象归根结底是缺乏文化创新与文化自信，尤其是缺乏原创性的文创产品，只能通过对西安历史文化符号简单粗糙的仿制和篡改，用一些伪劣的文化消费符号来迎合和增加大众消费。与之对立的是，存在过度打造复古的文化消费符号的现象，打造一些似乎纯粹古代的表演艺术等，导致一些节目缺乏与现代消费理念的融合，难以被市场接受。

西安历史文化名城的文化消费符号没有形成，历史文化商品的品牌效应也就难以形成，历史文化名城的名片就很难打造成功。目前，西安拥有强势品牌或知名品牌的历史文化产品企业较少，经营项目结构不够合理，文化资源利用效率较低，资源开发与整合投入较少。与云南丽江古城

等历史文化名城相比,历史文化品牌效应明显不足。西安曲江文化产业投资(集团)有限公司是西安重要的文化产业企业,但其文化创意板块的发展一直比较乏力;陕西旅游集团有限公司"十年磨一剑",打造了大型实景历史舞剧《长恨歌》品牌,社会效益、经济效益双向良好,但是在衍生品开发方面一直比较欠缺,产业链延伸不足,总体效益还有巨大提升空间,规模也有待提升。西安在利用历史文化名城基因方面还在不断摸索,这严重影响着古城西安的历史文化消费。

### 四 西安文化产业发展存在的主要问题

受文化创意和消费不足等因素影响,当前西安文化产业发展主要存在以下六个方面的问题。

第一,产业总量相对较小。尽管西安文化产业增加值增长速度高于全省和全国平均水平,增加值约占全省的2/3,但是和北京、深圳等城市相比,无论是文化产业增加值总量还是增长速度、规模以上文化企业数量大都处于较低水平,产业规模较小。北京2022年文化产业增加值为4700.3亿元,占GDP的比重为11.0%;深圳2022年文化产业增加值为2462.02亿元,占GDP的比重为7.6%;而西安2022年文化产业增加值为488.01亿元,占GDP的比重为4.2%,高于陕西省平均水平1.8个百分点。所以西安在文化产业总量上还需要持续发力,提升文化产业增加值和其在GDP中的占比[①]。

第二,高端人才缺乏。在西安文化产业经营管理中,不仅缺少一批既懂文化又懂管理的高端人才来领导文化产业在市场中发展,并且员工在文化观念、市场意识、知识范围等方面还不能完全满足当前文化产业的发展需求。同时,更缺少一批既懂文化又懂专业技术的高端创意人才。在文化创意方面,虽然形成了一批屡获大奖的文化精品,但往往"叫好

---

① 数据源于北京市、深圳市、西安市统计局网站。

不叫座",反映出既要求获取社会效益还要求获取经济效益的文化产业经营和创意的不足;一些明显依托西安历史文化背景取得良好经济效益的文化作品(如电视剧《长安十二时辰》等),则大多由北京、上海等地的文化企业投拍。这些表明西安比较缺乏文化产业经营和创意人才,特别是高层次人才。尽管也涌现出了赵季平、贾平凹、孙皓晖等重量级人才,但明显表现出"有高峰、无高原",且在年轻一代中后继乏人的现象。因文艺单位众多,西安不乏文化专业技术人才,但是缺乏高层次人才,缺乏高知名度的导演、演员、节目主持人等,而且往往是把人才培养到高层次的时候,就会出现流往北京等地的现象。同样,在文化产业创意人才方面,高层次人才比较匮乏,也是西安文化产业发展需要解决的重要问题。

第三,投资体系不够健全。发展文化产业特别是反映西安历史文化风貌的文化产业需要大量资金,但是西安文化产业在投融资方面长期存在问题。在西安文化产业发展中,长期以来政府作为投资主体,投资渠道比较简单,融资方式比较单一,总体上融资手段不多。对于资本方而言,由于缺乏文化产业专业人士,不懂文化项目的投资,不知如何投资。其投资的一些文化产业项目存在链条较短的状况,导致不能形成良好的产业辐射。同时,因缺乏一批文化产业职业经理人等因素而存在文化产业投资和运营分工不明的情况,导致投资运营效果较差。最关键的是,民营中小文化企业贷款难,在很大程度上抑制了西安文化产业的发展活力,降低了发展速度,影响了文化产业发展的规模和效益。

第四,文化产业新业态发展速度较慢。文化产业新业态多是基于文化资源,利用科技手段进行文化创意创新形成的。但是由于人才缺乏以及对文化产业的重视程度不足等因素,虽然西安也重视创新,但主要是科技创新,在文化方面的创意创新较为欠缺,较难出现优质的文创项目。西安文化产业以传统行业为主,创新意识不强,创新能力不足,创新活动相对滞后，创新型文化企业多数属于全国知名企业在西安设立的分公司或分部。根据西安市统计局数据，2022年西安市文化产业增加值占GDP的比重为4.2%，但其中传统文化产业（如旅游、演艺）占比较大，新业态占比相对较小。数字文化产业（如游戏、动漫、网络文学）的规模较小，与北京、上海等城市相比差距明显。例如，2022年西安市数字文化产业产值约为50亿元，而同期北京、上海的数字文化产业产值均超过1000亿元。西安市在文化科技融合领域的项目数量较少。例如，2022年西安市文化科技融合类企业数量约为200家，而深圳同类企业数量超过1000家。

第五，产业链不够完善。从国内外文化产业发展的成功经验来看，优秀的文化创意产品能创造巨大的市场价值，是因为构建了完整而强大的产业链，各类企业从小说、游戏到电影，再到主题公园、卡通玩具以及其他产业，不断挖掘创意，然后生成财富。目前，西安文化企业大多是单兵作战，企业之间关联度低。这种状况导致对于西安丰厚的历史文化资源开发利用不足，还需要大量的创意人才、创意平台对文化资源进行整合和挖掘，从而形成创意产品；也导致了文化产品转化渠道过窄，大多没有通过发行、包装、演出、会展等渠道推介。诸如孙皓晖创作的《大秦帝国》被拍摄成电视剧后在央视热播，但是其周边产业缺乏深度挖掘。

第六，历史文化产品"品牌"数量不足。西安历史文化资源非常丰富，近年来推出了系列历史文化产品，历史文化产业业态不断形成，但是至今尚未形成鲜明特色，历史文化产业"品牌"缺失，少有社会效益与经济效益俱佳、影响力强大的历史文化产品。虽然西安历史文化产业已涌现出一些集团化文化企业，雄心勃勃，但大多是由传统国有文化企业或地产企业转型而来的，布局分散、文化含量低，特别是宏观环境下缺乏有效的激励与约束机制或对文化创意人才缺乏尊重，人浮于事，企业管理效益低下，企业做大做强的障碍众多。因此，这些企业很难成为真正的"大品牌"文化产业集团，也很难创造出真正彰显西安历史文化魅力的强大品牌。

## 第三节　基于历史文化名城基因的西安文化产业发展制约缘由分析

在西安文化产业发展过程中，存在一系列需要解决的问题。这些问题既有文化产业发展本身的问题，又有文化消费不足的问题，归根到底是对西安历史文化名城基因的挖掘不足。诸如西安历史文化名城基因结构中的"农耕文化""工商文化""遗址遗迹"等要素在不同程度上仍影响着文化产业的发展。这些因素所导致的问题又相互影响，羁绊着西安文化产业发展。进一步挖掘，还可以发现西安历史文化名城基因中存在比较浓重的"农耕文明"痕迹，而"现代工业文明"意识相对薄弱。"农"重"工"弱应该是西安文化产业发展不够发达的深层次的原因。如前文所述，文化产业是现代经济发展到一定阶段的产物，而现代经济的本质与基础是现代工业，农耕文明已不适应现代社会而不利于现代文化产业的发展。

### 一　西安"农耕文明"文化基因与现代文化产业发展不相匹配

陕西是中国古代农业的重要发祥地之一，六七千年前，生活于西安东郊的半坡氏族已有了原始农业，中华民族始祖、农耕文明的先驱炎帝神农氏与"教民稼穑，树艺五谷"的周族始祖后稷先后在关中西部的渭河流域繁衍生息[160]。西安历史文化名城基因结构要素大多与浓厚的"农耕文明"气息有关。

相对而言，"农耕文明"的基础是"大陆文明"，大多"小家小户"，以血缘为联系纽带，聚族而居，带有封闭保守性和自私性，人口流动较少，小生产者因时而作，总体生产规模较小，分工比较简单，很少进行商品交换，自给自足，相对富裕而生活安逸闲散，心理上求稳拒变，因循守旧，人们思想相对僵化，整个社会节奏比较缓慢，人与人之间的"关系"在社会生活和工作中比较重要，总体上是一个"熟人"社会。"农耕文明"的这些特征决定了文化消费较少，大多数人主要依靠体力劳动获取物质生活资源，无暇也无能力进行精神文化消费，基本不去进行娱乐性或成长性的文化消费，整体上文化消费很少[161]。总体上西安文化消费市场还不够成熟，从而影响文化产业发展。特别是在"农耕文明"影响下，人们往往在硬件物质方面大量投资而不愿在软件创意方面投资，严重制约着西安文化创意的形成，从根本上影响西安文化产业发展。

而且，"农耕文明"文化基因不利于以创新创意、规模化、公共性、商品化、交易性等为特征的文化产业发展。虽然随着社会变迁，西安的"农耕文明"已逐渐趋向瓦解，但是千百年来留下的影响仍然固守着人们的头脑，一时难以消退，"农耕文明"的许多社会特征仍时有表现，文化产业发展时常会受到影响，因此文化产业自然不够发达，和南方现代工业文化氛围较为浓厚的一些城市相比存在距离。

## 二　西安历史文化表达方式和消费模式与工业时代要求存在较强落差

随着技术进步，人类进入了工业时代，相应地对历史文化的需求和消费模式也有了新的要求，而西安历史文化的表达方式和消费模式还没有完全适应工业时代的要求，存在较强的时代落差，从而造成了西安文化产业的不发达，具体表现在以下几个方面。

一是历史文化典籍和文物活化利用不足，不适应工业时代消费需求。受文物保护的传统思维影响，西安的历史文物更多的是用于静态展览和珍藏，相关部门没有很好地考虑对其价值的开发和利用，从而不能扩大其在社会上的影响力，增加在市场中的收益。陕西历史博物馆作为中国第一座大型现代化国家级博物馆，首批国家"AAAA"级旅游景点，被誉为"古都明珠，华夏宝库"。馆藏文物上起远古人类初始阶段使用的简单石器，下至 1840 年前社会生活中的各类器物。馆藏文物数量多、种类全，但是开发利用程度较弱，不能很好地适应工业时代的要求，不能适应大众的审美需求。相关企业没有开发出更多为人们喜闻乐见的现代文化产品。近年来虽然开始设计文创产品，如香薰摆件等，但与故宫文创相比，差距仍然巨大。

二是传统文化艺术的语言表述与普通话表达方式存在差异。在工业文明中，生产效能的提高使得人们有更多闲暇接受教育，欣赏各种现代的文化艺术以及多样的传统文化艺术。但是，传统文化艺术受制于所在地区，自身的表述具有一定的地域性，要面向工业时代更为广大的受众进行传播，不加以改进和调整，势必造成相当部分受众的困惑，甚至使他们产生排斥心理。西安的秦腔雄浑粗犷、慷慨悲歌、苍凉悲壮，最具地方文化特色；小说《白鹿原》改编的电视剧，较好地反映了关中地区的生产生活状况和相应的传统文化烙印。但是，它们在全国的推广受到了一定的限制，特别是一些表达方式与普通话的表达方式不相同，加之南北方的自身历史文化差异，造成了西安之外一些地方的人听不懂、看不懂，制约了其更好地传播推广。

三是民俗文化活动规模小，模式较为单一，缺乏工业时代需要的群体性消费。工业时代的生产效率更高，相应的劳动分工的精细化、专业化程度更高。在民俗文化活动推广交流中，需要考虑规模化和市场化，而西安的民俗活动较为突出的问题是规模较小、模式单一，如过年的社火，属于民间的一种自演自娱活动，但其也是国家级非物质文化遗产代表性项目。社火的内容非常多，如踩高跷、耍狮、扭秧歌、跑旱船、铁芯子、打铁花、耍腰鼓、骑竹马等，虽然也有一定的受众群体，但基本上年年如此，没有更多创新，因此难以吸引更多的人群关注。再比如在西安开展的丰收节，虽然政府很用心用力，但并未引起社会的广泛重视，特别是未能收获年轻群体的青睐。而南方的龙舟节则是将传统节日融入现代工业元素，特别是注入大众体育精神，从而变成了受众群体非常广泛的一项群体性文化体育活动，值得西安借鉴参考。

四是西安餐饮文化品类多但品牌弱，与工业时代的规模化和差异化存在差距。电视剧《白鹿原》带火了西安油泼面，但是客观来看，西安餐饮文化的发展现状与工业时代的要求差距很大。其中，突出表现在缺乏质量标准方面，而这是工业时代的基本要求。以西安最为出名的面食为例，西安小吃油泼面、臊子面、蘸水面，都没有质量标准，而兰州拉面、重庆小面、武汉热干面、山西刀削面等，却都有质量标准。类似的，羊肉泡馍、凉皮、肉夹馍、葫芦头等特色小吃，也都没有较为统一的质量标准，而往往是独家配方和秘籍。没有质量标准的产品，难以形成独特性，很可能会"野花遍地"，但绝对不可能百家争鸣，所以也不可能让西安面食走向外部。此外，这些特色饮食也没有打造出强有力的品牌，并且规模较小，包装规格较为单一，多元化程度不够。适应外地游客旅游消费的特色礼品打造也不足，制约了其市场规模的扩大。

以上这些方面的突出差距，实质是西安现代产业体系不够健全，工业文明意识还比较薄弱[162]。虽然西安高校众多，但是其所培养的大量人才总是出现"孔雀东南飞"现象；同时，很多外引人才则出现不适应现象。这些都从根本上决定了西安文化产业发展中难免存在这样那样的问题，总体上不够发达。

# 第五章　历史文化名城基因对文化产业
## 发展的影响效应

在前文从理论角度分析历史文化名城基因通过文化消费影响文化产业发展机理的基础上，进一步通过经济社会实践数据来验证历史文化名城基因对文化产业发展的影响效应非常关键，研究的结论有利于优化后续的对策建议。本章采用 2014~2021 年 199 个城市的面板数据，实证检验历史文化名城基因通过文化消费影响文化产业发展的具体影响效应及作用机制。

## 第一节　历史文化名城基因影响文化产业发展的效应分析

### 一　模型设定和变量选择

（一）模型设定

中国于 1982 年、1986 年、1994 年和 2008 年先后公布了四批国家级历史文化名城，本部分基于历史文化名城的面板数据，实证检验历史文化名城基因对文化产业发展的影响。由于不同历史文化名城的文化资源、政策环境、经济基础等存在差异，且在不同年份，其政策变化、市场需求、技术进步等都会对文化产业发展产生影响，因此，在模型选择时，考虑使用双向固定效应模型控制这些潜在因素的影响，以更准确地评估历史文化名城基因对文化产业发展的影响效应。本部分将选择双向固定效应模型，模型设定如下：

$$cul_{it} = \beta_0 + \beta_1 \times Score_{it} + controls + \mu_t + \gamma_i + \varepsilon_{it} \tag{5-1}$$

其中，$i$ 代表城市，$t$ 代表年份；$cul_{it}$ 为文化产业发展水平，包括文化产业财政支出（$Gcul$）、文化产业从业人数（$Pcul$）和文化产业营业收入（$Icul$）；$Score$ 为历史文化名城基因水平；$controls$ 为一系列控制变量，包括地区经济发展水平、金融发展水平、政府主导程度、产业结构、对外开放水平和文化教育水平；$\mu_t$ 为时间固定效应，$\gamma_i$ 为城市固定效应，$\varepsilon_{it}$ 为随机扰动项。

（二）变量选择

本节重点研究历史文化名城基因对文化产业发展的影响效应，基于数据的可得性，选取 2014~2021 年 199 个历史文化名城的数据为样本，原始数据均来自历年《中国统计年鉴》《中国文化及相关产业统计年鉴》《中国文化文物和旅游统计年鉴》《中国城市统计年鉴》《中国旅游年鉴》，以及各省市历年统计年鉴等。下面将对被解释变量、核心解释变量以及控制变量予以详细说明。

1. 被解释变量

被解释变量为文化产业发展水平，选择文化事业费占财政支出的比重、文化产业从业人员数、文化产业主营业务收入与城市生产总值之比 3 个变量，从多维度对城市文化产业发展水平进行衡量。

2. 核心解释变量

核心解释变量为历史文化名城基因水平，根据第三章对历史文化名城基因结构的分析以及基因图谱刻画，本部分从多维度收集数据来定量描述各历史文化名城的基因水平。基于数据的可得性，选择历史记载年限来代表城市的精神层次基因，选择老字号数量和非物质文化遗产数量来代表城市的物化层次基因，选择公共图书馆藏书量来代表城市的民俗层次基因，并采用熵权法对各城市的历史记载年限、老字号数量、非物质文化遗产数量及公共图书馆藏书量进行综合测度，以衡量各城市的历史文化名城基因水平。以下分别对这些指标的选取原因进行阐释。

历史记载年限（$Chr$）。历史记载年限指的是城市有文字记载的历史长度。它反映了一个城市从最早有历史记载的年份到现在的时间跨度，一般而言，历史记载年限越长，意味着城市的历史文化遗产越丰富，这不仅表明每个城市具有深厚的历史文化底蕴，还对研究历史文化的连续性和变迁具有重要意义。在确定每个城市的历史记载年限数据时，通过翻阅历史文献，确定各城市最早的记载年份，通过手工计算得知各城市的历史记载年限数据。

老字号数量（$Thb$）。老字号通常指的是历史悠久、信誉卓著的商业品牌或企业，它们往往承载着丰富的商业文化和手工艺传统，是城市历史文化的重要组成部分，它们见证了城市的发展和变迁。这些品牌或企业通过代代相传的经营模式，保留了传统的商业文化和手工艺技艺，成为连接过去与现在的桥梁，老字号的数量可以反映一个城市文化底蕴的深度和广度，一般而言，老字号数量越多，表明该城市的历史文化底蕴越深厚。各城市的老字号数量主要通过手工整理商务部官网上公布的三批老字号名录得知。

非物质文化遗产数量（$Ich$）。非物质文化遗产包括口头传统、表演艺术、社会风俗、节日活动、有关自然界和宇宙的知识和实践以及传统手工艺技能等，一个城市非物质文化遗产的数量和种类可以体现该地区文化的多样性和独特性，可以深度反映该城市的历史文化名城基因，该数据来源于中国非物质文化遗产网公布的五批非物质文化遗产名录。

公共图书馆藏书量（$Bpl$）。图书馆是知识传播和文化普及的重要场所。图书馆藏书量反映了一个城市在文化教育和知识资源方面的投入，图书馆丰富的藏书可以为市民提供学习和研究历史文化的条件，也是城市文化软实力的体现，在研究中，此数据可以通过《中国文化及相关产业统计年鉴》等获得，并在模型中用来分析和解释历史文化名城的保护、传承和发展情况。

上述指标都在一定程度上反映了城市的历史文化基因水平，具体到历史文化名城基因水平的测度中，需要遵循科学性、系统性、可操作性等原则，科学性要求评估指标及其相应的计算方法、各项数据，做到标准化、规范化和科学化。系统性要求指标体系能够全面反映测算目标的基本特征，指标之间相互独立又相互联系。可操作性要求各指标易于量化，所需数据易于获取，计算方法易于实践。因此，本章基于文献分析结果、相关学者的研究和数据的可获得性，从历史记载年限、老字号数量、非物质文化遗产数量以及公共图书馆藏书量四个层面出发，构建历史文化名城基因指标体系来衡量城市的历史文化名城基因水平。

在指标的量化过程中，首先，使用标准化的方法对收集到的相关指标数据进行处理；其次，通过对指标进行赋权，确定 4 个指标的权重。目前，确定权重的方法主要有：菲尔普斯法、层次分析法、变异系数法和熵值法等。由于熵值法可以使实际数据得到指标的最优权重，较好地反映指标信息熵的效用价值，比菲尔普斯法和层次分析法更为客观、合理。因此，本书使用熵值法来确定指标权重，具体过程如下。

（1）对原始数据进行标准化处理：

正向、负向指标标准化处理：

$$Z_{i,j} = \left[ \frac{z_{i,j} - X_{\min}}{X_{\max} - X_{\min}} \right] \times 0.9 + 0.1 \tag{5-2}$$

$$Z_{i,j} = \left[ \frac{X_{\min} - z_{i,j}}{X_{\max} - X_{\min}} \right] \times 0.9 + 0.1 \tag{5-3}$$

（2）构建初始指标矩阵：

$$x = (Z_{i,j})_{m \times n} \tag{5-4}$$

（3）计算 $j$ 市第 $i$ 项指标的权重：

$$p_{i,j} = z_{i,j} / \sum\nolimits_{i=1}^{m} z_{i,j} (i = 1, 2, \cdots, m; j = 1, 2, \cdots, n) \tag{5-5}$$

（4）计算第 $i$ 项指标的熵值：

$$e_i = -k \sum_i^m p_{i,j} \ln p_{i,j}, \text{其中}, k = 1/\ln m \tag{5-6}$$

（5）计算第 $j$ 项指标的差异性系数：

$$d_i = 1 - e_1 \tag{5-7}$$

（6）计算第 $i$ 项指标的权重：

$$w_i = d_i / \sum\nolimits_{i=1}^{n} d_i \tag{5-8}$$

依照各指标权重计算出各市的历史文化名城基因水平：

$$Z = \sum p_{i,j} w_j \tag{5-9}$$

运用以上公式可以计算出历史文化名城基因水平各指标的权重，如表 5-1 所示。

表 5-1　历史文化名城基因水平细分指标权重

| 指称名称 | 符号 | 测度方法 | 数据来源 | 权重 |
|---|---|---|---|---|
| 历史记载年限 | $Chr$ | 最早有历史记载的年份距今年限（年） | 各城市官网数据 | 0.1602 |
| 老字号数量 | $Thb$ | 拥有老字号数量（个） | 商务部公布的老字号名录 | 0.3184 |
| 非物质文化遗产数量 | $Ich$ | 拥有非物质文化遗产数量（个） | 中国非物质文化遗产网 | 0.2225 |
| 公共图书馆藏书量 | $Bpl$ | 公共图书馆图书拥有量（千册） | 《中国文化及相关产业统计年鉴》 | 0.2989 |

根据收集到的数据测算得知各城市的历史文化名城基因水平，在分

区域对比中，将我国划分为东部、中部、西部和东北四大地区[①]，具体数值见表5-2。

表5-2　2014~2021年中国分地区历史文化名城基因水平

| 年份 | 全国 | 东部 | 中部 | 西部 | 东北 |
|------|------|------|------|------|------|
| 2014 | 0.024 | 0.026 | 0.022 | 0.014 | 0.023 |
| 2015 | 0.024 | 0.034 | 0.022 | 0.013 | 0.022 |
| 2016 | 0.025 | 0.035 | 0.022 | 0.013 | 0.024 |
| 2017 | 0.025 | 0.034 | 0.023 | 0.014 | 0.025 |
| 2018 | 0.025 | 0.034 | 0.023 | 0.014 | 0.025 |
| 2019 | 0.026 | 0.036 | 0.023 | 0.016 | 0.023 |
| 2020 | 0.028 | 0.039 | 0.024 | 0.018 | 0.023 |
| 2021 | 0.028 | 0.039 | 0.024 | 0.015 | 0.024 |

### 3. 控制变量

根据已有文献研究，城市的文化产业发展水平除受本身的文化基因影响外，还受到经济发展、教育文化素质、消费能力、对外开放程度等诸多因素的影响。因此，本章选取的控制变量包括地区经济发展水平、金融发展水平、政府主导程度、产业结构、对外开放水平和文化教育水平（见表5-3）。

地区经济发展水平（$Gdp$）。大量实证研究和案例研究发现，地区经济发展水平对文化产业发展水平的影响主要通过提供更大的市场需求、更好的投资环境等来实现。很多学者的研究表明地区经济发展水平对文化产业的发展具有积极影响，高经济发展水平的地区往往有更多的文化

---

① 根据《中国统计年鉴2023》划分东部、中部、西部以及东北四大地区。东部：北京、福建、广东、海南、河北、江苏、山东、上海、天津、浙江。中部：安徽、河南、湖北、湖南、江西、山西。西部：甘肃、广西、贵州、内蒙古、宁夏、青海、陕西、四川、重庆、新疆。东北：黑龙江、吉林、辽宁。

产业机构、更丰富的文化产品和更高的文化产业收入。本章采用地区人均生产总值的对数度量地区经济发展水平。

金融发展水平（Fin）。文化产业的发展离不开金融产业体系的支持，更离不开文化资本市场的驱动。金融是文化产业发展的拉动力，一般而言，金融发展水平越高的地区往往有更多的金融机构、更丰富的金融产品和更多的金融支持，这些因素均能在一定程度上促进文化产业发展。本章采用金融机构年末贷款额与城市生产总值之比度量地区金融发展水平。

政府主导程度（Gov）。我国文化产业兼具产业属性与意识形态双重属性，政府在文化产业发展中发挥了重要的推动作用。地方政府通过政策扶持、资金投入和产业规划等手段，促进文化产业的创新与发展。地方政府主导的文化产业发展还可以促进地区经济增长、提高就业水平和改善居民生活品质。本章以地方财政预算内支出与城市生产总值之比度量地方政府主导程度。

产业结构（Str）。地区产业结构对文化产业的发展具有重要影响，特别是与相关产业的协同发展可以促进文化产业的创新升级。地区产业结构转型可以为文化产业发展提供更好的市场环境和更多的资源支持、市场机会和合作伙伴，从而促进文化产业的发展和壮大。本章以工业总产值与城市生产总值之比度量地区产业结构。

对外开放水平（Open）。地区对外开放水平的提升可以为文化产业引入更多的国际先进技术和创意，从而促进文化产业的创新和升级，同时地区对外开放水平的提升可以为文化产业拓展国际市场提供更好的条件，从而提高文化产业的国际竞争力。本章以进出口贸易总额与城市生产总值之比度量对外开放水平。

文化教育水平（Edu）。文化产业发展的关键在于文化从业者的智慧与创意，地区文化教育水平的提升可以为文化产业提供更多的创意人才和专业技能支持，从而促进文化产业发展。本章以高等学校在校生人数度量地区文化教育水平。

**表 5-3  变量名称及其定义**

| 变量类型 | 变量符号 | 变量名称 | 变量含义 |
|---|---|---|---|
| 被解释变量 | Gcul | 文化产业财政支出 | 文化事业费占财政支出的比重（‰） |
| | Pcul | 文化产业从业人数 | 文化产业从业人员数（每万人） |
| | Icul | 文化产业营业收入 | 文化产业主营业务收入与城市生产总值之比（‰） |
| 解释变量 | Score | 历史文化<br>名城基因水平 | 根据各城市的历史记载年限、老字号数量、非物质文化遗产数量及公共图书馆藏书量来对历史文化名城基因进行综合测度，具体测度方法如前所述 |
| 控制变量 | Gdp | 地区经济发展水平 | 人均生产总值（取对数） |
| | Fin | 金融发展水平 | 金融机构年末贷款额与城市生产总值之比（%） |
| | Gov | 政府主导程度 | 地方财政预算内支出与城市生产总值之比（%） |
| | Str | 产业结构 | 工业总产值与城市生产总值之比（%） |
| | Open | 对外开放水平 | 进出口贸易总额与城市生产总值之比（%） |
| | Edu | 文化教育水平 | 高等学校在校生人数（每万人） |

## 二  描述性统计及相关性分析

### （一）描述性统计

对收集到的数据进行描述性统计分析，从统计结果可以看出，文化产业财政支出的均值是 0.0557，标准差为 0.1089；文化产业从业人数的均值是 7.6929，最大值是最小值的 2.6575 倍；文化产业营业收入的均值是 0.0144，标准差为 0.0439，可见，文化产业产出方面的差异较大。其他主要变量的描述性统计结果详情见表 5-4。

**表 5-4  主要变量的描述性统计**

| 变量 | 观察值 | 平均值 | 标准差 | 最小值 | 最大值 |
|---|---|---|---|---|---|
| 文化产业财政支出（Gcul） | 1592 | 0.0557 | 0.1089 | 0.0000 | 2.6155 |

| 变量 | 观察值 | 平均值 | 标准差 | 最小值 | 最大值 |
|---|---|---|---|---|---|
| 文化产业从业人数（Pcul） | 1592 | 7.6929 | 1.1772 | 4.6151 | 12.2644 |
| 文化产业营业收入（Icul） | 1592 | 0.0144 | 0.0439 | 0.0000 | 0.7311 |
| 历史文化名城基因水平（Score） | 1592 | 0.2571 | 0.0583 | 0.0000 | 0.5194 |
| 地区经济发展水平（Gdp） | 1592 | 11.1558 | 0.4892 | 9.6492 | 12.2891 |
| 金融发展水平（Fin） | 1592 | 1.5279 | 0.7443 | 0.0008 | 5.3047 |
| 政府主导程度（Gov） | 1592 | 9.6072 | 133.2216 | 0.0140 | 2062.8940 |
| 产业结构（Str） | 1592 | 1.5969 | 1.7309 | 0.0001 | 21.3322 |
| 对外开放水平（Open） | 1592 | 0.2357 | 0.0365 | 0.1025 | 0.5642 |
| 文化教育水平（Edu） | 1592 | 10.9612 | 1.2735 | 7.7420 | 14.5116 |

## （二）相关性分析

历史文化名城基因水平与文化产业财政支出（Gcul）、文化产业从业人数（Pcul）以及文化产业营业收入（Icul）的相关系数分别为 0.8189、0.7875、0.7767，且在 1% 的水平下显著，这表明历史文化名城基因水平与文化产业发展水平之间存在正相关关系，这在一定程度上表明本章选取的变量具有合理性。

本章进一步绘制了历史文化名城基因水平与文化产业发展水平之间的散点图与拟合线（见图 5-1）。散点图展现了历史文化名城基因水平与文化产业发展水平三个维度的变量之间均存在正相关关系，且拟合线的斜率为正，这验证了城市文化基因与文化产业发展之间的正向关联。然而，这种正向关联性尚未考虑其他因素对城市文化产业发展的影响，也不涉及历史文化名城基因与文化产业发展之间的因果关系，因此不能严格地推导出历史文化名城基因水平的提高有助于推动文化产业发展的结论。接下来，将使用 2014~2021 年 199 个城市的面板数据，通过计量模型对两者之间的因果关系进行实证检验。

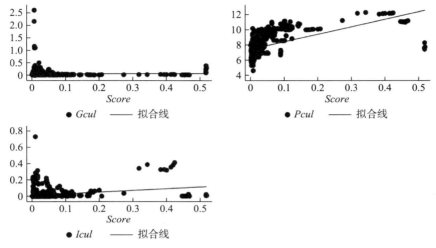

图5-1　历史文化名城基因水平与文化产业发展水平的散点图与拟合线

## 三　回归结果分析

历史文化名城基因水平与文化产业发展水平有着密切的关系，下面主要通过计量模型实证探究包括西安在内的历史文化名城基因水平对文化产业发展水平的影响效应。

### （一）基准回归结果

表5-5显示了采用双向固定效应模型评估历史文化名城基因水平对文化产业发展水平影响的实证结果。其中，列（1）至列（3）为未加入控制变量的回归结果，列（4）至列（6）为加入控制变量后的回归结果。从估计结果来看，无论是否加入控制变量，采用何种方式度量文化产业发展水平，回归系数都为正，且均在1%的水平下显著，表明历史文化名城基因水平的提高对文化产业发展起到积极的促进作用。这意味着历史文化名城基因水平的提高有助于推动文化产业发展，与前文的理论机理分析相一致。

而西安作为第一批国务院认定的历史文化名城，具有丰厚的历史底蕴，其厚重的历史文化基因对文化产业的发展起到了重要的推动作用。

表 5-5　基准回归结果分析

| | （1） | （2） | （3） | （4） | （5） | （6） |
|---|---|---|---|---|---|---|
| | ln$Gcul$ | ln$Pcul$ | ln$Icul$ | ln$Gcul$ | ln$Pcul$ | ln$Icul$ |
| $Score$ | 8.008*** | 9.849*** | 12.720*** | 4.456*** | 4.108*** | 4.744*** |
| | （22.03） | （22.26） | （15.28） | （14.77） | （15.28） | （6.90） |
| $Gdp$ | | | | 0.517*** | 0.533*** | 1.068*** |
| | | | | （13.28） | （15.37） | （9.56） |
| $Fin$ | | | | 0.174*** | 0.182*** | 0.395*** |
| | | | | （6.98） | （8.17） | （5.77） |
| $Gov$ | | | | 0.000** | 0.000 | 0.000 |
| | | | | （2.37） | （0.08） | （0.03） |
| $Str$ | | | | -0.033*** | -0.037*** | -0.077*** |
| | | | | （-3.18） | （-4.01） | （-3.27） |
| $Open$ | | | | -67.965 | -511.358*** | 1671.655** |
| | | | | （-0.33） | （-2.77） | （2.12） |
| $Edu$ | | | | 0.285*** | 0.556*** | 0.716*** |
| | | | | （16.97） | （37.20） | （17.23） |
| 常数项 | 10.802*** | 7.439*** | 10.616*** | 0.249*** | -4.717*** | -0.011 |
| | （466.61） | （263.96） | （184.06） | （0.07） | （0.35） | （0.03） |
| 年份固定效应 | 控制 | 控制 | 控制 | 控制 | 控制 | 控制 |
| 城市固定效应 | 控制 | 控制 | 控制 | 控制 | 控制 | 控制 |
| 观测值 | 1592 | 1592 | 1592 | 1592 | 1592 | 1592 |
| Adj_$R^2$ | 0.233 | 0.237 | 0.148 | 0.551 | 0.761 | 0.515 |

注：括号内为 t 值，***、**、* 分别表示在 1%、5% 和 10% 的水平下显著。

## （二）动态面板回归

考虑到不同时期的文化产业发展具有连续性，本书借鉴 Blundell 和 Bond 提出的 GMM 法[163]，将滞后 1 期的被解释变量作为解释变量引入模型，使模型具有动态解释能力，并有助于修正模型中潜在的遗漏变量偏差和内生性问题。在模型中控制城市和年份固定效应，构建如下系统 GMM 模型：

$$cul_{it} = \beta_0 + \beta_2 \times cul_{i,t-1} + \beta_3 \times Score_{it} + controls + \mu_i + \gamma_i + \varepsilon_{it} \qquad (5-10)$$

其中，$cul_{i,\,t-1}$ 为被解释变量 $cul$ 的滞后 1 期，其他变量的含义同式（5-1）。当 $cul_{i,\,t-1}$ 的系数 $\beta_2$ 显著大于 0 时，意味着上一期的文化产业发展水平提升会对当期的文化产业发展水平产生正向影响；当 $Score_{it}$ 的系数 $\beta_3$ 显著大于 0 时，意味着城市历史文化名城基因水平提高能够促进文化产业发展。表 5-6 显示了动态面板回归模型下的历史文化名城基因水平对文化产业发展水平影响的实证结果。结果表明，$cul_{i,\,t-1}$ 的系数 $\beta_2$ 均显著为正，表明滞后 1 期的文化产业发展水平对当前 1 期的文化产业发展水平具有显著的正向影响，同时，历史文化名城基因水平的系数也显著为正，表明历史文化名城基因水平提升仍然是推动文化产业发展的核心变量。

表 5-6　动态回归结果分析

| 变量 | （1） | （2） | （3） | （4） | （5） | （6） |
| --- | --- | --- | --- | --- | --- | --- |
| | ln$Gcul$ | ln$Pcul$ | ln$Icul$ | ln$Gcul$ | ln$Pcul$ | ln$Icul$ |
| L. $cul$ | 0.853*** | 1.020*** | 1.108*** | 0.603*** | 1.076*** | 0.996*** |
| | （22.41） | （29.68） | （86.74） | （4.80） | （10.45） | （100.59） |
| $Score$ | 4.131*** | 5.541*** | 2.152*** | 3.066* | 3.520 | 0.343*** |
| | （12.36） | （7.65） | （3.27） | （1.80） | （0.79） | （3.89） |
| $Gdp$ | | | | 22.450 | 12.950 | 13.116 |
| | | | | （0.76） | （0.69） | （0.45） |
| $Fin$ | | | | −82.424 | 12.744 | −17.871* |
| | | | | （−1.09） | （1.63） | （−1.87） |
| $Gov$ | | | | 36.017* | −0.318 | 36.271* |
| | | | | （1.79） | （−1.25） | （1.91） |

续表

| 变量 | （1） | （2） | （3） | （4） | （5） | （6） |
|---|---|---|---|---|---|---|
| | ln*Gcul* | ln*Pcul* | ln*Icul* | ln*Gcul* | ln*Pcul* | ln*Icul* |
| *Str* | | | | 42.175 | −46.468 | 58.122* |
| | | | | （1.06） | （−0.94） | （1.76） |
| *Open* | | | | −12.135 | 35.082 | −0.345 |
| | | | | （−0.04） | （0.79） | （−0.65） |
| *Edu* | | | | −18.510 | 18.327 | −27.049** |
| | | | | （−1.10） | （1.31） | （−2.41） |
| 常数项 | 10.802*** | 7.439*** | 10.616*** | −71.176 | −30.586 | 10.095 |
| | （466.61） | （263.96） | （184.06） | （−0.25） | （−1.04） | （0.36） |
| 年份固定效应 | 控制 | 控制 | 控制 | 控制 | 控制 | 控制 |
| 城市固定效应 | 控制 | 控制 | 控制 | 控制 | 控制 | 控制 |
| AR（2）test | 0.253 | 0.158 | 0.245 | 0.145 | 0.211 | 0.415 |
| Hansen test | 0.349 | 0.186 | 0.577 | 0.349 | 0.354 | 0.297 |
| 观测值 | 1393 | 1393 | 1393 | 1393 | 1393 | 1393 |
| Adj_R² | 0.445 | 0.641 | 0.423 | 0.356 | 0.216 | 0.352 |

注：括号内为 t 值，\*\*\*、\*\*、\* 分别表示在 1%、5% 和 10% 的水平下显著。

## 四　稳健性检验

### （一）替换被解释变量

本书借助随机前沿效率模型（SFA）测算各历史文化名城的文化产业发展效率，以此作为被解释变量来进行稳健性检验。

首先，构建历史文化名城基因水平与文化产业发展效率的模型：

$$Eff_{it} = a_0 + \alpha_1 Score + \alpha_{22} X_{it} + \alpha_{33} Year + a_{44} In + \varepsilon_{it} \qquad (5-11)$$

上式中，被解释变量 *Eff* 代表文化产业发展效率，采用随机前沿方法进行计算，其他变量与前文一致。

其次，测度文化产业发展效率。SFA 在前沿模型分析中是典型的参数方法，最大优点是消除了确定型前沿模型的缺陷，将随机因素考虑到模型中，而且解决了如何度量 $n$ 个决策单元 $T$ 期的技术效率（$TE$）这一问题。其中 Battese 和 Coelli 提出的基于面板数据的随机前沿模型[164] 具有典型性：

$$Y_{it} = \beta X_{it} + (V_{it} - U_{it}) \tag{5-12}$$

在上式中，$Y_{it}$、$X_{it}$、$\beta$、$V_{it}$ 和 $U$ 分别表示 $i$ 生产者 $t$ 时期的产出、投入向量、一组向量参数、服从标准正态分布 N（0，$\sigma^2$）且独立于 $U$ 的随机变量和服从在零处截尾半正态分布 N（$mit$，$\sigma^2$）的非负值随机变量。假设 $mit = Z_{it}\delta$ 为效率函数，其中 $Z_{it}$ 为 $p \times 1$ 阶向量，是技术效率的解释变量；$\delta$ 为 $1 \times p$ 阶向量，作为待估参数反映变量 $Z$ 对技术效率不同方面的影响，如果得到正的变量系数则表示对技术效率有负的影响，如果得到负的变量系数则表示对技术效率有正的影响。随机前沿方法有两种，一种是随机前沿生产方法，另一种是随机前沿成本方法。

在使用 SFA 估计历史文化名城的文化产业发展效率时，本章将生产函数设置为更具一般性的超越对数生产函数：

$$\ln y = c + \sum \varphi_{it} \ln x_{it} + (1/2) \sum \sum \psi_{itjt} \ln x_{it} \ln x_{jt} \tag{5-13}$$

上式中，$y$ 为各地文化产业营业收入，$x$ 为各投入指标，具体包括各城市文化产业从业人数和文化产业财政投入，$c$ 为常数项，$\varphi$ 和 $\psi$ 为待估参数。文化产业发展效率的描述性统计见表 5-7，原始数据主要来源于历年《中国文化文物和旅游统计年鉴》和《中国城市统计年鉴》。

表 5-7　文化产业发展效率描述性统计

| 年份 | 平均值 | 中位数 | 最大值 | 最小值 | 西安 *Eff* |
|------|--------|--------|--------|--------|------------|
| 2014 | 0.078 | 0.031 | 0.903 | 0.001 | 0.068 |
| 2015 | 0.079 | 0.031 | 0.903 | 0.002 | 0.069 |
| 2016 | 0.079 | 0.031 | 0.903 | 0.004 | 0.070 |

| 年份 | 平均值 | 中位数 | 最大值 | 最小值 | 西安 *Eff* |
|------|--------|--------|--------|--------|-----------|
| 2017 | 0.080 | 0.032 | 0.904 | 0.004 | 0.071 |
| 2018 | 0.080 | 0.032 | 0.904 | 0.003 | 0.071 |
| 2019 | 0.081 | 0.033 | 0.904 | 0.000 | 0.072 |
| 2020 | 0.081 | 0.033 | 0.905 | 0.000 | 0.073 |
| 2021 | 0.082 | 0.033 | 0.905 | 0.000 | 0.073 |

从表 5-7 可以看出，西安市在样本中的文化产业效率处于相对靠前的位置，其文化产业发展效率一直高于中位数。另外，无论是整体层面还是西安市层面，文化产业效率有上升的趋势。

下面以文化产业发展效率为被解释变量，进行稳健性检验，检验结果如表 5-8 所示。由表 5-8 可知，在加入控制变量前后，历史文化名城基因水平对文化产业发展效率的影响系数分别为 0.054 和 0.014，均显著为正，可见，研究结果具有稳健性。

此外，本章还通过查找各城市的文化和旅游局官网，获取各城市的文化产业增加值，用其替换被解释变量，研究结果也具有良好的稳健性。

#### 表 5-8　替换被解释变量的稳健性检验结果

| 变量 | *Eff* | *Eff* |
|------|-------|-------|
| *Score* | 0.054*** | 0.014** |
|  | (8.19) | (1.97) |
| *Gdp* |  | 0.019*** |
|  |  | (3.04) |
| *Fin* |  | 0.014*** |
|  |  | (3.11) |
| *Gov* |  | 0.023 |
|  |  | (-1.63) |

续表

| 变量 | $Eff$ | $Eff$ |
|---|---|---|
| $Str$ | | $-0.007^{***}$ |
| | | $(-3.23)$ |
| $Open$ | | $1.512^{***}$ |
| | | $(4.04)$ |
| $Edu$ | | $0.022^{***}$ |
| | | $(7.06)$ |
| 常数项 | $0.060^{***}$ | $-0.392^{***}$ |
| | $(15.36)$ | $(-6.04)$ |
| 年份固定效应 | 控制 | 控制 |
| 城市固定效应 | 控制 | 控制 |
| 观测值 | 1592 | 1592 |
| $Adj\_R^2$ | 0.228 | 0.193 |

注：括号内为 t 值，\*\*\*、\*\*、\* 分别表示在 1%、5% 和 10% 的水平下显著。

## （二）替换解释变量

古文化遗址既是古代人类的各种活动留下的遗迹，也是文化基因传承的重要载体，古文化遗址的数量能在一定程度上表征城市文化基因的丰富程度，具体数据来源于第三次全国文物普查数据。为防止解释变量指标度量不精准引发的计量回归结果偏误问题，本章进一步采用各历史文化名城古文化遗址数量（$Culr$）的对数值表征历史文化名城基因水平，并利用固定面板回归模型验证回归结果的稳健性。替换核心解释变量后的回归结果如表 5-9 所示。从表 5-9 的回归结果来看，无论是否加入控制变量，历史文化名城基因水平对文化产业财政支出（$Gcul$）、文化产业从业人数（$Pcul$）、文化产业营业收入（$Icul$）的回归系数均为正，且通过了 1% 的显著性水平检验。这表明历史文化名城基因水平提升对文化产业的发展具有显著的促进作用，与前文的研究结论相一致，研究结论具有稳健性。

表 5-9　替换核心解释变量后的回归结果

| 变量 | (1) | (2) | (3) | (4) | (5) | (6) |
|---|---|---|---|---|---|---|
| | Gcul | Pcul | Icul | Gcul | Pcul | Icul |
| Culr | 2.514*** | 3.201*** | 0.998*** | 3.521*** | 4.230*** | 1.230*** |
| | (5.20) | (3.60) | (3.65) | (6.51) | (9.11) | (4.37) |
| Gdp | | | | 0.5895** | 0.487** | 0.145* |
| | | | | (2.11) | (2.00) | (1.82) |
| Fin | | | | 0.173** | 0.112* | 0.114 |
| | | | | (2.11) | (1.70) | (1.06) |
| Gov | | | | −0.589* | 0.238** | 0.356*** |
| | | | | (−1.76) | (2.11) | (5.36) |
| Str | | | | 0.523** | 0.445** | 0.458*** |
| | | | | (2.01) | (1.98) | (3.95) |
| Open | | | | 0.340** | 0.372** | 0.293** |
| | | | | (2.08) | (2.11) | (2.23) |
| Edu | | | | 0.088** | 0.285* | 0.198** |
| | | | | (2.00) | (1.85) | (2.10) |
| 常数项 | | | | 3.552*** | 5.398*** | 6.523*** |
| | | | | (8.56) | (6.95) | (7.52) |
| 年份固定效应 | 控制 | 控制 | 控制 | 控制 | 控制 | 控制 |
| 城市固定效应 | 控制 | 控制 | 控制 | 控制 | 控制 | 控制 |
| 观测值 | 1592 | 1592 | 1592 | 1592 | 1592 | 1592 |
| Adj_$R^2$ | 0.176 | 0.204 | 0.243 | 0.536 | 0.602 | 0.614 |

注：括号内为 t 值，***、**、*分别表示在 1%、5% 和 10% 的水平下显著。

（三）设定年份-城市固定效应

文化产业作为一个动态发展的领域，其在不同历史时期所展现出的发展状况和特征往往深受政策导向、经济环境以及社会需求等多重外部因素的影响。这些外部因素不仅塑造了文化产业的整体格局和发展路径，还对其内部的细分领域和具体项目产生了深远的影响。与此同时，历史文化名城作为中华民族悠久历史和灿烂文化的生动载体，它们承载着独特的文化基因、丰富的历史背景，具有优越的资源禀赋以及各具特色的发展条件。这些独特的元素共同构成了历史文化名城在文化产业发展中的独特优势和核心竞争力。为了更加精确地探究历史文化名城基因对文化产业发展的影响效应，我们采用了设定年份-城市固定效应模型的研究方法。这种方法通过引入年份和城市两个维度的固定效应，有效地剥离了时间因素以及不同城市之间因地理位置、经济基础、文化背景等差异而带来的干扰，能够在排除时间效应和城市异质性干扰的前提下，更加准确地识别出历史文化名城基因在文化产业发展中的独特作用，具体回归结果如表 5-10 所示。

表 5-10　设定年份-城市固定效应后的回归结果

| 变量 | (1) | (2) | (3) |
|---|---|---|---|
| | Gcul | Pcul | Icul |
| Score | 0.225*** | 1.506*** | 6.640*** |
| | (25.27) | (20.41) | (13.9) |
| Gdp | 8.529*** | 5.090*** | 0.109 |
| | (6.08) | (4.39) | (1.45) |
| Fin | -1.363 | -1.086 | -0.114** |
| | (-1.37) | (-1.32) | (-2.12) |
| Gov | 3.219*** | 2.621*** | 1.040*** |
| | (4.80) | (4.73) | (2.90) |
| Str | -5.109 | -1.492 | 3.829 |
| | (-0.16) | (-0.58) | (0.23) |
| Open | 1.170* | 0.486 | -2.140 |
| | (1.75) | (-0.88) | (-0.06) |
| Edu | 2.042*** | 2.618*** | -1.004 |
| | (3.72) | (5.74) | (-0.34) |

| 变量 | （1） | （2） | （3） |
|---|---|---|---|
| | *Gcul* | *Pcul* | *Icul* |
| 常数项 | 1.623** | 2.563*** | −1.203 |
| | (2.45) | (4.52) | (1.09) |
| 年份-城市固定效应 | 控制 | 控制 | 控制 |
| 观测值 | 1592 | 1592 | 1592 |
| Adj_ $R^2$ | 0.736 | 0.668 | 0.485 |

注：括号内为 t 值，***、**、* 分别表示在 1%、5%和 10%的水平下显著。

## （四）替换回归模型

在基准回归中使用双向固定效应模型进行回归分析，为避免文化产业发展水平数值的极端值和非正态分布对结果产生影响，并深入地分析历史文化名城基因对文化产业发展在不同水平下的影响差异，现选择分位数回归模型进行回归。通过在不同分位点上估计回归系数，可以观察变量之间关系的动态变化情况，检验历史文化名城基因对文化产业发展的影响在不同分位点上的变化特征。回归结果不仅能够反映历史文化名城基因水平对文化产业发展水平影响的中心趋势，更能提供较为全面的条件分布信息。借鉴刘颖等的做法，选取 10%、25%、50%、75%、90%这 5 个具有代表性的分位点对应的不同文化产业财政支出[165]，回归结果如表 5-11 所示。结果表明，历史文化名城基因水平在除 10%以外的分位点均对文化产业财政支出有显著促进作用，历史文化名城基因水平的系数随着分位点的提高而增加，在 90%的分位点处历史文化名城基因水平的系数达到最大，表明历史文化名城基因水平提升对文化产业发展的促进作用在不断提升。由于篇幅限制，本部分只报告以 *Gcul* 为例的实证结果，以 *Pcul*、*Icul* 为例的结果与此类似。

表 5-11　分位数检验回归结果（以 *Gcul* 为例）

| 变量 | （1）10%分位点 | （2）25%分位点 | （3）50%分位点 | （4）75%分位点 | （5）90%分位点 |
|---|---|---|---|---|---|
| *Score* | 0.977 | 0.107 ** | 0.253 *** | 0.406 *** | 0.496 *** |
| | （1.56） | （1.98） | （7.39） | （12.65） | （8.61） |
| *Gdp* | 1.072 *** | 1.462 *** | 1.441 *** | 1.825 *** | 3.305 *** |
| | （3.36） | （4.26） | （4.87） | （4.93） | （5.98） |
| *Fin* | 4.392 *** | 4.288 * | 5.241 *** | 7.166 *** | 1.310 *** |
| | （3.27） | （1.80） | （2.85） | （3.14） | （3.73） |
| *Gov* | 2.496 *** | 2.684 *** | 1.827 ** | 15.678 | 1.360 |
| | （5.54） | （4.41） | （2.27） | （0.98） | （0.41） |
| *Str* | −5.076 *** | −0.606 ** | −6.090 | −7.864 | −1.941 |
| | （−5.16） | （−2.04） | （−1.53） | （−1.08） | （−1.24） |
| *Open* | −8.219 *** | 1.200 * | 3.010 | −7.410 | 6.360 |
| | （−2.87） | （1.72） | （1.09） | （1.52） | （0.58） |
| *Edu* | 1.112 *** | 9.532 *** | 6.406 *** | 1.784 | 2.849 |
| | （10.51） | （3.54） | （3.28） | （0.82） | （0.92） |
| 常数项 | −2.168 *** | −2.424 *** | −2.096 *** | −2.033 *** | −3.652 *** |
| | （−6.20） | （−4.39） | （−4.62） | （−4.66） | （−4.72） |
| 年份固定效应 | 控制 | 控制 | 控制 | 控制 | 控制 |
| 城市固定效应 | 控制 | 控制 | 控制 | 控制 | 控制 |
| 观测值 | 1592 | 1592 | 1592 | 1592 | 1592 |
| Adj_ $R^2$ | 0.127 | 0.166 | 0.320 | 0.468 | 0.599 |

注：括号内为 t 值，***、**、* 分别表示在 1%、5% 和 10% 的水平下显著。

## 五　异质性分析

为排除区域性差异对本实验的影响，需要进行异质性分析，验证历史文化名城基因对文化产业发展的影响不具有偶然性及特殊性。下面从区域、财政支持力度等层面，对不同子样本进行异质性分析。

## （一）区域异质性分析

根据前文的地理区域划分，将 199 个样本城市的数据进行分组，即根据城市所在的省份，划分到东部、中部、西部和东北四大区域，然后比较不同区域的历史文化名城基因对文化产业发展的影响差异。从表 5-12、表 5-13 和表 5-14 可以看出，不同区域的历史文化名城基因对文化产业财政支出、文化产业从业人数以及文化产业营业收入的影响仍然显著为正，而且几组系数通过了组间系数差异检验，表明不同区域历史文化名城基因对文化产业发展的影响的确存在差异。具体而言，东部地区的影响最为显著，其次是西部和中部地区，而东北地区的影响系数相对较低。

表 5-12　历史文化名城基因对文化产业财政支出影响的区域异质性

| 变量 | 东部 | 中部 | 西部 | 东北 |
|---|---|---|---|---|
| | Gcul | Gcul | Gcul | Gcul |
| Score | 0.104 *** | 0.020 *** | 0.079 *** | 0.002 * |
| | （3.94） | （6.17） | （4.42） | （1.66） |
| Gdp | −0.004 | −0.034 *** | 0.005 | −0.027 *** |
| | （−0.81） | （−11.56） | （0.36） | （−6.79） |
| Fin | 0.004 | 0.022 *** | 0.004 | 0.009 *** |
| | （1.57） | （8.69） | （0.39） | （3.46） |
| Gov | −0.001 *** | −0.431 *** | −0.029 | 0.009 |
| | （−2.78） | （−20.00） | （−0.39） | （0.83） |
| Str | −0.001 | −0.002 *** | 0.026 *** | −0.004 *** |
| | （−0.96） | （−4.51） | （3.05） | （−2.68） |
| Open | −29.83 | 307.300 *** | −95.37 | −22.30 * |
| | （−1.36） | （6.33） | （−1.32） | （−1.66） |
| Edu | −0.007 *** | −0.011 *** | −0.007 | −0.003 * |
| | （−3.55） | （−7.47） | （−1.09） | （−1.71） |

续表

| 变量 | 东部 | 中部 | 西部 | 东北 |
|------|------|------|------|------|
| | Gcul | Gcul | Gcul | Gcul |
| 常数项 | 0.161*** | 0.538*** | 0.042 | 0.365*** |
| | (3.33) | (15.17) | (0.27) | (7.53) |
| 观测值 | 608 | 504 | 384 | 96 |
| Adj_R² | 0.053 | 0.560 | 0.069 | 0.567 |

注：括号内为 t 值，***、**、*分别表示在 1%、5%和 10%的水平下显著。

表 5-13　历史文化名城基因对文化产业从业人数影响的区域异质性

| 变量 | 东部 | 中部 | 西部 | 东北 |
|------|------|------|------|------|
| | Pcul | Pcul | Pcul | Pcul |
| Score | 0.554*** | 0.399*** | 0.104* | 0.050 |
| | (6.09) | (7.22) | (1.71) | (1.62) |
| Gdp | 0.235*** | 0.420*** | 0.380*** | 0.661*** |
| | (3.93) | (8.28) | (7.34) | (7.06) |
| Fin | 0.186*** | 0.118*** | 0.225*** | 0.285*** |
| | (5.11) | (2.75) | (7.02) | (4.44) |
| Gov | -0.001 | -0.239 | -0.324 | -0.697*** |
| | (-1.62) | (-0.65) | (-1.26) | (-2.66) |
| Str | -0.022 | -0.045*** | -0.0859*** | -0.243*** |
| | (-1.13) | (-4.41) | (-2.93) | (-6.74) |
| Open | 74.090 | -829.300 | -4.413* | 9.312*** |
| | (0.26) | (-1.00) | (-1.82) | (2.95) |
| Edu | 0.762*** | 0.453*** | 0.537*** | 0.451*** |
| | (30.22) | (18.73) | (24.40) | (12.10) |
| 常数项 | -3.392*** | -2.526*** | -2.692*** | -4.230*** |
| | (-5.44) | (-4.16) | (-5.06) | (-3.71) |
| 观测值 | 608 | 504 | 384 | 96 |
| Adj_R² | 0.710 | 0.614 | 0.808 | 0.912 |

注：括号内为 t 值，***、**、*分别表示在 1%、5%和 10%的水平下显著。

表 5-14　历史文化名城基因对文化产业营业收入影响的区域异质性

| 变量 | 东部 | 中部 | 西部 | 东北 |
|---|---|---|---|---|
| | *Icul* | *Icul* | *Icul* | *Icul* |
| *Score* | 1.146*** | 0.056** | 1.022*** | 0.300 |
| | (5.10) | (2.33) | (3.92) | (0.94) |
| *Gdp* | 1.196*** | 0.975*** | 1.034** | 1.088*** |
| | (4.38) | (6.36) | (2.36) | (2.97) |
| *Fin* | 1.331*** | 0.496*** | -0.577** | -0.774*** |
| | (8.00) | (3.84) | (-2.11) | (-3.08) |
| *Gov* | 0.001** | -0.226 | -6.19*** | -5.762*** |
| | (2.58) | (-0.20) | (-2.85) | (-5.61) |
| *Str* | -0.534*** | -0.095*** | -0.632** | 0.766*** |
| | (-5.89) | (-3.07) | (-2.54) | (5.42) |
| *Open* | -2.609** | 1.118*** | -2.618 | -1.413 |
| | (-2.01) | (7.58) | (-1.26) | (-0.11) |
| *Edu* | 1.272*** | 0.578*** | 0.466** | 0.963*** |
| | (11.03) | (7.91) | (2.50) | (6.60) |
| 常数项 | -16.95*** | -7.890*** | -10.060** | -13.670*** |
| | (-5.94) | (-4.30) | (-2.23) | (-3.07) |
| 观测值 | 608 | 504 | 384 | 96 |
| Adj_ $R^2$ | 0.350 | 0.327 | 0.170 | 0.846 |

注：括号内为 t 值，＊＊＊、＊＊、＊分别表示在 1%、5% 和 10% 的水平下显著。

## （二）财政支持力度的异质性分析

文化产业具有产业属性和意识形态双重属性，政府的财政支持对文化产业发展非常重要，尤其是在产业发展的初期。表 5-15 说明在政府财政支持力度不同的条件下，历史文化名城基因对文化产业发展的影响。其中，财政支持力度较高的地区，历史文化名城基因对文化产业发展的影响更为显著。其可能的原因是，首先，政府的财政支持为文化产业的发展提供了必要的资金保障。在文化产业发展初期，由于市场尚未完全打开，盈利模式尚不明朗，企业往往面临着较大的资金压力和经营风险。此时，政府的财政支持有助于帮助企业渡过难关，推动文化产业项目的顺利落地和持续发展。其次，政府的财政支持还能够引导文化产业的投资方向和发展重点。在财政资金的引导下，更多的社会资本和资源会被吸引到具有历史文化名城基因的文化产业项目中来，从而加速这些项目的孵化和成长。这种资源的集聚效应不仅能够提升文化产业的整体竞争力，还能够促进文化产业内部的优胜劣汰和转型升级。

表 5-15　不同财政支持力度情况下的异质性分析

| 财政支持力度 | Gcul | | Pcul | | Icul | |
|---|---|---|---|---|---|---|
| | 高 | 低 | 高 | 低 | 高 | 低 |
| Score | $0.021^{***}$ | $0.008^{***}$ | $0.331^{**}$ | $0.192^{***}$ | $1.139^{***}$ | $0.779^{**}$ |
| | (2.59) | (2.61) | (2.25) | (4.48) | (3.59) | (2.42) |
| Gdp | $0.030^{***}$ | $-0.010^{***}$ | $0.492^{***}$ | $0.264^{***}$ | $1.116^{***}$ | $1.946^{***}$ |
| | (-3.49) | (-4.23) | (11.39) | (7.65) | (4.47) | (7.53) |
| Fin | $0.01^{*}$ | $0.017^{***}$ | $0.116^{***}$ | $0.165^{***}$ | $0.593^{***}$ | $0.483^{***}$ |
| | (1.74) | (9.99) | (4.01) | (6.63) | (3.54) | (-2.61) |
| Gov | -0.003 | $-0.097^{***}$ | -0.014 | -0.172 | 0.001 | -1.919 |
| | (-1.24) | (-8.88) | (-1.28) | (-1.09) | (1.03) | (-1.63) |
| Str | 0.003 | $-0.001^{**}$ | $-0.035^{**}$ | $-0.035^{***}$ | $0.374^{***}$ | 0.000 |
| | (1.01) | (-2.31) | (-2.05) | (-4.10) | (-3.80) | (1.07) |
| Open | $123.1^{**}$ | $30.54^{**}$ | -186.8 | -247.8 | 1.116 | $3.317^{**}$ |
| | (-2.33) | (2.36) | (-0.69) | (-1.32) | (0.71) | (-2.37) |
| Edu | $0.019^{***}$ | $-0.007^{***}$ | $0.683^{***}$ | $0.342^{***}$ | $0.811^{***}$ | $0.696^{***}$ |
| | (-5.04) | (-5.52) | (35.43) | (19.37) | (7.28) | (5.26) |
| 常数项 | $0.597^{***}$ | $0.214^{***}$ | $5.309^{***}$ | 0.249 | $11.44^{***}$ | $21.73^{***}$ |
| | (6.78) | (7.95) | (-11.84) | (0.64) | (-4.41) | (-7.48) |
| 年份固定效应 | 控制 | 控制 | 控制 | 控制 | 控制 | 控制 |
| 城市固定效应 | 控制 | 控制 | 控制 | 控制 | 控制 | 控制 |

| | Gcul | | Pcul | | Icul | |
| --- | --- | --- | --- | --- | --- | --- |
| 观测值 | 796 | 796 | 796 | 796 | 796 | 796 |
| Adj_$R^2$ | 0.060 | 0.142 | 0.720 | 0.455 | 0.193 | 0.153 |

注：括号内为 t 值，\*\*\*、\*\*、\* 分别表示在 1%、5% 和 10% 的水平下显著。

## 第二节 历史文化名城基因影响文化产业发展的机制检验

上节实证分析了历史文化名城基因对文化产业发展的影响，但历史文化名城基因通过何种途径影响文化产业发展，有待进一步的实证检验。本节根据第二章的机理分析，以文化消费为机制变量，实证检验历史文化名城基因通过文化消费影响文化产业发展的机制路径。

### 一 机制分析和模型设定

（一）机制分析

上一节实证分析了历史文化名城基因对文化产业发展的影响效应，本节主要揭示文化消费在其中的作用机制，下面主要从历史文化名城基因影响文化消费，文化消费对文化产业发展的影响两个方面来简要阐述其作用机理，并在后续进行实证检验。

首先，历史文化名城基因影响文化消费。结合前述的理论机理，可以得知历史文化名城作为一座特殊的城市，其基因蕴含大量历史文化信息，这些信息经过历史的沉淀，逐渐渗透到人们的日常生活中，对人们的消费倾向产生影响，促进文化消费偏好的形成，进而通过消费具有传承信息的文化产品，提高文化消费能力。此外，在历史文化名城基因不断演变发展的过程中，其不断吸收新的文化信息，并保留了传统文化基因的特点，从而形成了复杂的文化基因结构，最终表现在不同种类的文化物品上，最终决定了文化消费的多样化需求结构。同时，人们从致力于获得物质生活需求的满足，转变到追求精神消费，文化消费是一种非常好的精神消费载体。因此，人们对文化物品种类的丰富程度要求也越来越高，形成了不同层次的文化消费需求，而历史文化名城基因的基因结构从根本上决定了这些消费结构。

其次，文化消费成为文化产业发展的重要驱动力。一是文化消费需求结构带动了文化产业结构的调整，促进了文化产业结构的变迁与升级。在人类社会发展初期，人们主要致力于获得物质生活需求的满足，随着居民收入水平的提高，物质消费占总消费的比重逐渐降低，文化、娱乐等精神消费快速增长。党的十九大报告明确指出："中国特色社会主义进入新时代，我国社会主要矛盾已经转化为人民日益增长的美好生活需要和不平衡不充分的发展之间的矛盾。"这意味着，人们的消费需求已经从满足基本物质需求转向追求精神消费。文化消费作为精神消费的一种形式，成为推动产业转型升级的新动能。人们在进行文化消费的过程中，要与文化产品的生产者、提供者以至文化产业发生联系。为了更好地满足人们日益增加的文化需求，文化产业在不断适应中得到发展。文化消费结构的日益多元化促使文化产业链条不断延伸。近年来，人民群众旺盛的旅游需求，给旅游产业和与其相关的上下游产业都带来了巨大的发展机会；越来越多的人不断趋向于品鉴不同种类的电影，带来了电影票房的不断攀升，从而促进了电影创作、电影生产、电影院等一系列文化产业链条的结构升级。二是文化消费差异推动了文化产业多样化地域布局的形成。我国地大物博，文化消费呈现区域多样性。比如，旅游纪念品消费是一种常见的文化消费，不同地域的文化旅游产业有不同种类的旅游纪念品。北京天坛纪念邮票、江西景德镇瓷器和西安兵马俑模型等，从造型、设计、形式到内容、文化、意义都直观地传达了文化消费的地域性差别。这些独具特色的旅游纪念品消费推动形成了文化消费的区域性差别。

（二）模型设定

在上述历史文化名城基因、文化消费和文化产业发展作用机理阐述的基础上，本部分运用具体的模型进行实证检验。为了实证检验文化消费的机制作用，选择中介效应模型，模型设定如下：

$$Consume_{it} = \beta_0 + \beta_4 \times Score_{it} + controls + \mu_t + \gamma_i + \varepsilon_{it} \tag{5-14}$$

$$cul_{it} = \beta_0 + \beta_5 \times Score_{it} + \beta_6 Consume_{it} + controls + \mu_t + \gamma_i + \varepsilon_{it} \tag{5-15}$$

其中，$i$ 代表城市，$t$ 代表年份，$Consume_{it}$ 为文化消费水平，其他变量的定义与上一节保持一致。若 $\beta_4$ 和 $\beta_6$ 显著不为零，则表示中介效应成立，同时，若 $\beta_5$ 显著，则表示存在部分中介效应，若 $\beta_5$ 不显著，则表示存在完全中介效应。

## 二 描述性统计和相关性分析

（一）描述性统计

本部分研究主要采用机制变量、解释变量和控制变量。每种变量的详细说明如下。

机制变量：文化消费水平。本节用各城市居民人均文化消费支出来衡量文化消费水平。文化消费水平的数据主要来源于《中国文化及相关产业统计年鉴》和各城市的文化和旅游局官网。

解释变量和控制变量的具体度量方法与上一节一致，在此不再赘述。

主要变量的描述性统计结果见表 5-16。其中，文化消费水平的均值为 2605.59 元，标准差为 970.39 元，最大值为最小值的 9.76 倍，可见，不同城市的文化消费水平存在较大差异。2014 年，西安的人均文化消费支出为 2632.2 元，到 2021 年，西安的人均文化消费支出达到 3300.4 元，年均增速为 0.55%。总体而言，西安的文化消费水平高于整体均值。

表 5-16    主要变量的描述性统计

| 变量 | 观察值 | 平均值 | 标准差 | 最小值 | 最大值 |
|---|---|---|---|---|---|
| 文化产业财政支出（Gcul） | 1592 | 0.0557 | 0.1089 | 0.0000 | 2.6155 |
| 文化产业从业人数（Pcul） | 1592 | 7.6929 | 1.1772 | 4.6151 | 12.2644 |
| 文化产业营业收入（Icul） | 1592 | 0.0144 | 0.0439 | 0.0000 | 0.7311 |
| 历史文化名城基因水平（Score） | 1592 | 0.2571 | 0.0583 | 0.0000 | 0.5194 |
| 文化消费水平（Consume） | 1592 | 2605.5900 | 970.3900 | 787.7300 | 7688.0000 |
| 地区经济发展水平（Gdp） | 1592 | 11.1558 | 0.4892 | 9.6492 | 12.2891 |
| 金融发展水平（Fin） | 1592 | 1.5279 | 0.7443 | 0.0008 | 5.3047 |
| 政府主导程度（Gov） | 1592 | 9.6072 | 133.2216 | 0.0140 | 2062.8940 |
| 产业结构（Str） | 1592 | 1.5969 | 1.7309 | 0.0001 | 21.3322 |
| 对外开放水平（Open） | 1592 | 0.2357 | 0.0365 | 0.1025 | 0.5642 |
| 文化教育水平（Edu） | 1592 | 10.9612 | 1.2735 | 7.7420 | 14.5116 |

（二）相关性分析

在进行回归分析之前，先进行相关性分析，计算得知，历史文化名城基因与文化消费水平的相关系数为 0.653，且在 1% 的水平下显著。有关两者的散点图和拟合线见图 5-2。相关性分析初步预示了历史文化名城基因与文化消费之间的潜在关系。

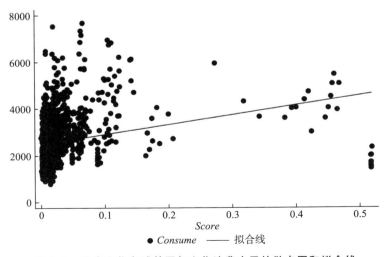

图 5-2    历史文化名城基因与文化消费水平的散点图和拟合线

## 三　机制检验结果分析

基于式（5-14）和式（5-15），进行机制检验，具体结果见表5-17、表5-18和表5-19。在表5-17中，以文化产业财政支出为被解释变量，由表5-17列（2）的数据可知，历史文化名城基因水平对文化消费水平的影响系数为0.121，且在5%的水平下显著，在列（3）中，当在模型中同时加入历史文化名城基因水平和文化消费水平时，历史文化名城基因水平的系数为4.422，且在1%的水平下显著，文化消费水平的系数为0.295，且在5%的水平下显著，可见文化消费在历史文化名城基因对文化产业发展的影响中起到部分中介作用。历史文化基因作为城市集体记忆的重要组成部分，蕴含丰富的文化内涵，这些基因通过城市的历史遗迹、博物馆、文化景观、非物质文化遗产等具体形式进行丰富的表达，使身处其中的居民和游客能够切身感受到城市的文化底蕴，而这种文化认同感能够激发人们的文化消费欲望，促使他们积极参与各种文化消费实践。

表 5-17　机制检验结果（以 $\ln Gcul$ 为例）

| 变量 | （1）<br>$\ln Gcul$ | （2）<br>$Consume$ | （3）<br>$\ln Gcul$ |
|---|---|---|---|
| $Score$ | 4.456*** | 0.121** | 4.422*** |
|  | (14.77) | (2.40) | (14.66) |
| $Consume$ |  |  | 0.295** |
|  |  |  | (2.00) |
| $Gdp$ | 0.517*** | 0.183*** | 0.452*** |
|  | (13.28) | (27.99) | (9.90) |
| $Fin$ | 0.174*** | 0.030*** | 0.161*** |
|  | (6.98) | (7.20) | (6.41) |
| $Gov$ | 0.000** | 0.000*** | 0.000** |
|  | (2.37) | (2.90) | (2.29) |

| 变量 | （1）<br>lnGcul | （2）<br>Consume | （3）<br>lnGcul |
|---|---|---|---|
| Str | −0.033 *** | −0.010 *** | −0.025 ** |
| | （−3.18） | （−5.86） | （−2.54） |
| Open | −67.965 | −5.960 | −51.013 |
| | （−0.33） | （−0.17） | （−0.25） |
| Edu | 0.285 *** | 0.008 *** | 0.288 *** |
| | （16.97） | （2.82） | （17.53） |
| 常数项 | 0.249 *** | 1.211 *** | 1.491 *** |
| | （0.07） | （18.53） | （3.51） |
| 年份固定效应 | 控制 | 控制 | 控制 |
| 城市固定效应 | 控制 | 控制 | 控制 |
| 观测值 | 1592 | 1592 | 1592 |
| Adj_R$^2$ | 0.551 | 0.465 | 0.552 |

注：括号内为 t 值，*** 、** 、* 分别表示在 1%、5% 和 10% 的水平下显著。

同理，以文化产业从业人数为被解释变量进行深入分析，其具体回归结果见表 5-18。这张表为我们呈现了历史文化名城基因、文化消费与文化产业从业人数之间的关系。在表 5-18 中，通过列（2）的数据可以看出，历史文化名城基因水平对文化消费水平的影响系数为 0.121，且在 5% 的水平下显著，这意味着历史文化名城基因对文化消费具有显著的正向影响，即一个城市如果拥有更为深厚的历史文化底蕴，那么其文化消费水平往往也会更高。在列（3）中，当在模型中同时加入历史文化名城基因水平和文化消费水平时，历史文化名城基因水平的系数为 4.094，在 1% 的水平下显著，且文化消费水平的系数为 0.309，在 5% 的水平下显著，这一结果不仅再次证实了历史文化名城基因对文化产业发展的直接正向影响，还揭示了一个重要的中介效应：文化消费在历史文化名城基因对文化产业发展的影响中起到了部分中介作用。

历史文化名城基因不仅直接促进了文化产业的发展，还通过激发文化消费这一中介环节，进一步推动了文化产业从业人数的增加和整个行业的繁荣。历史文化基因作为城市宝贵的文化消费资源，通过深入挖掘和合理利用，可以转化为具有城市特色的文化产品。这些产品如历史题材的图书、电影、纪录片以及博物馆纪念品等，不仅满足了人们日益增长的文化消费需求，还极大地提升了城市的知名度和美誉度。

表 5-18　机制检验结果（以 ln*Pcul* 为例）

| 变量 | (1)<br>ln*Pcul* | (2)<br>*Consume* | (3)<br>ln*Pcul* |
|---|---|---|---|
| *Score* | 4.108*** | 0.121** | 4.094*** |
| | (15.28) | (2.40) | (15.16) |
| *Consume* | | | 0.309** |
| | | | (2.34) |
| *Gdp* | 0.533*** | 0.183*** | 0.444*** |
| | (15.37) | (27.99) | (10.86) |
| *Fin* | 0.182*** | 0.030*** | 0.167*** |
| | (8.17) | (7.20) | (7.40) |
| *Gov* | 0.000 | 0.000*** | 0.000 |
| | (0.08) | (2.90) | (0.06) |
| *Str* | −0.037*** | −0.010*** | −0.020** |
| | (−4.01) | (−5.86) | (−2.31) |
| *Open* | −511.358*** | −5.960 | −453.512** |
| | (−2.77) | (−0.17) | (−2.46) |
| *Edu* | 0.556*** | 0.008*** | 0.566*** |
| | (37.20) | (2.82) | (38.46) |
| 常数项 | −4.717*** | 1.211*** | −4.815*** |
| | (0.35) | (18.53) | (−12.64) |
| 年份固定效应 | 控制 | 控制 | 控制 |
| 城市固定效应 | 控制 | 控制 | 控制 |
| 观测值 | 1592 | 1592 | 1592 |

| 变量 | （1）<br>ln*Pcul* | （2）<br>*Consume* | （3）<br>ln*Pcul* |
|---|---|---|---|
| Adj_$R^2$ | 0.761 | 0.465 | 0.759 |

注：括号内为 t 值，＊＊＊、＊＊、＊分别表示在 1%、5% 和 10% 的水平下显著。

以文化产业营业收入为被解释变量，其具体回归结果见表 5-19。这张表反映的是历史文化名城基因、文化消费与文化产业营业收入之间的关系。从表 5-19 的列（2）可以看出，历史文化名城基因水平对文化消费水平的影响系数为 0.121，且在 5% 的水平下显著，进一步确认了历史文化名城基因对文化消费的正向促进作用。在列（3）中，当在模型中同时加入历史文化名城基因水平和文化消费水平时，历史文化名城基因水平的系数为 1.777，但不显著，文化消费水平的系数为 1.101，在 1% 的水平下显著，这一结果意味着，在影响文化产业营业收入的过程中，文化消费扮演了一个完全中介的角色。换句话说，历史文化名城基因对文化产业营业收入的直接影响变得不再显著，而是通过文化消费这一中介变量间接地发挥作用。可见，历史文化名城基因作为城市的文化底蕴和独特资源，虽然本身具有巨大的价值，但如果不经过有效转化和利用，这些基因就难以直接转化为文化产业的经济收益。而文化消费正是这一转化过程中的关键环节。通过文化消费，历史文化名城基因得以被广大消费者所认知和接受，进而转化为具体的文化产品和服务。这些产品和服务不仅满足了消费者的文化需求，还通过市场机制的运作，为文化产业带来了可观的营业收入。

表 5-19　机制检验结果（以 ln*Icul* 为例）

| 变量 | ln*Icul* | *Consume* | ln*Icul* |
|---|---|---|---|
| *Score* | 4.744＊＊＊<br>（6.90） | 0.121＊＊<br>（2.40） | 1.777<br>（1.01） |

续表

| 变量 | ln*Icul* | *Consume* | ln*Icul* |
|------|---------|----------|---------|
| *Consume* | | | 1. 101 *** |
| | | | (4. 48) |
| *Gdp* | 1. 068 *** | 0. 183 *** | 0. 888 *** |
| | (9. 56) | (27. 99) | (7. 95) |
| *Fin* | 0. 395 *** | 0. 030 *** | 0. 084 |
| | (5. 77) | (7. 20) | (1. 31) |
| *Gov* | 0. 000 | 0. 000 *** | -0. 000 |
| | (0. 03) | (2. 90) | (-0. 24) |
| *Str* | -0. 077 *** | -0. 010 *** | -0. 047 |
| | (-3. 27) | (-5. 86) | (-1. 15) |
| *Open* | 1671. 655 ** | -5. 960 | 53. 347 |
| | (2. 12) | (-0. 17) | (0. 11) |
| *Edu* | 0. 716 *** | 0. 008 *** | 0. 097 |
| | (17. 23) | (2. 82) | (0. 97) |
| 常数项 | -0. 011 | 1. 211 *** | -2. 121 * |
| | (0. 03) | (18. 53) | (-1. 69) |
| 年份固定效应 | 控制 | 控制 | 控制 |
| 城市固定效应 | 控制 | 控制 | 控制 |
| 观测值 | 1592 | 1592 | 1592 |
| Adj_ $R^2$ | 0. 515 | 0. 465 | 0. 930 |

注：括号内为 t 值，*** 、 ** 、 * 分别表示在 1%、5% 和 10% 的水平下显著。

## 四  异质性分析

### (一) 影响机制的区域异质性分析

根据地理区域的划分标准，将选定的 199 个城市划分到东部、中部、西部和东北四大区域，这一分类不仅有助于我们更细致地观察和分析不同区域的文化产业发展特点，还能让我们深入探究文化消费在不同区域中影响机制的差异性。从表 5-20 和表 5-21 可以看出，历史文化名城基因对文化消费的影响仍然显著，且相对而言，东部地区的影响最为显著，其次是中部地区，西部和东北地区的影响系数相对较低。东部地区的数字基础设施相对发达，有利于加速历史文化基因形成文化消费新业态和新模式，为市场提供了更多的文化消费选择。与此同时，东部地区的金融市场也相对成熟和发达。这为文化产业的发展提供了充足的资金支持和良好的投融资环境。在资金的有力推动下，东部地区能够更快速推进文化产业的创新升级和规模化发展，从而进一步放大历史文化名城基因对文化消费的促进作用。相比之下，中部地区虽然也表现出显著的影响，但其影响系数略低于东部地区。这可能与中部地区的经济发展水平相对较低有关。而西部和东北地区的影响系数则相对更低，这可能与这些地区的地理位置、经济发展水平、文化背景以及市场成熟度等多种因素有关。这些因素共同制约了历史文化名城基因在这些地区对文化消费的促进作用。

表 5-20　影响机制的区域异质性（东部和中部地区）

| 变量 | 东部 | | 中部 | |
|---|---|---|---|---|
| | *Consume* | ln*Gcul* | *Consume* | ln*Gcul* |
| | （1） | （2） | （3） | （4） |
| *Score* | 0.815*** | 6.001*** | 0.671*** | 0.957*** |
| | （4.50） | （18.11） | （5.33） | （2.92） |
| *Consume* | | 1.041*** | | 0.173 |
| | | （5.65） | | （0.86） |
| *Gdp* | 0.213*** | 0.265*** | 0.190*** | 0.046 |
| | （15.49） | （3.88） | （14.53） | （0.73） |
| *Fin* | 0.046*** | 0.208*** | 0.026*** | 0.222*** |
| | （6.10） | （5.97） | （3.06） | （6.19） |
| *Gov* | 0.000*** | −0.000 | −0.107 | −0.101 |
| | （3.75） | （−0.51） | （−1.38） | （−0.29） |

续表

| 变量 | 东部 | | 中部 | |
|------|------|------|------|------|
| | *Consume* | ln*Gcul* | *Consume* | ln*Gcul* |
| | （1） | （2） | （3） | （4） |
| *Str* | −0.019*** | 0.024 | −0.007*** | −0.048*** |
| | （−5.32） | （1.43） | （−3.72） | （−5.31） |
| *Open* | −18.795 | 526.962** | 98.64 | 802.882 |
| | （−0.33） | （2.00） | （0.49） | （0.92） |
| *Edu* | 0.024*** | 0.150*** | −0.004 | 0.293*** |
| | （4.56） | （6.40） | （−0.82） | （13.36） |
| 常数项 | 0.749*** | 2.625*** | 1.245*** | 6.195*** |
| | （5.03） | （4.64） | （8.13） | （9.37） |
| 年份固定效应 | 控制 | 控制 | 控制 | 控制 |
| 城市固定效应 | 控制 | 控制 | 控制 | 控制 |
| 观测值 | 608 | 608 | 504 | 504 |
| Adj_$R^2$ | 0.607 | 0.714 | 0.427 | 0.501 |

注：括号内为 t 值，***、**、* 分别表示在 1%、5% 和 10% 的水平下显著。

对比表 5-20 和表 5-21 的列（2）和列（4）可以看出，当在模型中同时加入历史文化名城基因水平和文化消费水平时，文化消费水平的系数仅在东部地区显著，在其他三个区域均不显著，可见，其他三个区域尚未充分利用文化消费的作用来推动文化产业发展。

表 5-21　影响机制的区域异质性（西部和东北地区）

| 变量 | 西部 | | 东北 | |
|------|------|------|------|------|
| | *Consume* | ln*Gcul* | *Consume* | ln*Gcul* |
| | （1） | （2） | （3） | （4） |
| *Score* | 0.464** | 17.032*** | 0.231** | 1.038*** |
| | （2.13） | （7.06） | （1.98） | （4.35） |

续表

| 变量 | 西部 | | 东北 | |
|---|---|---|---|---|
| | *Consume* | ln*Gcul* | *Consume* | ln*Gcul* |
| | （1） | （2） | （3） | （4） |
| *Consume* | | 0.677 | | 1.20 |
| | | （1.56） | | （1.25） |
| *Gdp* | 0.118 *** | 0.429 *** | 0.256 *** | 0.235 *** |
| | （8.36） | （3.63） | （6.23） | （5.23） |
| *Fin* | 0.025 *** | 0.113 ** | 0.098 *** | 1.230 * |
| | （3.67） | （2.12） | （4.55） | （1.85） |
| *Gov* | 0.022 | 0.492 * | 0.058 | 2.120 * |
| | （0.35） | （1.65） | （1.35） | （1.78） |
| *Str* | −0.015 ** | −0.019 | 0.081 ** | 0.981 |
| | （−2.14） | （−0.39） | （2.03） | （1.62） |
| *Open* | −29.155 | −7.86 *** | −3.25 | 1.322 ** |
| | （−0.87） | （−5.40） | （−1.25） | （2.03） |
| *Edu* | 0.011 ** | 0.245 *** | 1.02 | 0.225 *** |
| | （2.06） | （6.09） | （1.58） | （5.09） |
| 常数项 | 1.920 *** | 5.162 *** | 1.10 *** | 1.142 *** |
| | （13.33） | （3.93） | （10.01） | （4.65） |
| 年份固定效应 | 控制 | 控制 | 控制 | 控制 |
| 城市固定效应 | 控制 | 控制 | 控制 | 控制 |
| 观测值 | 384 | 384 | 96 | 96 |
| Adj_$R^2$ | 0.366 | 0.506 | 0.425 | 0.526 |

注：括号内为 t 值，***、**、* 分别表示在 1%、5% 和 10% 的水平下显著。

## （二）影响机制的财政支持异质性

政府的财政支持在文化产业及文化消费的培育与发展过程中，扮演着至关重要的角色，特别是在文化产业尚处于萌芽与成长初期时，其作用更是不可或缺。为了深入探究政府财政支持水平对历史文化名城基因影响文化消费的具体效应，我们以财政支出水平的中位数为基准，将整体样本一分为二，形成了高财政支持力度和低财政支持力度两个具有对比性的子样本。表5-22展示了在政府财政支持力度不同的情境下，历史文化名城基因对文化消费影响的回归结果。结果表明，在高财政支持力度地区，历史文化名城基因对文化消费产生了显著推动作用，其影响系数为正，这充分说明了在高水平的财政支持下，历史文化名城所蕴含的独特文化基因能够得到有效挖掘与利用，进而转化为促进文化消费增长的重要动力。这些地区凭借丰富的历史文化资源和充足的财政支持，成功地将历史文化名城基因融入文化产品和服务之中，打造出一系列具有地方特色和历史文化底蕴的文化消费项目，有效激发了消费者的文化消费热情，推动了文化市场的繁荣与发展。

**表 5-22　影响机制的财政支持异质性分析**

| 变量 | 低财政支持力度 | | 高财政支持力度 | |
|---|---|---|---|---|
| | *Consume* | ln*Gcul* | *Consume* | ln*Gcul* |
| *Score* | 79.5*** | 4.130*** | 196.7*** | 5.326*** |
| | (3.80) | (6.90) | (3.89) | (13.67) |
| *Consume* | | 0.758*** | | 1.210*** |
| | | (3.60) | | (5.01) |
| *Gdp* | 9.649*** | 0.240*** | 1.327*** | 0.634*** |
| | (25.42) | (3.14) | (24.58) | (9.49) |
| *Fin* | 137.8*** | −0.011 | 173.8*** | 0.327*** |
| | (5.05) | (−0.32) | (4.81) | (9.21) |
| *Gov* | 0.849 | 1.128 | 0.131 | 0.702*** |
| | (0.90) | (1.48) | (0.86) | (3.44) |
| *Str* | −41.92*** | −0.028 | −88.31*** | −0.030*** |
| | (−4.45) | (−1.31) | (−4.15) | (−2.80) |
| *Open* | 7.680*** | 1689.833*** | 1.137*** | −760.401*** |
| | (3.74) | (4.23) | (3.38) | (−3.24) |

续表

| 变量 | 低财政支持力度 | | 高财政支持力度 | |
|---|---|---|---|---|
| | *Consume* | ln*Gcul* | *Consume* | ln*Gcul* |
| *Edu* | 32.70* | 0.349*** | 47.97** | 0.244*** |
| | (1.68) | (14.72) | (1.99) | (10.68) |
| 常数项 | −9.224*** | 1.687** | −1.332*** | 1.244* |
| | (−21.58) | (2.53) | (−23.74) | (1.89) |
| 年份固定效应 | 控制 | 控制 | 控制 | 控制 |
| 城市固定效应 | 控制 | 控制 | 控制 | 控制 |
| 观测值 | 780 | 780 | 812 | 812 |
| Adj_$R^2$ | 0.403 | 0.536 | 0.485 | 0.591 |

注：括号内为 t 值，\*\*\*、\*\*、\* 分别表示在 1%、5% 和 10% 的水平下显著。

# 第六章　基于历史文化名城基因的西安
## 文化产业现代化发展战略

推动中华文化繁荣兴盛必须根植于中华优秀传统文化，大力发展文化产业，深刻认知中华民族的文化基因。历史文化名城浓缩了中华优秀传统文化的精华，是发展文化产业的重要基础条件，挖掘认知历史文化名城基因有利于更快更好地推动文化产业发展。作为中国历史文化名城代表之一的西安，其文化产业发展对于中国文化产业发展和中华优秀传统文化传承发展有特殊意义。本章从战略角度探究西安基于鲜明的历史文化名城基因推动文化产业现代化发展的战略定位与具体路径和保障措施。

## 第一节　西安文化产业现代化发展的战略定位

发展战略的制定通常需要结合自身资源、现有基础以及参照对象等进行比较分析。西安是我国重要的国家中心城市，15 个副省级城市之一。西安文化产业发展战略主要应该结合自身情况以及与其他副省级城市的比较来确定。

### 一　我国 15 个副省级城市的文化产业发展战略概述

随着国家和地区对文化越来越重视，各城市纷纷实施"文化产业优先"战略，持续推进文化产业创新发展，不断加快产业结构调整和布局优化，以实现高质量增长，促进文化繁荣兴盛[166]。我国 15 个副省级城市先后确立了现代文化产业发展战略，具体如表 6-1 所示。

表 6-1　我国 15 个副省级城市的文化产业发展战略概览

| 城市 | 文化产业发展战略目标定位 |
|---|---|
| 广州 | 打造一批业态集聚、创新效应凸显的文化产业园区，培育一批具有核心竞争力的骨干文化企业，使文化产业成为引领支撑经济社会发展的强大引擎和重要增长极 |
| 深圳 | 打造精神气质鲜明突出、文化创新引领潮流、文化人才群英荟萃的国际文化创意先锋城市，努力建设与现代化国际化创新型城市相匹配的文化强市 |
| 杭州 | 加快形成创新驱动、优势突出、代表先进文化生产力的现代文化产业体系和市场体系，加快建设具有全球影响力的国际文化创意中心，力争为浙江高质量发展建设共同富裕示范区城市范例提供文化实践样本 |
| 宁波 | 建设成为国内一流的创意设计高地、文化智造基地、文化休闲胜地，旨在把宁波打造为全国一流的文化产业强市 |
| 厦门 | 充分发挥文化产业在厦门市建设国家高质量发展引领示范区中的独特作用，成为厦门建设高素质高颜值现代化国际化城市的重要支撑 |
| 济南 | "东亚文化之都"国际影响力显著增强，文化铸魂、文化赋能和旅游为民、旅游带动作用全面凸显，"文化济南"基本建成 |
| 青岛 | 立足国际滨海旅游目的地，建设国际化、高品质的海洋文化旅游城市；立足国际文化旅游交流枢纽，打造"一带一路"国际文旅合作交流桥头堡 |
| 武汉 | 形成产业实力突出、行业特色鲜明、空间布局合理、创新动能强劲、要素集聚充沛的文化产业发展格局；文化产业作为国民经济支柱性产业的地位不断提升 |
| 成都 | 大力发展信息产业、传媒产业、会展产业、创意设计产业、音乐产业、艺术品原创及演艺产业、非物质文化遗产生产性保护产业、广告产业、文化设备用品及服务产业，全面提升城市文化影响力和文化产业竞争力，建设西部文创中心，构建现代文创产业体系 |
| 西安 | 培育一批具有国际影响力的规模以上文化企业和知名品牌，建成一批国家级文化产业示范园区和基地，打造一批富有文化底蕴的世界级旅游景区和度假区 |
| 沈阳 | 以现代传媒、文化产品流通、文化产品及装备制造、文化教育培训等多领域为支撑，做大做强优势业态，打造现代文化产业体系，建设区域性文化创意中心 |
| 大连 | 建设成为具有重要国际影响力的文化强市，浪漫海湾名城闻名遐迩，文化产业成为重要的支柱性产业，城市文化软实力位居同类城市前列，时尚浪漫人文宜居气息更加浓厚，成为东北亚最具活力的城市之一 |

| 城市 | 文化产业发展战略目标定位 |
| --- | --- |
| 长春 | 打造国际电影全产业链基地和国际影视文旅创意城，构建以影视文旅为重点的现代文化产业体系，打造文化品牌高地 |
| 哈尔滨 | 构筑"冰雪胜地、音乐名城、时尚之都"城市文化发展定位，充分发掘丰厚的历史传统文化与自然生态文化资源，大力发展文化产业，把哈尔滨打造成为特色国际文化旅游集聚区、东北亚文化时尚之都，具体涵盖国际冰雪文化体验胜地、国际音乐之城、东北亚时尚文化中心、国家对外文化贸易基地、东北文化健康养生目的地 |
| 南京 | 重点发展互联网、设计、影视、演艺等文化业态，建设一批彰显古都文化底蕴的世界级旅游景区、度假区和特色文化休闲街区，放大园博园品牌效应，建成世界著名文化旅游城市 |

表6-1中的内容为我国15个副省级城市在不同时期（"十三五"到"十四五"时期）不同程度地结合诸如商贸中心、创新创意、历史文化、生态文化、传媒会展、文化创意、创意设计、影视产业、浪漫时尚以及区域中心等自身优势，形成的文化产业发展战略。有的提出了明确的定位和目标，有的则比较模糊，但是基本提出了文化产业发展的基本路径，并通过不断努力奋斗，纷纷取得了较好成绩。其中成都市和武汉市基于历史文化资源发展文化产业的经验做法值得借鉴。

**1. 成都武侯区三国创意园**

2021年商务部、中央宣传部、文化和旅游部、广电总局共同认定并发布的第二批国家文化出口基地公示名单中，成都市武侯区三国创意园（三国创意设计产业功能区）入选，是此次四川唯一入选的功能区，其成功做法值得借鉴。

一是以历史文脉为支撑，打响"三国圣地·智慧武侯"品牌。武侯历史文脉悠久、文化资源丰富。其中，驰名中外的武侯祠，是我国研究保护、开发创新、传播弘扬三国文化最重要的承载地。从文化底蕴来看，武侯区除了三国文化历史遗址武侯祠，还有着独特的三国地名典故和三国文化非遗民俗（洗面桥、衣冠庙、万里桥、桓侯巷等地名都来源于三国题材，非遗项目川剧中的三国戏达 150 余出），武侯祠锦里被评为"成渝十大文旅新地标"。区域内的红牌楼是古代以通商贸易为主的多功能文化交流通道，属南方丝绸之路起点段。武侯还拥有望江楼、薛涛井、四川大学等大量文化资源。2020 年武侯区接待游客 1975 万人次，实现旅游总收入 153 亿元，成功创建"天府旅游名县"。

立足于优质文化资源，该区通过发展文创产业、推动出口贸易，将资源优势逐渐转变为产业优势。截至 2020 年，全区文化创意产业报表单位共计 8000 余家，规模（限额）以上文创法人单位 240 余家，文创产业增加值 120.78 亿元，占 GDP 的比重为 9.8%，文创产品出口约 5.2 亿元，同比增长 62%。同时，武侯区也集聚了成都力方视觉科技有限公司、域上和美集团有限公司等国家文化出口重点企业和项目。为深入挖掘三国文化内涵，塑造三国文化 IP，三国创意园应运而生，以加速产业集聚、加快产业创新、加强区域合作的方式，持续提升"三国圣地·智慧武侯"的品牌影响力和国际美誉度，推动文化出口高质量发展。

二是以三国文化为本底，打造多元发展的产业体系。三国创意园成立于 2019 年 12 月，是成都市 66 个产业功能区之一，也是目前全国唯一以三国文化为本底，面向全球的文创产业功能区。功能区规划面积 15.03 平方千米，聚焦创意设计产业，重点发展城市设计、视觉设计、文博文旅，融合发展中高端商务、服务贸易等现代服务业，打造"三国文化传承地、体验消费目的地、特色文创承载地"。

从具体实践来看，三国创意园以三国文化为核心，采取"构建生态体系+打造载体平台+扩大文化出口"的方式，形成了业态丰富、多元发展的三国文化产业体系，区域内文化产业发展势头强劲，已集聚一批具有较强国际市场开拓能力的企业，三国文化 IP 具有较大的海外影响力。一方面，三国创意园携手河南南阳、陕西汉中、重庆奉节等地，联合成立三国文化联盟，构建多元化、多层次的文化出口体系，打造国际化三国文化超级 IP 集群；与四川大学等多所知名高校签订人才实训就业合作协议；争创国家版权创新发展基地，为保护传承创新三国文化聚势赋能。另一方面，投入近 10 亿元，收购并改造 9 万平方米的"文化+"高品质科创空间，打造集中展示文化内涵，培育文化原创 IP 的特色载体。目前，三国创意园与亚马逊、日本 EA、腾讯游戏、上海影创、中国动漫集团等全球 500 强、国内外行业头部企业深度合作，不断夯实文化出口基础、壮大文化出口矩阵。

三是以"金字招牌"为契机，探索提升文化软实力的"武侯实践"。在国家文化出口基地众多的申报区域中，三国创意园是在经过了第三方专业机构基础评价、专家评审和有关部门复核等一系列程序，凭借在产业集聚、公共配套、营商环境等方面的综合优势脱颖而出的。

获取"金字招牌"加快了三国创意园的建设步伐。"通过建设国家文化出口基地，功能区文化贸易产业的产业链、要素链、价值链、创新链、供应链加速融合，形成文化出口生态圈，刺激了区域经济的高质量发展。"三国创意园管委会相关负责人介绍说，功能区以三国文化出口为核心，结合天府文化、诗竹文化、南丝路文化，赋能研发和流通产业，融合科技手段，促进产业创新发展，丰富了文化出口的内涵。同时，联动南阳、汉中等三国文化名城，构建多元化、多层次的文化产品出口体系，提升了成都文化的国际影响力。"下一步，我们将以'123'机制为保障、以五大行动抓落实，高标准推进国家文化出口基地建设。"

"123"就是编制一个《三国文化出口基地发展规划》，用规划指引未来五年的国家文化出口基地建设；利用区块链技术建设线上数字交易平台、线下展示运营平台等两个平台；创新部门协同机制，创新监管和服务方式，健全完善扶持政策体系、统计监管体系、产业促进体系等三个体系。五大行动就是加快实施三国品牌塑造、市场主体招培、文化出口扩容、出口载体升级、服务创新赋能行动。计划用 5 年时间，把三国创意园建成品牌影响力大、产业集聚度高、贸易模式新、消费场景多、出口能级高的国家文化出口基地。力争到 2025 年，三国文化产品和服务年进出口额超 10 亿美元，增加国家重点文化出口企业 10 家以上，增加国家文化出口项目 10 个以上，成为国家文化出口的新兴增长极。面向未来，三国创意园将全力打造国际化的三国文化超级 IP 集群，讲述中国故事，传播中国文化，为全面提升中国文化软实力提供"武侯实践"和"武侯智慧"。

### 2. 武汉让红色资源"活"起来

武汉是一座拥有丰富党史资源和光荣革命传统的历史文化名城，发生了很多重大历史事件，在中华民族伟大复兴的征程中做出过巨大牺牲和重大贡献。京汉铁路工人大罢工、收回英租界、八七会议、抗日战争等一系列革命实践，孕育了武汉不畏强暴、敢于牺牲的大无畏革命精神，坚韧不拔、勇往直前的奋斗精神，这些精神铸就了武汉"英雄城市、英雄人民"的精神文化品格。拥有丰富红色资源和光荣革命传统的武汉，近年围绕"英雄城市红色传承"深入挖掘红色文化资源，积极创新方式方法。

一是博物馆打造不一样的"思政课堂"。在中国近现代历史的重要关头和转折时期，武汉三次成为全国革命中心，是中国共产党组织的重要发祥地之一、是人民军队建军的策源地。中共五大会址、中央农民运动讲习所旧址、八七会议会址、中共中央机关旧址……145 处红色遗存赓续红色血脉，22 处红色博物馆、纪念馆收藏革命文物和藏品 5 万余件套，其中珍贵文物和藏品 3700 余件套。如今，一座座博物馆已成为武汉开展党史学习教育、爱国主义教育和革命传统教育的重要阵地，人们循着故事来、带着信仰走。2023 年，武汉革命博物馆除了义务讲解员培育之外，又将思政课向高校延伸，联合武昌区委宣传部发起成立武昌高校马克思主义学院联盟，携手武汉大学、华中科技大学等 9 所知名高校打造"红巷里的思政课"，把"思政课"搬进博物馆，以红巷思政理论课、红巷青马微宣讲、红巷苗苗故事汇、"武汉 1927"沉浸式思政课为核心教学内容，每月一讲，自开课以来，场场爆满。思政课不仅"请进来"，也"送出去"。八七会议会址纪念馆结合重要时间节点，根据中小学生身心发展特点，录制音视频教育课程，走进武汉百余所中小学，以"国旗下的讲话""素质教育进课堂""红领巾小小宣讲员"等形式使同学们在轻松、有趣的活动中迅速掌握红色知识。2023 年以来，"八七红色教育课"已开展 15 场教育活动，11 月 27 日，教育部、国家文物局共同发布以革命文物为主题的"大思政课"优质资源项目，"红巷里的思政课"及"八七红色教育课系列课程"、武汉中共中央机关旧址纪念馆"馆校联盟共建'大思政课'教学实践基地"，分别入选"大思政课"优质资源全国 10 个示范项目和 100 个精品项目名单。

二是借助信息技术让红色历史"活"起来。红色教育不仅要入耳，更要入脑入心。针对新一代观众的认知和审美特点，武汉众多博物馆在设计社教活动时，运用多样形式和更时代化的表达，角色化演绎、场景化呈现，跨界融合艺术形式和科技手段，为听众带来更多代入感、沉浸感、愉悦感。辛亥革命博物院的"少年中国说"主题思政课，观众跟随讲解员一起，穿越时空，或是在林觉民的身旁守护他写下《与妻书》，或是走向彭刘杨就义处致敬烈士，在"今—古—未来"的时间轴中，感受中国百年来的飞速发展，引导当代青少年自强不息、奋发向上。"当同学们齐声诵读'少年中国说'，那一刻真是震撼到我了"，观看活动后，有观众表示，通过学生们的演绎，更加深刻地了解了先烈们为振兴中华而舍生忘死的崇高革命精神。八路军武汉办事处旧址纪念馆推出《孩子剧团带你回到 1938》实景剧。观众跟随演员们的脚步推开纪念馆的每一间办公室、展厅，了解孩子剧团一个个难忘的故事。沉浸式的演出令人们如置身 1938 年的历史情境之中，观众不禁与演员齐声高呼"保卫大武汉、保卫全中国"。"用科技为文化赋能，推动文博工作创造性转化、创新性发展"，在八七会议会址纪念馆，从扫码预约到刷码进门，从电子触屏到语音导览，随处可见现代技术的身影。该馆打造"VR沉浸式体验区"，深度还原"八七会议"会场。观众操控VR设备，跟随虚拟影像中的指示找到历史的答案。

三是文化创新赋能美好生活。"以文化人"，如何让红色文化可感知、被人懂、为人用，进而赋能美好生活？多家博物馆推出红色文创产品，通过创意润物无声，寻求符合时代的全新表达，展现出红色文化与当下的联结，让当代年轻人对红色文化产生共鸣。武汉中山舰博物馆作为全国96家文创试点基地之一，1998年注册"中山舰"商标，利用中山舰LOGO（标识）在国家商标局注册了78类商标，开发出"中山舰"品牌矿泉水、酒、茶等文创产品，按照产品类型涉及模型、邮品、饰品、玩具、文具、历史图书等十一大类。以中山舰舰体为原型设计的3D模型，色彩搭配讲究、可玩性强；依托馆内"舰证强军·中国百年名舰展"设计的旗语贴纸，具有鲜明的海军元素，深受孩子们喜爱。这些文创产品还随着博物馆活动走进商场、学校，让观众把"博物馆"带回家。2023年，武汉市中山舰博物馆收获"致敬中国博物馆协会文创产品专业委员会突出贡献单位"和"致敬中国博物馆协会文创产品专业委员会突出贡献个人"两项大奖。八七会议会址纪念馆的"青春之光""八七印记"等红色文创产品，以八七会议会址纪念馆本体建筑和馆藏文物为设计灵感，设计出有特色、有创意且兼具艺术性、功能性、实用性的文创产品，2022年，八七会议会址纪念馆在第二届全国文化创意产品推介活动会议中，荣获"全国文博百强文创产品单位"称号。

## 二 西安文化产业发展战略定位及总体思路

作为我国15个副省级城市之一的西安在文化产业发展过程中，不断确定切合自身优势的文化产业发展战略定位与目标。从世界历史的发展看，西安是一座享誉世界的历史文化名城，四大古都之一，古丝绸之路的起点，历史文化资源具有世界性、唯一性；从中国历史的发展来看，一部西安史，半部中国史，西安奠定了中华文明的基因基础，是中华优秀传统文化的根源所在。但是，在《西安市"十四五"文化和旅游发展规划》中，西安的文化产业发展战略还不够明确，战略定位、战略目标等不够清晰，还没有充分彰显西安历史文化名城的特有基因。

基于前文对文化基因基础理论的研究[167-169]，特别是对中华历史文化基因谱系结构以及历史文化名城基因的解析，结合我国15个副省级城市的文化产业发展战略比较，考虑中华优秀传统文化的现代化发展趋向，本书提出了西安文化产业发展的战略定位，即把西安全力打造为中华文明根脉传承和具有历史文化特色的国际化大都市，使西安成为文化产业现代化和文化高质量发展中实现民族文化振兴的典范。西安文化产业发展的总体思路，即在农耕文明的文化基因与工业文明时代的表达方式相契合的逻辑下，以文化保护和现代化发展为目标导向，用文化擦亮历史西安，用文化基因扮靓现代西安，用文化产业刷新名城西安，做好中华文明的传承和发扬工作，实现西安文化产业的现代化发展和不断壮大。

之所以这样定位西安的文化发展，首先，从历史上看，历史文化名城西安是十三个王朝建都之地，是中国七大古都中建都历史最为悠久的古城，被誉为"历史圣地"，根植了丰富的中华民族文化基因。当代西安文化产业发展必须彰显历史文化名城的基因。作为一座历史文化古都，国家层面已然对它赋予了许多称谓，国家中心城市、国家重要交通枢纽、"一带一路"重要支点城市、关中平原城市群核心城市、向西开放的战略支点、西北发展重要增长极、传承中华文化的世界级旅游目的地……所有的定位都说明了西安在国家战略中有极高的城市地位，但从历史文化名城基因的作用发挥方面看，还需要进一步发展。

其次，从当代西安的发展态势看，西安在共建"一带一路"中具有战略地位。为了充分发挥历史文化名城基因优势，守护好历史文化遗存，更好传承延续中华文明和历史文脉，全力建设成中华文明根脉传承和具有历史文化特色的国际化大都市，以及做好文化基因的现代化传承，推进文化产业的现代化和高质量发展，无疑是对西安文化产业发展最为恰当的战略定位。西安作为亚欧合作交流的国际化大都市，应当面向"一带一路"发展经济，吸引国内外投资者和人才，使人口和经济发展不受地域限制，成为我国内陆地区的国际化大都市。同时，西安应加强对自身文化产业的现代化升级，全面提升西安历史文化名城的国际影响力，推动文化产业现代化高质量发展，加强世界文明交流互鉴，为推进中华民族伟大复兴而努力。

## 第二节　西安农耕文化基因的现代消费转化

西安固有的历史文化名城基因没有得到认真梳理和价值挖掘、文化基因消费与现代工业文明契合程度不足等而不利于文化消费，文化消费符号与历史文化名城基因不相匹配而彰显不力，而且在文化基因深处表现为"农"重"工"弱，导致西安文化产业存在一些问题而不够发达。因此，古城西安文化产业要实现高质量发展，必须推进西安地域农耕文化基因与工业文明时代的消费习惯相契合，做好西安农耕文化基因在工业文明时代的传承保护与现代化表达。具体来说，要以传承保护为基础，以现代化为发展方向。根基是要守魂，做好现代工业文明的现代化表达，就是不能丢掉农耕文化基因，但是遵循现代化表达方式；当然，不只是表达方式现代化，技术运用也要现代化，积极运用数字技术，使得西安农耕文化基因得到新的展示和呈现，实现创新发展，收获新时代新受众的热爱，从而契合当下工业文明时代的消费习惯。

### 一　加强工业文明时代西安农耕文化基因的现代化保护

由于历史发展，西安的农耕文化基因特性鲜明，在中华民族文化史上占据重要地位，在很大程度上代表中华优秀传统文化的"根"与"魂"，因而面向工业文明时代的文化产业发展，必须守住这一"根"和"魂"，只有回答好"来自哪里"的文化根源问题，才能更好地解答"走向哪里"的文化方向问题。所以，在工业文明时代，首先要做好西安农耕文化基因的现代化保护。所谓现代化保护，就是推动具有折射西安历史文化基因功能的文物古迹、文化典籍等的保护形式和保护手段的现代化发展，如通过信息化、数字化、沉浸式技术手段等的运用，以及传统生活和生产方式的有效体现，让更多的人可以通过接触这些文物或其表现形式，感悟到其内在所蕴含的历史文化基因，增强文化自信。

同时，工业文明时代人们的消费诉求发生了明显变化，消费升级态势日益强烈，情感类、文化类消费需求增长迅猛，更加需要继续挖掘梳理好西安的农耕文化基因，做好对体现农耕文明的文化基因现代化保护，通过吸引人们到博物馆实地参观、到遗址遗迹地游览、在数字云端访问参观等形式，进一步激发人们的消费欲望，扩大人们的文化消费，提升文化消费市场绩效，继而进一步增强对西安农耕文化基因的现代化保护能力。利用各种现代化技术持之以恒地做好保护工作，使其成为西安文化发展之魂，成为文化产业创意之源，成为文化旅游的底色，通过文化科技融合、文化旅游深度融合等方式，形成"古今交融、文旅融合、山水西安"的发展态势。

## 二 加快工业文明时代西安农耕文化基因的现代化表达

人类社会进入工业文明时代以来，社会发展的各个方面均取得了显著的成就，在做好守住文化基因根脉的同时，需要适应工业文明时代文化消费的新特性、新要求，进一步加强文化基因的现代化表达和技术现代化应用，实现文化产业发展的现代化。前文分析了西安农耕文化基因在现代工业文明时代存在的缺点比较明显，不利于以创新创意、规模化、公共性、商品化、交易性等为特征的文化产业现代化发展。因而要做大西安文化产业，需要进一步利用好西安农耕文化基因的内核，借助现代化技术，如虚拟现实技术、3D技术、全息技术等，让文物活起来，加强对其现代化表达。特别是以"现代工业文明""信息文明"等工业时代思维大力发展制造业、现代农业、信息产业以及各类现代服务业等，将农耕文化基因与现代工业文明带来的文化消费新特点相适应，深挖文化消费内需潜力，通过文化消费大力促进文化产业的振兴发展。

西安在做好农耕文化基因的现代化表达以促进现代文化产业消费时，形成场景化、故事化的文化创意发展之路十分重要，其关键在于挖掘富含文化基因的文化资源，尤其是文化基因的深层次价值。传统的文化内容需要通过创新方式来表达，并通过"科技化、艺术化、数字化、多元化"的创新路径来展现，这一点在今天的时代背景下尤为重要。因而，不同于农耕文化基因的现代化保护，要实现文化的现代化发展，更要在现代化保护的基础上做好现代化表达，赋予更多的创新思维，与求新、求奇、个性、健康、时尚、绿色、自然等工业文明时代的消费特点相吻合，从而推动文化消费的繁荣。

无论是文化基因的现代化保护、现代化表达还是现代化技术的应用，其目的都是通过对文化资源的科学运营，将其折射的文化特征开发为文化产品，进一步商品化成为文化商品，通过文化产品交易，商品经营者如制造商、交易商等纷纷参与其中，实现规模化、链条化、集聚化，最终形成现代化的文化产业，其利用机制具体如图6-1所示。这样，就能够将文化基因借助市场经济活动实现价值转化，促进文化产业的现代化发展。西安拥有丰富的历史文化基因，可以借此实现自身文化产业的市场价值转化和壮大，进一步提升西安历史文化名城的国际影响力。

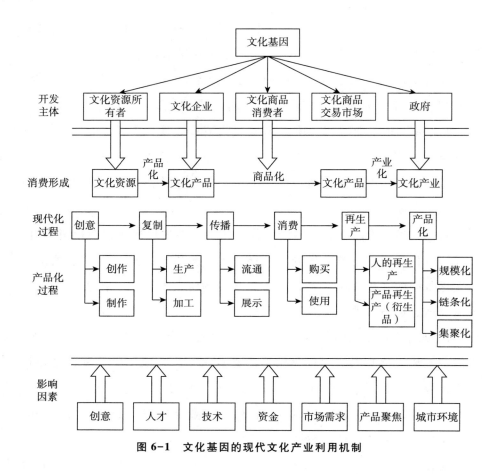

图 6-1　文化基因的现代文化产业利用机制

## 第三节　西安文化产业现代化发展的
## 具体路径和保障措施

　　按照本书的基因理论基础，西安文化产业发展应依托西安历史文化名城基因布局文化产业，且需不断优化顶层设计内容。借鉴学者单世联[170]、范玉刚[171]、贺冠雄[172] 的研究，面向市场推出的文化产品，在选择符合社会大众文化消费基因的前提下，应充分吸收西安自身的历史文化基因，特别是在文化产品的设计、包装和形象传播等方面，更应注重运用现代化的表达方式，寻找文化产品市场供给和消费需求两方文化基因的最大公约数，打造富有显著基因特色和能满足市场真正需求的文化产品，这样有利于引导和逐渐培养消费者科学消费的习惯，进而使人们能够易于接受文化产品基因现代化的表达方式，增强消费意愿，最终促进文化产业与文化消费相互作用、相互促进，在现代工业文明的大环境下实现良性循环发展。

## 一　具体发展路径

西安是世界级历史文化名城，必须依托浓厚的历史文化名城基因发展文化产业。前文通过分析西安历史文化名城基因结构及其谱系，从整体上给出了遗传路径。在历史延续、文化认同、教化传承、保育发展四种遗传路径中，分别阐述了文化基因的遗传方式，并结合西安文化产业发展现状分析了存在的问题：产业总量相对较小、高端人才缺乏、投资体系不够健全、文化产业新业态发展速度较慢、产业链不够完善，历史文化产品"品牌"数量不足。同时研究发现，历史文化名城基因能够通过促进投资、消费和政府支出等带动当地的宏观经济发展，而且能够带动当地经济结构转型升级，推动文化的现代化发展，传承发扬自身文化魅力，增强民族文化自信。

基于此，本书提出了西安文化产业现代化发展的具体路径，即实现西安文化产业的高质量发展需要构建一个开放包容的文化生态系统、一个守住文化根与魂的历史文化名城基因现代化表达体系、一个高素质文化产业人才培育体系、一个现代产业文明下的文化产业组织方式以及一个展现民族自信的国际化文化交流平台。

（一）构建一个开放包容的文化生态系统：形成以现代文化产业为主导的城市产业发展格局，推进彰显中华文明的世界人文之都建设

在构建开放包容的文化生态系统方面，需要以习近平文化思想为指

导。习近平文化思想是新时代党领导文化建设实践经验的理论总结。一个国家、一个民族的兴盛，总是以文化兴盛为支撑的。中华优秀传统文化是中华民族的根与魂，没有中华文化繁荣兴盛，就没有中华民族伟大复兴。对此，在新的历史背景下要再现古城西安昔日辉煌，必须抓住历史机遇，在习近平文化思想的指导下，选择城市产业中具有比较优势的文化产业作为突破口，健全政策体系，完善文化制度，构建一个文化开放的包容性生态环境。通过大力发展文化产业新业态，促进产业融合创新，拉长产业链，着力推动与国家中心城市、国际化城市功能具有内在高度相依性的现代经济发展，带动城市产业公共管理效能、社会服务机能、生态环境质量和城市文化格调的跨越式提升，实现西安城市产业在经济、社会、体制、生态、文化等方面的全面综合发展，提升西安历史文化名城的影响力。

文化兴则国运兴，文化强则国家强。中国式现代化是一种全新的人类文明新形态，体现了中华民族现代文明，它是中华文明的现代形态。要通过文化生态系统构建，实现与工业文明体系的有机衔接，促进文化的内涵跃升和现代化高质量发展。新时代新征程西安更要在习近平文化思想的指引下，坚定文化自信，坚持守正创新，充分激发文化创新创造活力，不断提升国家文化软实力和中华文化影响力，推进彰显中华文明的世界人文之都建设，创造属于这个时代的新文化，赓续中华文明，谱写当代华章。

（二）构建一个守住文化根与魂的历史文化名城基因现代化表达体系：传承文化基因、守住文化根脉，加强历史文化基因的创造性转化与创新发展

伸手一摸，汉唐文化；两脚一踩，秦砖汉瓦。这是对古都西安的生动写照。西安的历史文化资源具有世界性、唯一性。因此，要守护城市文化瑰宝、绽放城市文化价值，更好传承中华文明和历史文脉，让收藏在博物馆里的文物、陈列在广阔大地上的遗产、书写在古籍里的文字都

"活起来"，让文化成为西安走向世界的桥梁。为此，需要进一步守住文化的根与魂，加强历史文化名城基因的现代化表达。

一是传承西安历史文化名城基因，留住文化根脉，守住民族之魂。西安作为中华文明的发祥地和中华文化的杰出代表，文化资源禀赋得天独厚，是中华文明的根脉城市。留住文化根脉、守住民族之魂，是时代赋予的重大责任。自秦统一以来，特别是汉唐时期开创了文化兼容并蓄、开放包容和开拓进取的精神内涵，构成了中华历史文化基因的重要内容。习近平总书记指出："不忘本来才能开辟未来，善于继承才能更好创新。"[1] 因此，要推进西安历史文化的大发展，不能忘记文化的根与脉，更不能丢了文化之魂。以西安的蓝田猿人遗址、半坡遗址等为代表的华夏文明之源要切实加强保护传承，擦亮历史文化金字招牌，切实保护好中华民族的文化瑰宝。还要加强非物质文化遗产的保护传承。西安作为世界四大古都之一，在中国历史上建都朝代最多、时间最长，有着丰富的非物质文化遗产，要不断完善非物质文化遗产名录体系建设，制定非物质文化遗产代表性项目分类保护标准和规划，使西安非物质文化遗产焕发出新的活力与生机。进入新时代，更要坚定文化自信，推动中华优秀传统文化的传承与创新发展，为新时代西安追赶超越注入强大文化动力，使西安这座世界历史文化名城焕发新的生机与活力。

二是按照现代艺术表达和文化消费诉求，全面创意、深入创意。加强农业文明基因的现代化表述和创造，推动现代工业文明基因发挥作用。充分应用现代科技手段，按照时代要求将西安文化基因中仍有借鉴价值的内涵和陈旧的表现形式赋予新的内涵，激活生命力；对历史文化基因补充、拓展、完善，增强其影响力和感召力，深化文化创意，将文化创意融入文化产业的各个门类，做强文化产业，利用丰富的历史文化基因推动现代文化产业的发展。比如，可以结合历史风貌，在汉长安城遗址

---

[1] 求是网，《历史的启迪和教训是人类的共同精神财富——学习习近平总书记关于历史的重要论述》，http://www.qstheory.cn/qshyjx/2021-12/30/c_1128216085.htm。

区周边或非核心区组建手工作坊，设计和开发创意纪念品，进一步形成创意文化集聚区。让"睡"着的丝帛、竹简、瓦当、汉服"醒"来创造效益。同时，立足丰厚的历史文化资源，全面总结曲江新区等发展文化产业的经验和教训，有必要在相关区县推广和复制"大唐不夜城"和"长安十二时辰主题街区"等传统文化产业现代化表达的成功模式，促进西安历史文化基因更好地与现代工业文明相契合。

三是加强历史文化的数字化展示和文化创造。要抓住"新基建"的契机，加速以5G、人工智能等为代表的新一代信息技术与公共文化设施的融合，不断提升公共文化服务水平，让中华优秀传统文化既"活"又"火"。按照国家文化数字化战略要求，加快西安文化遗产数字化步伐，建设文物、古籍、秦腔、民俗、非物质文化遗产等历史文化资源数据库。加快历史文化资源数据采集、加工、挖掘与数据服务，集成全息呈现、数字孪生、多语言交互、跨时空等新型技术，让区块链、虚拟现实、元宇宙等先进技术和文化遗产保护与传承全面融合，深化数智博物馆建设，打造具有西安历史文化特色的数据产业链，深入发展场景化"沉浸式旅游"，持续开发数字文创产品，加大数字化传播力度，大力发展西安数字文化产业。加强历史文化资源的梳理、挖掘，塑造大遗址文化品牌，通过系列主题活动、优秀文创产品等，宣传好文化底蕴、产业优势、营商环境，营造产业发展氛围，打造"汉长安城遗址"亮丽IP，促进具有西安遗址遗迹基因的文化产业大发展。

（三）构建一个高质量文化产业人才培育体系：内部培养和外部引进一大批既懂文化又懂经营管理或者专业技术的高素质文化产业人才

人才是社会经济发展的第一资源。西安与北上广深等相比，非常关键的要素是缺乏一批既懂文化又懂经营管理或者专业技术的高端文化产业人才，从而难以把文化资源转化为生产力。西安需要构建一个全方位的文化产业人才体系。其中，文化产品原创性人才是关键，西安在发展文化产业过程中应注重内部培养和外部引进相应的优秀人才，充分发挥西安的优势文化基因的作用。在培养和引进人才时，需要他们具有强烈的原创意识和国际化意识，必须是有国际视野的创新性、实践性、综合性人才。要聚焦文化产业所需，促进教育链、人才链与产业链、创新链的有机连接。通过文化传播培育文化人才，以及通过增强文化市场影响力扩大文化人才的受众基础。

在培养文化产业人才过程中，一是出台促进文化产业人才培养的方针政策，从政策层面向文化产业人才培养倾斜，支持和鼓励西安高校开设文化产业相关专业，持续不断培养既懂文化又懂经营管理或者专业技术的高端文化产业人才。二是要注重通过高校与企业合作模式进行订单式人才培养，按需培养，或者个性化培养。瞄准校企合作新契合点，携手高校及优质文化企业，通过双创孵化、专业共建、实训建设、产教融合等深度合作形式，不断开创协同育人新模式，推动校、企、生多方共赢。三是建设一批文化创意大师工作室，以"师傅带徒弟"的方式不断培养文化创意人才。四是把文化产业人才作为特殊人才制定特殊的政策，给予更加优惠的人才政策。

（四）构建一个现代产业文明下的文化产业组织方式：以产业融合为主，以创新为核心，以空间优化为载体，打造现代文化产业体系

当前，西安传统的"农耕"思维痕迹还比较明显，现代化的产业文明思维还有所不足，文化产业仍处在发展的初级阶段——表现为传统文化产业发展相对充分，产业内部创新动力缺乏，供给相对过剩；而现代文化产业则明显发展不足，但同时西安城市产业居于中心位置，承担着重要的城市功能，交通便利，资源禀赋突出，产业融合空间十分广阔。因而，西安应通过政府主导和市场积极推动，大力夯实现代产业基础，各级领导带头发挥西安历史文化名城的优势基因，以创新为主导促进产业融合和城市文化产业发展。

　　具体可通过现代信息技术、现代物流手段、现代管理方式以及现代商业模式等，走"科技化、艺术化、多元化"的创新路径，一方面，依托丰富的历史文化资源，不断创新升级原有的内容型文化产业；另一方面，通过基因转移逐步建立城市多元化的服务型文化产业，打造系列文化产业新业态，全面构建现代文化产业体系。在此基础上，对城市产业空间进行重新梳理和功能定位，通过体制优化、生态跃升等促进精神升级和社会进步，使城市功能综合升级，合理布局以文化产业为核心的主导产业，推进城市产业空间载体不断优化，打造现代文化产业体系。通过深化文化领域供给侧结构性改革，加强文化市场培育和规范，持续创新生产经营机制，更好释放文化产业潜能；加强文化产品和要素市场建设，实施文化产业数字化战略，有序发展文化要素市场；开发文化创意产品，扩大中高端文化供给，推动现代服务业发展，有效推动西安城市经济的发展升级，具体如图6-2所示。

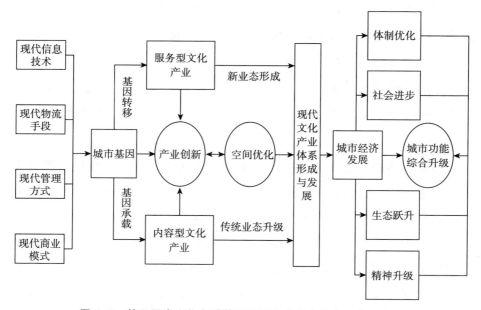

**图6-2　基于历史文化名城基因的西安现代文化产业发展路径**

（五）构建一个展现民族自信的国际化文化交流平台：以国际化视野为导向，增强文化自信，全面提升西安文化产业国际影响力

西安虽然是国际化大都市，而且具有悠久的历史，拥有自身特色的文化产业，但是与北京、上海等城市相比仍然有较大差距，但是存在比较优势，即北京是作为政治中心的国际化大都市，上海是作为经济发达的国际化大都市，西安无疑是中华文化发达的国际化大都市，因而围绕着自身历史文化优势，通过传承文化基因和创新发展文化产业，能够引领自身的国际化发展，提升自身的国际地位。当前，西安文化产业要与自身国际化都市相互协调发展，必须加速具有西安特色的国际化文化产业集群建设步伐，在国际竞争中提升自身的文化软实力，有效应对当前变幻莫测的国际竞争大环境和地缘政治冲突等。

虽然，西安也成功举办了一系列国际化文化盛会和旅游博览会，例如丝绸之路西安国际旅游博览会、世界文化旅游大会等，旨在以西安的经济硬实力为基础逐渐形成强大的区域文化软实力，增强文化自信，提升西安文化产业在国际上的地位，但是从效果看，距离目标还较远，在文化产业方面还有巨大的潜在发展空间。当前，西安文化产品缺乏创新性、品牌优势不突出，导致无法大量走向世界。因此，西安文化产业必须加强创新，在举办文化盛会的同时，西安还应该借鉴美国文化产业快速发展的经验，发挥文化原创性的优势，构建国际文化交流平台，全面提升西安文化产业地位。

"实施国家文化数字化战略"是党中央、国务院的决策部署，已写入党的二十大报告。陕西省委、省政府印发了《关于推动数字经济高质量发展的政策措施》，提出"发展数字文化创意产业""提升智慧旅游服务能力"的部署要求。《陕西省"十四五"数字经济发展规划》明确提出，"发挥陕西文旅资源优势，借助先进数字技术推动文旅产业融合发展"。近年来，陕西省文化和旅游系统抢抓信息化、数字化、智能化发展战略机遇，强化数字赋能，助力打造万亿级文旅产业集群，推动陕西

省数字文旅高质量发展。西安在文化产业发展中，需要充分运用数字技术对原有的文旅产品进行升级改造，推动文旅产品由传统形态向多元化互动体验转型，构建新的消费模式形态，打通数字文旅消费者和创造者的沟通渠道，实现产品合作和产值共享。

在未来的发展中，西安要继续注重历史文化保护和传承，以国际化视野为导向，大力应用数字技术，通过加强文物修复、推广历史文化教育、开展文化交流活动等多种方式，让更多的人了解和喜爱西安的历史文化，增强文化自信。同时，继续加强城市建设和发展经济，为城市的文化产业发展壮大提供坚实的保障和有力支撑。

## 二　相关保障措施

结合当前西安文化产业发展现状和再发展可能会出现的问题，为实现文化产业的现代化发展，本书提出以下保障措施。

第一，不断解放思想，深化文化体制改革。虽然在 2003 年西安就被确立为文化体制改革试点城市，但是与先进地区相比，西安人的思想还不够解放，还被"城墙思维"所束缚，呈现浓厚的保守性，并成为以文化产业为代表的许多方面发展落后的重要根源。因此，在西安文化产业发展过程中，应不断解放思想，跳出"城墙思维"，克服西安历史文化基因中"封闭保守""安于现状"等不利因素。同时，要深化文化体制改革，加快国有文化企业股份制改造，坚决用市场手段和方法发展文化产业[173]。对于已转制多年的企业，下定决心逐步斩断政府"输血"管道或改良"土地输血"模式，增强自我"造血"和文化"造血"功能。通过培训、参观学习等各种方式强化思想解放，大力推进文化企业股份多元化。

第二，深入实施"文化产业优先"战略，大力扶持民营文化企业发展。一是应按照"非禁即准"原则，放宽市场准入，完善财税金融支持办法，全面激活民营文化产业的潜能，加快培植一大批在省内外具有重大影响力的民营文化企业，与国有文化企业形成互补。二是引导社会资本以多种形式投资文化产业，支持大中型民营房地产企业转型为文化企业，积极推动省外大型民营文化企业在西安市设立分支机构，给予其各方面优惠扶持政策。三是支持各种形式的中小微文化企业发展。加大财税扶持，发挥文化产业基金功能，缓解中小微文化企业融资难题。

第三，大力发展先进制造业，强化现代工业文明。《西安市"十四五"产业发展规划》已明确"大力实施先进制造业强市战略"，从而推动经济增长和提高就业质量，实现西安经济社会高质量发展。其实，西安大力发展制造业的意义还不仅仅在于其本身是国民经济的"压舱石"，还在于其能够带来现代工业文明的深化，从而改变传统文化基因中的"农耕文化"思维，从而更加有利于现代文化产业等业态的发展[174]。发展先进制造业是当前社会的航向标，但对于西安这种"农"重"工"轻的地区而言，应该更加深入发展，在大力发展先进制造业的同时还不能忽视传统制造业，目前阶段传统制造业更容易切入，更适合在广大区县农村地区部署，从而改变人们的思维。总之，就是要通过深入发展制造业，强化工业文明，从而营造有利于现代文化产业发展的社会氛围。

第四，深化文化遗产机构机制改革，促进文化基因现代化表达。可专设创意与科技部门，促进依托文化遗产形成文化创意产品，加强文化遗产与旅游、教育等行业融合，指导文化遗产科技保护与创意创新，指导文博机构、相关企事业单位文化遗产数字化，参与文化遗产创意、数字化人才的培养等。同时大力鼓励文博机构加快数字化步伐，形成海量文化遗产数据，构建文化遗产"数据超市"，支持数据交易[175]。

第五，着力培养和锻造一大批文化产业人才。一是着力引进一批文化创意新、经营管理能力强的复合型人才，对于引进的文化产业领军人才，应给予充分的人、财、物调配权力。二是将文化产业人才纳入西安市高层次人才特别培养计划，按照急需特殊专业人才列入年度紧缺急需人才引进指导目录。将文化产业人才培养纳入政府部门和国有文化企业考核；对于民营文化企业涌现出的人才予以各种方式奖励支持。三是不断培养文化产业人才，强化文化产业人才队伍建设。四是着眼国内，吸引文化产业人才，放眼国际，创建文化产业人才交流国际化平台。

# 第七章　结论与展望

## 第一节　主要结论

本书立足文化产业世界大发展及中华优秀传统文化传承与发展的大背景，分析了西安历史文化名城基因、文化消费与文化产业发展问题。基于相关理论辨析了文化基因与文化消费和文化产业发展的内在机理，进而借助问卷调查解析西安历史文化名城基因结构及其表现形态，并基于历史文化名城基因分析了西安文化产业现状，随后采用面板数据实证分析了历史文化名城基因影响文化产业发展的效应并进行了机制检验，最后提出了基于历史文化名城基因的西安文化产业现代化对策。总的来看，本书取得了如下主要结论。

第一，分析了文化基因与文化消费和文化产业发展的内在机理和作用路径。文化基因在当代文化系统中具有重要的影响，其携带大量历史文化信息，存在基因结构的复杂性和地域多样性。从影响机理来看，文化基因通过传承及学习效应、"理性成瘾"特征和政府政策引导特性等作用于文化消费偏好，继而影响文化消费选择行为，从而对文化产业发展产生影响。从作用路径来看，文化基因决定文化消费偏好，文化消费偏好又决定文化消费结构、文化消费多样性和文化消费地域性，这些导致形成了不同的文化消费模式，从而进一步决定文化产业的源泉、结构和地域多样性等，最终驱动文化产业发展。这个结论与学者吴秋林、吴晓梅的研究结论一致，他们指出文化基因作为重要的历史性遗存具有多样性特点[176]。可以说，不同的文化基因所决定的文化消费选择，导致文化产业发展的不同规模以及不同效果。本书的研究创新性构建了文化基因与文化消费、文化产业发展的理论分析框架，进一步丰富了已有关于文化消费与文化产业发展方面的理论研究。

第二，分析提炼出西安历史文化名城基因结构及其表现形态。首次应用文化基因理论探索性分析提炼了西安历史文化名城基因的内涵及其结构，分析了其具体表现形态。结合文化基因理论进行问卷调查设计，通过问卷数据分析处理，综合得到西安历史文化名城基因存在精神层次基因、物化层次基因和民俗层次基因等三个方面，借助层次分析模型，根据权重计算出至今还在发挥影响的 8 项主要文化基因，包括文化根源基因、农耕文化基因、工商文化基因、遗址遗迹基因、城乡建筑基因、民风民俗基因、文化娱乐基因和历史文物基因等，刻画了西安历史文化名城基因谱系结构。并从自然生态、城市形态特征与景观、负载西安历史文化基因的文物和典籍以及西安的传统生活生产等角度，分析了西安历史文化名城基因的表现形态。进而提出了西安历史文化名城基因存在历史延续、文化认同、教育传承以及保育发展四种遗传路径。这些充分表明西安拥有中华文化基因的典型特征与历史符号，是中华文明的重要发祥地和承载区。学者方辉认为支撑中华文明连续发展最为重要的基因就是礼乐制度与礼乐文明及其所承载着的族群认同、祖先认同和文化认同。而这些正如方辉研究所指出的，西安历史文化名城基因具备这些特征，并且时至今日仍旧发挥着重要的影响力[177]。

第三，基于历史文化名城基因分析了西安文化产业现状。指出西安市居民文化消费在不断增长，城乡文化消费差距有缩小趋势；以历史文化资源为底蕴的历史文化与现代科技相交融的西安文化产业发展取得了巨大成就，历史文化资源利用是历史文化名城基因发展的基本表现，也是发展历史文化产业的必要手段，但文化消费和文化产业发展也存在一些突出问题。这些问题既有文化产业发展本身的问题，又有文化消费不足的问题，归根到底则可以发现西安历史文化名城基因存在一定的利用不足，西安"农耕文明"思维厚重而"现代工业文明"思维偏弱，制约着文化产业发展，具体表现在，西安"农耕文明"文化基因与现代文化产业发展不相匹配、西安历史文化表达方式和消费模式与工业时代要求存在较大落差等。诚如学者研究指出的那样，中国式现代化道路的成功开创内蕴着深层次的中华优秀传统文化基因[178]。因此，需要加强西安历史文化名城基因的有效利用，助推西安文化产业的现代化发展。本书研究发现如果不赋予"农耕文明"文化基因现代化表达方式，就难以满足工业文明时代人们的消费选择习惯，从而会深刻影响文化的传播和文化产业的发展。而破解该问题的关键在于使"农耕文明"文化基因与工业文明时代的文化表达方式相契合，进而借助现代化科技手段的应用，使之与现代社会的文化消费选择习惯相适应，这就为解决中华文化的守正和创新提供了理论依据和实现途径。

第四，实证分析了历史文化名城基因对文化产业发展的影响效应。本书利用双向固定效应模型评估了历史文化名城基因对文化产业发展的影响，从估计结果来看，无论是否加入控制变量，采用何种方式度量文化产业的发展水平，历史文化名城基因均对城市的文化产业发展起到积极的促进作用。西安作为第一批国务院认定的历史文化名城，其内在的文化基因对文化产业的发展也具有类似的效应。随后进行了一系列的稳健性检验，通过替换被解释变量、替换核心解释变量、设定年份-城市固定效应、替换回归模型等，多种稳健性检验结果均表明历史文化名城基因对文化产业发展具有显著的促进作用，表明本书的研究结论具有稳健性。在拓展性分析中，进行了分样本的异质性检验。区域异质性表明不同地区的历史文化名城基因对文化产业财政支出、文化产业从业人数以及文化产业营业收入的影响仍然显著为正，但东部地区的影响最为显著，其次是西部和中部，而东北地区的影响系数相对较低。财政支持力度的异质性检验表明在财政支持力度较高的地区，历史文化名城基因对文化产业发展的影响更为显著，究其原因在于文化产业具有产业属性和意识形态的双重属性，政府的财政支持对文化产业发展非常重要，尤其是在产业发展的初期。

继而进一步实证检验历史文化名城基因通过文化消费影响文化产业发展的机制路径。借鉴学者的观点，从机理上得出历史文化名城基因下的文化消费对文化产业发展具有显著影响。为了实证检验文化消费的机制作用，选择采用中介效应模型，来实证验证历史文化名城基因对文化消费的影响，主要进行了基准回归分析和异质性分析。基准回归发现，历史文化名城基因对文化消费的影响系数始终为正，且在 5% 的水平下显著，表明通过文化消费，历史文化名城基因得以被广大消费者所认知和接受，进而转化为具体的文化产品和服务。这些产品和服务不仅满足了消费者的文化需求，还通过市场机制的运作，为文化产业带来了可观的营业收入。进而进行了异质性分析，包括影响机制的区域异质性分析和财政支持力度的异质性分析，得到不同地区的历史文化名城基因对文化消费的影响仍然显著，按影响力度依次是东部、中部、西部和东北部；无论财政支持力度高或低，历史文化名城基因对文化消费均产生了显著且积极的推动作用，其影响系数为正。相对地，在财政支持力度较大的地区，影响系数更大，这充分说明了在高水平的财政支持下，历史文化名城所蕴含的独特文化基因能够得到有效挖掘与利用，进而转化为吸引消费者、促进文化消费增长的重要动力。因此，政府的财政支持对文化产业及文化消费依然非常重要。类似的实证研究，如学者基于营商文化"基因"分析营商制度环境与民营经济发展，得出营商制度环境离不开营商文化"基因"的历史传承，明清商帮精神的历史传承和开埠通商所带来的外部冲击，是城市营商文化"基因"的重要组成部分[179]。这些实证研究均表明了文化基因对产业发展的重要影响作用。本书采用双向固定效应模型验证了历史文化名城基因对文化产业发展的影响及其路径，印证了本书的研究机理。

第五，提出西安文化产业现代化发展的战略定位、总体思路、具体路径以及保障措施。其中，战略定位是把西安全力打造为中华文明根脉传承和具有历史文化特色的国际化大都市，使西安成为文化产业现代化和文化高质量发展中实现民族文化振兴的典范。总体思路为在"农耕文明"文化基因与工业文明时代的表达方式相契合的逻辑下，以文化保护和现代化发展为目标导向，用文化擦亮历史西安，用文化基因扮靓现代西安，用文化产业刷新名城西安，做好中华文明的传承和发扬，实现西安文化产业的现代化发展和不断壮大。具体路径包括构建一个开放包容的文化生态系统、一个守住文化根与魂的历史文化基因现代化表达体系、一个高质量文化产业人才培育体系、一个现代产业文明下的文化产业组织方式以及一个展现民族自信的国际化文化交流平台。保障措施包括不断解放思想，深化文化体制改革；深入实施"文化产业优先"战略，大力扶持民营文化企业发展；大力发展先进制造业，强化现代工业文明；深化文化遗产机构机制改革，促进文化基因现代化表达；着力引进和锻造一大批文化产业人才。

## 第二节 其他古都发展展望

中国历史悠久，随着朝代更迭，产生了众多古都。这些古都承载着丰富的历史文化，是中华文明的重要见证。目前，学术界普遍认可的"八大古都"包括西安、洛阳、北京、南京、开封、杭州、安阳和郑州（详见表7-1）。当然，除了八大古都外，中国历史上还有许多其他重要的古都，例如成都、大同、江陵（荆州）、邯郸、临淄和咸阳等。这些古都都是中国历史文化的宝贵遗产，它们承载着中华民族的悠久历史和灿烂文明。保护和研究古都，对于传承中华文化、增强民族自豪感、促进旅游业发展都具有重要意义。

表 7-1　中国八大古都概况

| 序号 | 古都名称 | 朝代数量 | 简要介绍 |
|---|---|---|---|
| 1 | 西安（长安） | 十三朝 | 建都时间最长，影响力最大，是中华文明的发祥地之一，拥有兵马俑、大雁塔等历史遗迹。 |
| 2 | 洛阳 | 十三朝 | 历史悠久，文化底蕴深厚，是华夏文明的摇篮之一，拥有龙门石窟、白马寺等著名景点。 |
| 3 | 北京 | 五朝 | 明清两代都城，是中国的政治、文化中心，拥有故宫、天坛、长城等世界文化遗产。 |
| 4 | 南京 | 六朝 | 十朝都会，是江南地区的政治、经济、文化中心，拥有中山陵、明孝陵、夫子庙等著名景点。 |
| 5 | 开封 | 八朝 | 北宋都城，是当时世界上最繁华的城市之一，拥有清明上河园、龙亭公园等著名景点。 |
| 6 | 杭州 | 两朝 | 吴越国和南宋都城，以风景秀丽、文化昌盛著称，拥有西湖、灵隐寺等著名景点。 |
| 7 | 安阳 | 七朝 | 商朝后期都城，是甲骨文的发现地，拥有殷墟、曹操高陵等著名景点。 |
| 8 | 郑州 | — | 夏商古都，是中华文明的重要发祥地之一，拥有商城遗址、黄河风景名胜区等著名景点。 |

考虑到与西安古都发展情况类似的有南京、杭州、郑州等城市，因此，本书对其充分利用历史文化名城基因，做好文化消费与文化产业创新发展的情况做简要展望。

一是南京历史文化名城文化产业创新发展。南京，这座承载了厚重历史文化底蕴的六朝古都，正以其独特的"古都基因"探索文化消费与文化产业创新发展的新路径。南京拥有从六朝烟雨到民国风云的丰富历史文化资源，未来将进一步挖掘这些资源，打造沉浸式文化体验项目，如依托明城墙、夫子庙、中山陵等历史遗迹，让游客感受古都魅力；利用南京博物院等文化场馆举办高品质文化展览，激发文化消费热情。科技创新是南京文化产业发展的强大引擎。南京要推动文化与科技深度融合，利用大数据、云计算、人工智能等技术打造数字文化产业新业态，如开发 VR/AR 体验项目，让游客穿越时空感受古都风采；数字化保护和开发传统文化资源，打造线上文化展示平台。还需培育具有国际影响力的文化品牌，提升城市文化竞争力。例如，打造"文学之都"品牌，举办高水平文学论坛；打造"世界历史文化名城"品牌，加强国际交流合作，提升南京的国际知名度。此外，良好的文化生态是文化产业健康发展的保障。南京要完善文化产业发展政策，优化文化市场环境，吸引优秀文化企业和人才；加强文化人才培养，为文化产业发展提供智力支持。

二是杭州历史文化名城文化产业创新发展。杭州，这座历史悠久的城市，需要积极挖掘其丰富的历史文化资源，以创新的方式推动文化消费和产业发展。依托西湖、南宋皇城遗址等，杭州计划开发沉浸式体验项目和夜间文旅消费区，提升文化活力。作为数字经济的先行者，杭州利用科技赋能文化，通过人工智能、VR/AR 等技术，创新文化产品和服务，数字化保护传统文化资源，打造线上展示平台，拓宽传播渠道。同时，推动数字技术在影视、动漫、游戏等领域的应用，培育新兴文化业态，促进产业升级。还要致力于培育具有地域特色的文化 IP，如西湖、良渚文化，打造国际化文化品牌，开发特色文创产品，吸引年轻群体。加强国际合作，推动文化 IP 的全球化传播，提升城市文化影响力。此外，为构建文化创新发展新格局，杭州需优化文化产业政策，吸引优秀企业和人才，加强人才培养，举办高水平文化活动，提升城市文化品位。推动文化与旅游、科技、金融等产业融合，形成多元化的产业发展生态，注入新的经济活力。

三是郑州历史文化名城文化产业创新发展。郑州，这座夏商古都，正利用其深厚的历史文化底蕴，探索文化消费与产业创新发展的新路径。郑州拥有商城遗址、黄河文化等丰富的历史文化资源，未来需要通过打造沉浸式体验项目和黄河文化旅游带，挖掘这些资源的潜力，同时结合传统节日和民俗文化，举办特色文化活动，如黄帝故里拜祖大典，提升文化消费活力。作为国家中心城市，郑州也要推动文化与科技的深度融合，利用人工智能、大数据、虚拟现实等技术，创新文化产品和服务形式。开发以商城遗址、少林文化为主题的 VR/AR 体验项目，数字化保护和开发传统文化资源，打造线上文化展示平台，培育新兴文化业态，推动文化产业向高端化、智能化方向发展。郑州还需要培育具有地域特色的文化 IP，如商城遗址、少林寺，打造国际化文化品牌，推动功夫文化与现代产业结合，开发特色文创产品，吸引年轻群体，并加强国际合作，提升郑州文化的全球影响力。此外，为构建文化发展新格局，郑州将完善文化产业政策，优化文化市场环境，吸引优秀文化企业和人才，加强文化人才培养，举办高水平文化活动，提升城市文化品位和国际影响力。推动文化与旅游、科技、金融等产业融合，构建多元化的产业发展生态，促进城市经济高质量发展。

# 附录1 关于对西安历史文化名城基因 认知情况的调查

尊敬的女士/先生：

您好！为了更好地传承中华优秀传统文化，特别是传承历史文化名城基因，促进文化强国建设，增强文化自信，推进中国式现代化取得更大成就。本团队拟对西安历史文化名城基因的认知情况展开调查，诚邀您结合自己的真实想法进行填写。本团队郑重承诺，恪守学术道德，所获得的数据均用于学术研究，不用于商业用途，并保证您个人资料保密。

对有关名词简略解释如下。

1. 历史文化名城：根据《中华人民共和国文物保护法》，"历史文化名城"是指保存文物特别丰富，具有重大历史文化价值和革命意义的城市。

2. 历史文化名城基因：历史文化名城浓郁的文化氛围、丰富的历史遗址、不同程度的知名度和影响力以及名城中人们的潜意识、地方文化特征不断浸润为这个城市人群的群体自意识、学习力、共同情绪等文化基因。

问卷主要包括三部分，第一部分是历史文化名城的认知，第二部分是西安历史文化名城基因构成的测量，第三部分是个人基本信息，请结合实际作答。

再次对您的积极支持表示衷心感谢！

祝好！

历史文化名城基因团队

2023 年 1 月 18 日

## 一、历史文化名城的认知

1. 您认为历史文化名城对传承文化基因是否具有影响？

A．是      B．否      C．不清楚

2. 您认为历史文化名城对文化产业发展是否具有影响？

A．是      B．否      C．不清楚

3. 下列城市您认为属于历史文化名城的有？（多选题）

A．西安    B．洛阳    C．北京      D．南京

E．杭州    F．成都    G．苏州      H．其他（请填写）

4. 如果您认为西安属于历史文化名城，那么，请您指出西安历史文化名城基因所具有的典型特征是哪些？（多选题）

A．保存的历史文物特别丰富

B．古代历史建筑集中成片

C．保留着传统格局和历史风貌，如明城墙

D．历史上曾经作为周秦汉唐等十三个王朝的政治、经济、文化、交通中心和军事要地

E．发生过重要历史事件，如西安事变

F．其传统产业、历史上建设的重大工程（如郑国渠灌溉设施）对本地区的发展产生过重要影响

G．能够集中反映周秦汉唐建筑的文化特色、民族特色

H．其他特征（请填写）

## 二、西安历史文化名城基因构成的测量

本部分对西安历史文化名城基因构成具体指标的测量，采用李克特量表的五级打分制，数字"1~5"分别表示您对该题项所述内容的认同

程度。纸质问卷请在相应标号上打√选择（电子版请直接选择）。

| 编号 | 题项 | 完全不同意 | 基本不同意 | 说不清楚 | 基本同意 | 完全同意 |
|---|---|---|---|---|---|---|
| 西安所体现的民族精神 JS1 | 秦时老秦人的拼搏进取精神 | ① | ② | ③ | ④ | ⑤ |
| | 汉唐时期的开放包容创新精神 | ① | ② | ③ | ④ | ⑤ |
| | 宋明清关学的"立心立命"和"重视气节" | ① | ② | ③ | ④ | ⑤ |
| 西安所体现的制度文化 JS2 | 周朝周公礼制，德治天下 | ① | ② | ③ | ④ | ⑤ |
| | 秦统一文字和度量衡，推行郡县制 | ① | ② | ③ | ④ | ⑤ |
| | 汉王朝的罢黜百家，独尊儒术 | ① | ② | ③ | ④ | ⑤ |
| | 隋唐的大一统，科举制影响至远 | ① | ② | ③ | ④ | ⑤ |
| 西安是中华文化的根源 JS3 | 周公制礼作乐，奠定了中国传统文化根基 | ① | ② | ③ | ④ | ⑤ |
| | 秦王朝的大一统，特别是文字统一促进了文化传承 | ① | ② | ③ | ④ | ⑤ |
| | 在汉唐盛世，中华文化世界影响广大 | ① | ② | ③ | ④ | ⑤ |
| 西安人性格特质表现 JS4 | 老秦人的质朴淳厚、节烈耿直 | ① | ② | ③ | ④ | ⑤ |
| | 关中人的开放包容、刚毅坚韧 | ① | ② | ③ | ④ | ⑤ |
| 西安历史文物的表现 WH1 | 秦兵马俑是世界第八大奇迹 | ① | ② | ③ | ④ | ⑤ |
| | 明城墙是国内保存最完整的古代城墙 | ① | ② | ③ | ④ | ⑤ |
| | 西安文化典籍丰富 | ① | ② | ③ | ④ | ⑤ |
| 西安具有的历史遗址遗迹 WH2 | 秦咸阳城遗址 | ① | ② | ③ | ④ | ⑤ |
| | 汉长安城遗址 | ① | ② | ③ | ④ | ⑤ |
| | 唐大明宫遗址 | ① | ② | ③ | ④ | ⑤ |
| 西安具有的山川河流体现 WH3 | "八水绕长安"景象 | ① | ② | ③ | ④ | ⑤ |
| | 秦岭是中国的南北分界线 | ① | ② | ③ | ④ | ⑤ |
| | 西安位于关中平原中部，气候温和土地肥沃 | ① | ② | ③ | ④ | ⑤ |
| 西安城乡建筑的体现 WH4 | 西安建筑风格以唐风为主，同时融合不同历史时期的建筑特色 | ① | ② | ③ | ④ | ⑤ |
| | 西安以合院式建筑为主，端庄灵秀，大多形成聚落 | ① | ② | ③ | ④ | ⑤ |
| | 西安城墙内明清文化、南部唐文化、西部周文化、北部汉代文化和东部秦文化 | ① | ② | ③ | ④ | ⑤ |

| 编号 | 题项 | 完全不同意 | 基本不同意 | 说不清楚 | 基本同意 | 完全同意 |
|---|---|---|---|---|---|---|
| 西安基础设施的体现 WH5 | 西安马路街道宽阔笔直 | ① | ② | ③ | ④ | ⑤ |
| | 西安现代高楼巍峨壮观 | ① | ② | ③ | ④ | ⑤ |
| | 西安主干道路中间大部分有绿化带 | ① | ② | ③ | ④ | ⑤ |
| 西安农耕文化的表现 MS1 | 关中有以"男耕女织""耕读传家"为代表的农耕文化 | ① | ② | ③ | ④ | ⑤ |
| | 半坡文化显示出北方地理环境的特色,可以说是北方农耕文化的代表 | ① | ② | ③ | ④ | ⑤ |
| 西安工商文化的表现 MS2 | 人们常说的"买东西",就源自大唐西市、东市 | ① | ② | ③ | ④ | ⑤ |
| | 秦汉时期出现了"农不如工,工不如商"的现象,商业地位逐渐上升 | ① | ② | ③ | ④ | ⑤ |
| | 西汉古丝绸之路及大唐西市的繁荣 | ① | ② | ③ | ④ | ⑤ |
| 西安人情礼仪的表现 MS3 | 迎宾入门后,设宴款待,谓之"接风"或"洗尘" | ① | ② | ③ | ④ | ⑤ |
| | 客人临走时,"长亭送别"已被传为佳话,并有折柳赠别的习俗 | ① | ② | ③ | ④ | ⑤ |
| | 西安人好热闹、重感情、讲礼节,举手投足皆依礼而动,有礼可循 | ① | ② | ③ | ④ | ⑤ |
| 西安餐饮文化的表现 MS4 | 锅盔像锅盖,锅碗难分开,体现出西安气势恢宏的特质 | ① | ② | ③ | ④ | ⑤ |
| | 以面食为主,"油泼辣子一道菜"体现出西安人喜好宽大的物品又注重实用的特质 | ① | ② | ③ | ④ | ⑤ |
| | 羊肉泡馍等体现出西安吸纳中西、兼容并蓄的特质 | ① | ② | ③ | ④ | ⑤ |
| 西安民风民俗的表现 MS5 | "板凳不坐蹲起来"的行为民俗,是对周秦"坐礼"的变通 | ① | ② | ③ | ④ | ⑤ |
| | "房子半边盖"既能保证居住的实用性,又能实现节约资源的目的。 | ① | ② | ③ | ④ | ⑤ |
| 西安文化娱乐的表现 MS6 | 秦腔是百戏之祖,雄浑粗犷 | ① | ② | ③ | ④ | ⑤ |
| | 关中皮影诞生于西汉,兴起于北宋,久负盛名 | ① | ② | ③ | ④ | ⑤ |

### 三、个人基本信息

下面是有关您个人情况的简要征询，请您根据实际情况做出选择。纸质问卷请在相应标号上打√选择（电子版请直接选择）。

1. 您的年龄：

A. 小于 18 岁　　　　B. 18~30 岁　　　　C. 30~50 岁

D. 50~70 岁　　　　E. 70 岁及以上

2. 您的性别：

A. 男性　　　　B. 女性

3. 您的受教育程度：

A. 小学及以下　　　　B. 初中/中专

C. 高中/大专　　　　D. 大学及以上

4. 您对中华历史文化的熟悉程度：

A. 非常熟悉　　　　B. 比较熟悉　　　　C. 一般

D. 不太熟悉　　　　E. 很不熟悉

5. 您对西安的了解程度？

A. 非常了解　　　　B. 比较了解　　　　C. 一般

D. 不太了解　　　　E. 很不了解

感谢您的悉心作答！填写到此结束！

# 附录2 西安历史文化名城基因
# 层次分析评价问卷

问卷编号：＿＿＿＿＿＿＿＿填写日期：＿＿＿＿＿＿＿＿

尊敬的调研受访人：您好！

为系统研究当前西安历史文化名城基因，诚挚邀请您抽出宝贵时间完成本调研问卷！本团队承诺：本调研问卷所获一切数据信息仅供研究使用，未经您允许不会他用，感谢您的合作与支持！

**一、受访人基本信息**

1. 职业：　　　　A□高校行政人员　　　　B□高校教师

　　　　　　　　C□政府机构工作人员　　D□企业工作人员

2. 性别：　　　　A□男　　　　　　　　　B□女

3. 民族：　　　　A□汉族　　　　　　　　B□少数民族

4. 受教育程度：A□专科　　　　　　　　B□本科

　　　　　　　　C□硕士　　　　　　　　D□博士

5. 政治面貌：　A□中共党员　　　　　　B□民主党派

　　　　　　　　C□无党派人士

6. 宗教信仰：　A□无　　　　　　　　　B□有

**二、西安历史文化名城基因层次分析**

（一）问卷描述

此调查问卷的目的在于确定西安历史文化名城基因具体结构因素，

刻画西安历史文化名城基因结构。

**样表** 下列各组两两比较要素，对于"西安历史文化名城基因"的相对重要性如何？

| A | 重要性比较 | | | | | | | | | | | | | | | | | B |
|---|---|---|---|---|---|---|---|---|---|---|---|---|---|---|---|---|---|---|
| 精神层次基因 | ◀9 | ◀8 | ◀7 | ◀6 | ◀5 | ◀4 | ◀3 | ◀2 | 1 | 2▶ | 3▶ | 4▶ | 5▶ | 6▶ | 7▶ | 8▶ | 9▶ | 物化层次基因 |

### （二）问卷内容

● 第 2 层因素

下列各组两两比较因素，对于"西安历史文化名城基因结构因素 $G$"的相对重要性如何？

| A | 重要性比较 | | | | | | | | | | | | | | | | | B |
|---|---|---|---|---|---|---|---|---|---|---|---|---|---|---|---|---|---|---|
| 精神层次基因 $P_1$ | ◀9 | ◀8 | ◀7 | ◀6 | ◀5 | ◀4 | ◀3 | ◀2 | 1 | 2▶ | 3▶ | 4▶ | 5▶ | 6▶ | 7▶ | 8▶ | 9▶ | 物化层次基因 $P_2$ |
| 精神层次基因 $P_1$ | ◀9 | ◀8 | ◀7 | ◀6 | ◀5 | ◀4 | ◀3 | ◀2 | 1 | 2▶ | 3▶ | 4▶ | 5▶ | 6▶ | 7▶ | 8▶ | 9▶ | 民俗层次基因 $P_3$ |
| 物化层次基因 $P_2$ | ◀9 | ◀8 | ◀7 | ◀6 | ◀5 | ◀4 | ◀3 | ◀2 | 1 | 2▶ | 3▶ | 4▶ | 5▶ | 6▶ | 7▶ | 8▶ | 9▶ | 民俗层次基因 $P_3$ |

● 第 3 层因素

下列各组两两比较因素，对于"精神层次基因 $P_1$"的相对重要性如何？

| A | 重要性比较 | | | | | | | | | | | | | | | | | B |
|---|---|---|---|---|---|---|---|---|---|---|---|---|---|---|---|---|---|---|
| 文化根源基因 $Q_1$ | ◀9 | ◀8 | ◀7 | ◀6 | ◀5 | ◀4 | ◀3 | ◀2 | 1 | 2▶ | 3▶ | 4▶ | 5▶ | 6▶ | 7▶ | 8▶ | 9▶ | 制度文化基因 $Q_2$ |
| 文化根源基因 $Q_1$ | ◀9 | ◀8 | ◀7 | ◀6 | ◀5 | ◀4 | ◀3 | ◀2 | 1 | 2▶ | 3▶ | 4▶ | 5▶ | 6▶ | 7▶ | 8▶ | 9▶ | 民族精神基因 $Q_3$ |
| 文化根源基因 $Q_1$ | ◀9 | ◀8 | ◀7 | ◀6 | ◀5 | ◀4 | ◀3 | ◀2 | 1 | 2▶ | 3▶ | 4▶ | 5▶ | 6▶ | 7▶ | 8▶ | 9▶ | 性格特质基因 $Q_4$ |
| 制度文化基因 $Q_2$ | ◀9 | ◀8 | ◀7 | ◀6 | ◀5 | ◀4 | ◀3 | ◀2 | 1 | 2▶ | 3▶ | 4▶ | 5▶ | 6▶ | 7▶ | 8▶ | 9▶ | 民族精神基因 $Q_3$ |

| A | 重要性比较 | | | | | | | | | | | | | | | | | B |
|---|---|---|---|---|---|---|---|---|---|---|---|---|---|---|---|---|---|---|
| 制度文化基因 $Q_2$ | ◀9 | ◀8 | ◀7 | ◀6 | ◀5 | ◀4 | ◀3 | ◀2 | 1 | 2▶ | 3▶ | 4▶ | 5▶ | 6▶ | 7▶ | 8▶ | 9▶ | 性格特质基因 $Q_4$ |
| 民族精神基因 $Q_3$ | ◀9 | ◀8 | ◀7 | ◀6 | ◀5 | ◀4 | ◀3 | ◀2 | 1 | 2▶ | 3▶ | 4▶ | 5▶ | 6▶ | 7▶ | 8▶ | 9▶ | 性格特质基因 $Q_4$ |

下列各组两两比较因素，对于"物化层次基因 $P_2$"的相对重要性如何？

| A | 重要性比较 | | | | | | | | | | | | | | | | | B |
|---|---|---|---|---|---|---|---|---|---|---|---|---|---|---|---|---|---|---|
| 历史文物基因 $Q_5$ | ◀9 | ◀8 | ◀7 | ◀6 | ◀5 | ◀4 | ◀3 | ◀2 | 1 | 2▶ | 3▶ | 4▶ | 5▶ | 6▶ | 7▶ | 8▶ | 9▶ | 山川河流基因 $Q_6$ |
| 历史文物基因 $Q_5$ | ◀9 | ◀8 | ◀7 | ◀6 | ◀5 | ◀4 | ◀3 | ◀2 | 1 | 2▶ | 3▶ | 4▶ | 5▶ | 6▶ | 7▶ | 8▶ | 9▶ | 基础设施基因 $Q_7$ |
| 历史文物基因 $Q_5$ | ◀9 | ◀8 | ◀7 | ◀6 | ◀5 | ◀4 | ◀3 | ◀2 | 1 | 2▶ | 3▶ | 4▶ | 5▶ | 6▶ | 7▶ | 8▶ | 9▶ | 城乡建筑基因 $Q_8$ |
| 历史文物基因 $Q_5$ | ◀9 | ◀8 | ◀7 | ◀6 | ◀5 | ◀4 | ◀3 | ◀2 | 1 | 2▶ | 3▶ | 4▶ | 5▶ | 6▶ | 7▶ | 8▶ | 9▶ | 遗址遗迹基因 $Q_9$ |
| 山川河流基因 $Q_6$ | ◀9 | ◀8 | ◀7 | ◀6 | ◀5 | ◀4 | ◀3 | ◀2 | 1 | 2▶ | 3▶ | 4▶ | 5▶ | 6▶ | 7▶ | 8▶ | 9▶ | 基础设施基因 $Q_7$ |
| 山川河流基因 $Q_6$ | ◀9 | ◀8 | ◀7 | ◀6 | ◀5 | ◀4 | ◀3 | ◀2 | 1 | 2▶ | 3▶ | 4▶ | 5▶ | 6▶ | 7▶ | 8▶ | 9▶ | 城乡建筑基因 $Q_8$ |
| 山川河流基因 $Q_6$ | ◀9 | ◀8 | ◀7 | ◀6 | ◀5 | ◀4 | ◀3 | ◀2 | 1 | 2▶ | 3▶ | 4▶ | 5▶ | 6▶ | 7▶ | 8▶ | 9▶ | 遗址遗迹基因 $Q_9$ |
| 基础设施基因 $Q_7$ | ◀9 | ◀8 | ◀7 | ◀6 | ◀5 | ◀4 | ◀3 | ◀2 | 1 | 2▶ | 3▶ | 4▶ | 5▶ | 6▶ | 7▶ | 8▶ | 9▶ | 城乡建筑基因 $Q_8$ |
| 基础设施基因 $Q_7$ | ◀9 | ◀8 | ◀7 | ◀6 | ◀5 | ◀4 | ◀3 | ◀2 | 1 | 2▶ | 3▶ | 4▶ | 5▶ | 6▶ | 7▶ | 8▶ | 9▶ | 遗址遗迹基因 $Q_9$ |
| 城乡建筑基因 $Q_8$ | ◀9 | ◀8 | ◀7 | ◀6 | ◀5 | ◀4 | ◀3 | ◀2 | 1 | 2▶ | 3▶ | 4▶ | 5▶ | 6▶ | 7▶ | 8▶ | 9▶ | 遗址遗迹基因 $Q_9$ |

下列各组两两比较要素，对于"民俗层次基因 $P_3$"的相对重要性如何？

| A | 重要性比较 | | | | | | | | | | | | | | | | | B |
|---|---|---|---|---|---|---|---|---|---|---|---|---|---|---|---|---|---|---|
| 餐饮文化基因 $Q_{10}$ | ◀9 | ◀8 | ◀7 | ◀6 | ◀5 | ◀4 | ◀3 | ◀2 | 1 | 2▶ | 3▶ | 4▶ | 5▶ | 6▶ | 7▶ | 8▶ | 9▶ | 农耕文化基因 $Q_{11}$ |
| 餐饮文化基因 $Q_{10}$ | ◀9 | ◀8 | ◀7 | ◀6 | ◀5 | ◀4 | ◀3 | ◀2 | 1 | 2▶ | 3▶ | 4▶ | 5▶ | 6▶ | 7▶ | 8▶ | 9▶ | 文化娱乐基因 $Q_{12}$ |
| 餐饮文化基因 $Q_{10}$ | ◀9 | ◀8 | ◀7 | ◀6 | ◀5 | ◀4 | ◀3 | ◀2 | 1 | 2▶ | 3▶ | 4▶ | 5▶ | 6▶ | 7▶ | 8▶ | 9▶ | 工商文化基因 $Q_{13}$ |
| 餐饮文化基因 $Q_{10}$ | ◀9 | ◀8 | ◀7 | ◀6 | ◀5 | ◀4 | ◀3 | ◀2 | 1 | 2▶ | 3▶ | 4▶ | 5▶ | 6▶ | 7▶ | 8▶ | 9▶ | 人情礼仪基因 $Q_{14}$ |
| 餐饮文化基因 $Q_{10}$ | ◀9 | ◀8 | ◀7 | ◀6 | ◀5 | ◀4 | ◀3 | ◀2 | 1 | 2▶ | 3▶ | 4▶ | 5▶ | 6▶ | 7▶ | 8▶ | 9▶ | 民风民俗基因 $Q_{15}$ |
| 农耕文化基因 $Q_{11}$ | ◀9 | ◀8 | ◀7 | ◀6 | ◀5 | ◀4 | ◀3 | ◀2 | 1 | 2▶ | 3▶ | 4▶ | 5▶ | 6▶ | 7▶ | 8▶ | 9▶ | 文化娱乐基因 $Q_{12}$ |
| 农耕文化基因 $Q_{11}$ | ◀9 | ◀8 | ◀7 | ◀6 | ◀5 | ◀4 | ◀3 | ◀2 | 1 | 2▶ | 3▶ | 4▶ | 5▶ | 6▶ | 7▶ | 8▶ | 9▶ | 工商文化基因 $Q_{13}$ |
| 农耕文化基因 $Q_{11}$ | ◀9 | ◀8 | ◀7 | ◀6 | ◀5 | ◀4 | ◀3 | ◀2 | 1 | 2▶ | 3▶ | 4▶ | 5▶ | 6▶ | 7▶ | 8▶ | 9▶ | 人情礼仪基因 $Q_{14}$ |
| 农耕文化基因 $Q_{11}$ | ◀9 | ◀8 | ◀7 | ◀6 | ◀5 | ◀4 | ◀3 | ◀2 | 1 | 2▶ | 3▶ | 4▶ | 5▶ | 6▶ | 7▶ | 8▶ | 9▶ | 民风民俗基因 $Q_{15}$ |
| 文化娱乐基因 $Q_{12}$ | ◀9 | ◀8 | ◀7 | ◀6 | ◀5 | ◀4 | ◀3 | ◀2 | 1 | 2▶ | 3▶ | 4▶ | 5▶ | 6▶ | 7▶ | 8▶ | 9▶ | 工商文化基因 $Q_{13}$ |
| 文化娱乐基因 $Q_{12}$ | ◀9 | ◀8 | ◀7 | ◀6 | ◀5 | ◀4 | ◀3 | ◀2 | 1 | 2▶ | 3▶ | 4▶ | 5▶ | 6▶ | 7▶ | 8▶ | 9▶ | 人情礼仪基因 $Q_{14}$ |
| 文化娱乐基因 $Q_{12}$ | ◀9 | ◀8 | ◀7 | ◀6 | ◀5 | ◀4 | ◀3 | ◀2 | 1 | 2▶ | 3▶ | 4▶ | 5▶ | 6▶ | 7▶ | 8▶ | 9▶ | 民风民俗基因 $Q_{15}$ |
| 工商文化基因 $Q_{13}$ | ◀9 | ◀8 | ◀7 | ◀6 | ◀5 | ◀4 | ◀3 | ◀2 | 1 | 2▶ | 3▶ | 4▶ | 5▶ | 6▶ | 7▶ | 8▶ | 9▶ | 人情礼仪基因 $Q_{14}$ |
| 工商文化基因 $Q_{13}$ | ◀9 | ◀8 | ◀7 | ◀6 | ◀5 | ◀4 | ◀3 | ◀2 | 1 | 2▶ | 3▶ | 4▶ | 5▶ | 6▶ | 7▶ | 8▶ | 9▶ | 民风民俗基因 $Q_{15}$ |
| 人情礼仪基因 $Q_{14}$ | ◀9 | ◀8 | ◀7 | ◀6 | ◀5 | ◀4 | ◀3 | ◀2 | 1 | 2▶ | 3▶ | 4▶ | 5▶ | 6▶ | 7▶ | 8▶ | 9▶ | 民风民俗基因 $Q_{15}$ |

# 参考文献

[1] Kluckhohn C, Kroeber A L. Culture: A Critical Review of Concepts and Definitions [M]. New York: Kraus Reprint Co., 1952: 125-135.

[2] Dawkins R. The Selfish Gene [M]. 2nd ed. Oxford: Oxford University Press, 2006.

[3] Blackmore S. The Meme Machine [M]. Oxford: Oxford University Press, 1999.

[4] Boyd R, Richerson P. Culture and the Evolutionary Process [M]. University of Chicago Press, 1985.

[5] Durham W H. Coevolution: Genes, Culture, and Human Diversity [M]. Palo Alto: Stanford University Press, 1991.

[6] Distin K. The Selfish Meme [M]. Cambridge University Press, 2005.

[7] Heylighen F, Chielens K. Evolution of Culture, Memetics [M]. Encyclopedia of Complexity and Systems Science. New York: Springer, 2009: 3205-3220.

[8] Lumsden C J, Wilson E O. Genes, mind, and culture [J]. Zy-gon, 2010 (2): 213-232.

[9] Feng L, Ong Y S, Tan A H, et al. Meme as building block for evolutionary optimization of problem instances [J]. Computer Science, 2012: 1-36.

［10］ Chebib J，Marriott C. Modeling the evolution of gene-culture divergence ［J］. ALIFE2016：The Fifteenth International Conference on the Synthesis and Simulation of Living Systems，2016（28）：500-507.

［11］ Frost K. Cultural and Gene-Cultural Effects and Evolutionary Dynamics of Prosocial Rituals ［D］. University of California，Davis，2016.

［12］ Zhu Y，Teng L C. Construction and application of the aesign method of cultural products based on the meme of Liao Dynasty ceramics ［J］. E3S Web of Conferences，2020，179-185.

［13］ Bhattacharjee A，Rani P. Design thinking：Construction of a meme-based model for culture-specific design ［J］. Journal of the Knowledge Economy，2022，14（2）：974-982

［14］ 傅道彬. 文化的积淀与冷却 ［J］. 学术交流，1986，（3）：80-81.

［15］ 刘长林. 中国系统思维：文化基因透视 ［M］. 北京：中国社会科学出版社，1990：578.

［16］ 尚乐林. 文化基因三层观——"超循环发展观"思考札记之六 ［J］. 发展，1998（5）：7-9.

［17］ 姜广辉. 论中国文化基因的形成——前轴心时代的史影与传统 ［C］∥国际儒学联合会. 国际儒学研究（第六辑），1988：291-339.

［18］ 毕文波. 当代中国新文化基因若干问题思考提纲 ［J］. 南京政治学院学报，2001（2）：27-31.

［19］ 赵传海. 论文化基因及其社会功能 ［J］. 河南社会科学，2008（2）：50-52.

［20］ 王东. 中华文明的五次辉煌与文化基因的五大核心理念 ［J］. 河北学刊，2003（5）：130-134.

［21］ 吕嘉. 中国文化的"基因" ［J］. 中共宁波市委党校学报，2015（1）：56-59+102.

［22］ 马大康. 从符号系统结构探析"文化基因" ［J］. 社会科学，2018

（4）：163-172.

[23] 徐杰舜，金力．把基因分析引进人类学——人类学学者访谈录之三十九 ［J］．广西民族学院学报（哲学社会科学版），2006，（3）：43-50.

[24] 吴秋林．文化基因论 ［M］．北京：商务印书馆，2017.

[25] 吴福平，李亚楠．文化基因概念、理论及学术史批判 ［J］．深圳社会科学，2020（6）：96-103.

[26] 杨剑飞，王文睿．中国文化基因数据库构建：历史维度、实践逻辑与路径探析 ［J］．贵州民族研究，2023，44（4）：144-149.

[27] 王蔚，史箴．与天对话——略析中国园林的传统文化基因 ［J］．新建筑，1997（2）：46-48.

[28] 张鸿雁．人类城市化的"城市文化基因"与"城市社会再造文化因子"论——城市社会进化的人类学与社会学新视角 ［J］．社会科学，2003（9）：65-73.

[29] 乌再荣．基于"文化基因"视角的苏州古代城市空间研究 ［D］．南京：南京大学，2009.

[30] 缪合林．城市文化基因的突变和重组 ［N］．光明日报，2012-04-20.

[31] 程翠英．武汉文化定位及推广策略研究——以文化基因为视角 ［D］．武汉：华中师范大学，2016.

[32] 霍艳红．基于文化基因视角的京杭大运河水文化遗产保护研究 ［D］．天津：天津大学，2016.

[33] 刘晓娜，段汉明．城市文化基因分子的提取与传承——以开封为例 ［J］．美与时代（上），2020（4）：9-14.

[34] 夏雅琴，江家慧．公共设施与城市文化基因传承 ［J］．江西社会科学，2021（10）：246-253.

[35] ［美］凡勃伦．有闲阶级论：关于制度的经济研究 ［M］．北京：商务印书馆，1964.

［36］〔德〕齐美尔.货币哲学［M］.陈戎女等,译.北京:华夏出版社,2002.

［37］〔法〕皮埃尔·布迪厄.全球化与文化资本［M］.武锡申译,北京:社会科学出版社,2005.

［38］Benjamin.机械复制时代的艺术作品［M］.王才勇,译.北京:中国城市出版社,2002.

［39］Antunes B A C P, Barroso F M. Rio de Janeiro, ultural consumption experiences in the new port area: The museum of tomorrow, rio art museum and the mational museum of fine arts［J］.Creative Industries Journal, 2022, 15 (2): 451-463.

［40］Song C. Researching the Relationship between Years of Schooling and Cultural Consumption［J］.Journal of Aussie-Sino Studies, 2021, 7 (3): 162-184.

［41］罗晓玲.近年我国文化消费研究述评［J］.华中农业大学学报(社会科学版),2004 (3): 70-74.

［42］朱立通.文化消费研究综述［J］.文化发展研究,2014 (1): 197-208.

［43］陈培培.四川省不同收入阶层居民文化消费行为的统计研究［D］.成都:西南财经大学,2009.

［44］金晓彤,王天新,闫超.中国居民文化消费对经济增长的贡献有多大?——兼论扩大文化消费的路径选择［J］.社会科学战线,2013 (8): 68-74.

［45］金晓彤,周爽.新生代农民工的发展型文化消费意义何在——基于市民化意愿对职业声望的影响研究［J］.社会科学战线,2017 (4): 189-196.

［46］张甫,黄蕊.文化旅游产业融合对文化消费的影响［J］.商业研究,2018 (2): 172-176.

[47] 杨建生，岳芬．文化消费产品的价值赋值、市场认同及其实现路径［J］．学习与实践，2020（12）：102-107.

[48] 汪永涛．Z世代亚文化消费的逻辑［J］．中国青年研究，2021（11）：88-95.

[49] 李凤亮，刘晓菲．新发展格局中的文化消费走向［J］．山东社会科学，2022（6）：171-180.

[50] 鲁婧颉，随洪光，周瑾．文化消费与经济增长质量提升［J］．南开经济研究，2021（5）：158-175.

[51] 朱虎啸，杨振，欧向军等．中国省域居民文化消费时空特征及影响因素分析［J］．湖南师范大学自然科学学报，2023（5）：80-89.

[52] Benjamin．机械复制时代的艺术作品［M］．王才勇，译．北京：中国城市出版社，2002.

[53] Christian F. Culture and Economy in the Age of Social Media［M］. New York：Routledge，2015.

[54] 宋泓明．文化创意产业集群发展研究——以北京市朝阳区为例的分析［J］．上海经济研究，2007（12）：118-122.

[55] 罗建华，李铁宁．国内外非显著规模经济性文化产业规模经营及影响因素比较研究——旅游酒店业的实证研究［J］．商业研究，2007（8）：133-136.

[56] 王乾厚．文化产业规模经济与文化企业重组并购行为［J］．河南大学学报（社会科学版），2009，49（6）：78-85.

[57] 李蕾蕾．文化创意产业集群的概念误区与研究趋势［J］．深圳大学学报（人文社会科学版），2009，26（4）：66-67.

[58] 李慧，吴翠花．提升区域文化产业竞争力的途径［J］．理论探索，2012（2）：100-102.

[59] 韩雪冰，郑文范．文化产业创新及其发展研究［J］．东北大学学报（社会科学版），2013，15（6）：569-574.

［60］ Michaelsen S，Johnson E D. Border Theory：The Limits of Cultural Poli-
tics ［M］. University of Minnesota Press，1997.

［61］ Dominic P. Cultural Industries and the Production of Culture ［M］. Tay-
lor and Francis，2004.

［62］ 袁海. 中国省域文化产业集聚影响因素实证分析 ［J］. 经济经纬，
2010（3）：65-67.

［63］ 戴钰. 湖南省文化产业集聚及其影响因素研究 ［J］. 经济地理，
2013，33（4）：114-119.

［64］ 肖博华，李忠斌. 民族地区文化产业集聚度测算及影响因素分析
［J］. 中国人口·资源与环境，2013，23（S1）：32-37.

［65］ 胡慧源. 相关多样性、行业异质性与文化产业集聚——基于江苏
分行业数据的实证研究 ［J］. 上海财经大学学报，2014，16（4）：
36-43.

［66］ 郭新茹，顾江，陈天宇. 文化产业集聚、空间溢出与区域创新能
力 ［J］. 江海学刊，2019（6）：77-83.

［67］ 戴俊骋，孙东琪，张欣亮. 中国区域文化产业发展空间格局 ［J］.
经济地理，2018，38（9）：122-129.

［68］ 宁楠，惠宁. 数字经济与文化产业高质量发展——基于新发展理
念视角的分析 ［J］. 统计与决策，2023（18）：16-21.

［69］ Kahn D，Levine J. The 5 P's of Culture Management. ［EB/OL］.
［2017-12-28］. https：//akajoshlevine. medium. com/the-5-ps-of-cul-
ture-management-60d18501bb6.

［70］ Fukuyama F. 信任：社会美德与创造经济繁荣 ［M］. 彭志华译海
口：海南出版社，2001.

［71］ Last A-K，Wetzel H，马绯璠. 德国公共剧院的效率：随机前沿分
析法 ［J］. 文化艺术研究，2010（4）：16.

［72］ Marco-Serrano F. Monitoring managerial efficiency in the performing arts: A regional theatres network perspective [J]. Annals OR, 2006, 145 (1): 167-181.

[73] 马萱, 郑世林. 中国区域文化产业效率研究综述与展望 [J]. 经济学动态, 2010 (3): 83-86.

[74] 蒋萍, 王勇. 全口径中国文化产业投入产出效率研究——基于三阶段 DEA 模型和超效率 DEA 模型的分析 [J]. 数量经济技术经济研究, 2011, 28 (12): 69-81.

[75] 方忠, 张华荣. 基于 Malmquist 指数的福建文化创意产业效率区域差异分析 [J]. 亚太经济, 2014 (3): 128-132.

[76] 雷原, 赵倩, 朱贻宁. 我国文化创意产业效率分析——基于 68 家上市公司的实证研究 [J]. 当代经济科学, 2015, 37 (2): 89-96+127.

[77] 郑世林, 葛珺沂. 文化体制改革与文化产业全要素生产率增长 [J]. 中国软科学, 2012 (10): 48-58.

[78] 马跃如, 白勇, 程伟波. 基于 SFA 的我国文化产业效率及影响因素分析 [J]. 统计与决策, 2012 (8): 97-101.

[79] 袁海, 吴振荣. 中国省域文化产业效率测算及影响因素实证分析 [J]. 软科学, 2012, 26 (3): 72-77.

[80] 钟廷勇, 周磊, 安烨. 技术效率、技术进步与文化产业全要素生产率分析 [J]. 商业研究, 2014 (9): 14-20.

[81] 黄辰洋, 吕洪渠, 程文思. 产业集聚与环境依赖对文化产业效率的影响 [J]. 华东经济管理, 2022, 36 (1): 99-107.

[82] Dai J H, Xiao G, Jianyu C, et al. What are the most influential factors on the development of cultural industry in China's coastal areas? [J]. Journal of Coastal Research, 2020 (SI): 595-613.

[83] 张爱红, 郭梓锋. 现代化视阈下中国文化产业的变迁及其动力分析 [J]. 当代世界社会主义问题, 2021 (4): 75-90.

［84］李江帆．产业结构高级化与第三产业现代化［J］．中山大学学报（社会科学版），2005（4）：124-130+144.

［85］张凤，何传启．第二次现代化与中国国家创新体系［J］．中国软科学，2000（1）：106-108.

［86］范建华，秦会朵．"十四五"我国文化产业高质量发展的战略定位与路径选择［J］．云南师范大学学报（哲学社会科学版），2021，53（5）：73-85.

［87］李培峰．新时代文化产业高质量发展：内涵、动力、效用和路径研究［J］．重庆社会科学，2019（12）：113-123.

［88］潘爱玲，王雪，刘昕．新发展格局下中国文化产业高质量发展的战略思路与实现路径［J］．山东大学学报（哲学社会科学版），2022（6）：11-21.

［89］罗兰．数字文化产业高质量发展的现状、重点与对策［J］．电视研究，2022（2）：68-71.

［90］Gao Y. Research on the modernization development of cultural industry chain in Heilongjiang［J］. Academic Journal of Humanities &AMP；Social Sciences，2023，6（15）：112-123.

［91］黄松，谭腾．中国式现代化视野下文化产业数字治理体系的建构：逻辑理路与创新策略［J］．学术探索，2023（8）：79-87.

［92］刘宝才，王美凤．西安历史文化的特质［J］．唐都学刊，2011（1）：79-81.

［93］赵珍．留住西安老街巷的文化基因［N］．中国文化报，2012-03-22（008）.

［94］魏峰群，席岳婷．基于文化基因传承视角下的城市空间蔓延初探——以西安市为例［J］．城市发展研究，2012（7）：47-52.

［95］田涛．古城复兴：西安城市文化基因梳理及其空间规划模式研究［D］．西安：西安建筑科技大学，2015.

［96］陈虓．文化基因视角下的小雁塔历史文化片区保护与利用研究［D］．西安：西安建筑科技大学，2018．

［97］陈晓月．基于历史文化基因传承的街道品质提升改造设计研究——以西城区西安门大街为例［J］．北京建筑大学学报，2019，35（1）：21-28．

［98］王萌，李君轶．城市历史文化街区景观对游客情感及行为意向影响研究——以西安历史文化街区为例［J］．西南大学学报（自然科学版），2021，43（10）：146-153．

［99］常玉．文化基因视角下三学街历史文化街区公共空间更新设计研究［D］．西安：西安建筑科技大学，2023．

［100］朱立挺．西安："国际美食之都"的饮食传统和文化基础［J］．新西部，2023（1）：68-72．

［101］申海元．西安文化产业及产业集群研究［D］．西安：陕西师范大学，2010．

［102］才超．西安市文化艺术产业的时空相关性及演化机制分析［D］．西安：陕西师范大学，2012．

［103］赵高斌．文化产业的社会效益研究［D］．西安：西北大学，2013．

［104］薛东前，张志杰，郭晶等．西安市文化产业集聚特征及机制分析［J］．经济地理，2015，35（5）：92-97．

［105］张薇．供给侧改革背景下西安扩大文化消费的现实路径［J］．经济研究导刊，2016（24）：46-47+60．

［106］李佩玉．西安市文化艺术产业空间集聚与人口文化素质的耦合规律研究［D］．西安：陕西师范大学，2017．

［107］王斌，陈艺天，魏洁云．西安市文化产业与旅游产业融合发展研究［J］．中国市场，2018（26）：58-60．

［108］詹绍文，杨婷婷．文化物流助推文化产业高质量发展研究——以

西安市为例 [J]. 物流工程与管理，2021，43（5）：126-128.

[109] 孙汀，李同昇. 文化遗产的当代保护、继承与发展——基于西安市文化创意产业的模式分析 [J]. 河南师范大学学报（哲学社会科学版）. 2022（6）：143-149.

[110] 刘静. 西安文化产业综合评价研究 [D]. 西安：长安大学，2008.

[111] 李悦. 西安市文化产业竞争力研究 [D]. 西安：西北大学，2009.

[112] 李琳，赵江. 西安文化产业发展中的问题及路径选择 [J]. 唐都学刊，2010，26（6）：100-103.

[113] 胡长明，马红园，矫霞，王雪艳. 文化产业对西安经济的影响 [J]. 西安建筑科技大学学报（社会科学版），2011（5）：25-29.

[114] 马红园. 文化产业示范园区建设对西安经济的影响研究 [D]. 西安：西安建筑科技大学，2012.

[115] 朱仁伟，刘景. 关于西安文化产业发展的理性思考 [J]. 知识经济，2010（20）：173.

[116] 梁学成. 文化产业与城市经济融合发展的路径探究——以西安曲江新区为例 [J]. 城市观察，2014（2）：123-129.

[117] 李明. 西安文化产业与旅游产业融合发展研究 [D]. 兰州：西北师范大学，2015.

[118] 杨博，唐彬. 西安文化产业发展探析 [J]. 商场现代化，2016（18）：184-186.

[119] 张佑林，王萍，陈朝霞. 文化产业推进西安城市经济转型发展的实证研究 [J]. 经济与管理评论，2017（3）：113-122.

[120] 梁洋. 文化产业集群与区域经济发展的耦合关系研究 [D]. 西安：西安建筑科技大学，2021.

[121] 李留通，张森森，赵新正等. 文化产业成长对城市空间形态演变的影响——以西安市核心区为例 [J]. 地理研究，2021，40（2）：431-445.

［122］侯宇轩．西安市文化产业经济效益现状分析及优化研究［J］．环渤海经济瞭望，2022（11）：19-21.

［123］高敏．西安文化软实力发展与提升策略研究［J］．产业与科技论坛，2022，21（9）：20-21.

［124］李树启．面向文化复兴的民族特色文化产业建设：路径与策略［J］．中国浦东干部学院学报，2012（11）：87-92.

［125］张凤琦．文化复兴与民族文化产业走出去战略思考［J］．中华文化论坛，2006（4）：111-114.

［126］吴攸．文化产业政策与民族文化复兴［J］．毛泽东邓小平理论研究，2014（12）：79-84.

［127］刘拥军，葛美玲．城镇居民收入对文化消费支出的影响——基于门限模型和分位数回归［J］．商业经济研究，2017，（16）：40-42.

［128］陈鑫，王文姬，张苏缘．互联网发展能否有效缩小城乡居民文化消费差距？［J］．农村经济，2020，（12）：87-93.

［129］李艳燕．互联网使用视角下城乡居民文化消费差异研究［J］．商业经济研究，2021（24）：72-76.

［130］丁萍．数字化发展对我国居民文化消费的提振效应——基于数字化不同细分维度的比较分析［J］．商业经济研究，2023（11）：116-119.

［131］曾燕萍，刘霞．政府公共文化支出对家庭文化消费的影响研究——基于中国家庭追踪调查的分析［J］．消费经济，2020，36（2）：29-39.

［132］黄晓娟．城乡差异视角下居民文化消费影响因素比较分析［J］．商业经济研究，2020（18）：49-53.

［133］郎丽娜．文化基因研究的概念和历史［J］．广西民族大学学报（哲学社会科学版），2017（2）：8-13.

［134］王艳华．文明冲突论与先进文化建设［J］．学术交流，2006（5）：

173-177.

[135] 胡梅叶. 略论现代生产方式、生活方式和思维方式 [J]. 安徽教育学院学报，2005（4）：26-28.

[136] 王西涛，邵娟，刘飞飞. 文化基因在历史街区旅游开发中的应用——以长春新民大街为例 [J]. 湖州师范学院学报，2015（8）：70-76.

[137] Becker G S, Stigler G J. De gustibus non est disputandum [J]. American Economic Review，1977，67（2）：76-90.

[138] Becker G S, Grossman M, Murphy K M. An empirical analysis of cigarette addiction [J]. American Economic Review，1994，84：396-418.

[139] 赵鹤龄，王军，袁中金等，文化基因的谱系图构建与传承路径研究——以古滇国文化基因为例 [J]. 现代城市研究，2014（5）：90-97.

[140] 房宏婷. 论文化消费与文化产业的互动关系 [J]. 理论学刊，2011（10）：112-114.

[141] 邓安球. 论文化消费与文化产业发展 [J]. 消费经济，2007（3）：16-19.

[142] 刘丽伟，高中理. 世界文化产业发展的新趋势 [J]. 经济纵横，2015（10）：118-123.

[143] 毛中根，杨丽姣. 文化消费增长的国际经验及中国的政策取向 [J]. 经济与管理研究，2017（3）：84-91.

[144] 黎洁，李垣. 历史文化名城文化产业与旅游产业整合创新的目标模式研究——以云南大理为例 [J]. 思想战线，2001（1）：63-64.

[145] 席丽莎，刘建朝，王明浩. 城市多元文化的基因谱系及其价值化传承 [J]. 城市发展研究，2019（1）：2-4.

[146] 刘敏，李先逵. 历史文化名城物种多样性初探 [J]. 城市规划汇刊，2002（6）：55-56.

[147] 马秋丽，张东荪. 对中国哲学的论证思路研究［J］. 东北师大学报（哲学社会科学版），2014（5）：64-67.

[148] 赵鹤龄，王军，袁中金等，文化基因的谱系图构建与传承路径研究——以古滇国文化基因为例［J］. 现代城市研究，2014（5）：90-97.

[149] 王西涛，邵娟，刘飞飞. 文化基因在历史街区旅游开发中的应用——以长春新民大街为例［J］. 湖州师范学院学报，2015（8）：70-76.

[150] 李凤亮，宗祖盼. 跨界融合：文化产业的创新发展之路［J］. 天津社会科学，2015（3）：49-53.

[151] 卢小琴. 历史文化名城旅游开发研究［D］. 长沙：中南林业大学，2005.

[152] 黄火明. 历史文化消费：传统文化继承与城市现代性发展——论城市化背景下城市文化的和谐发展［J］. 中国石油大学学报（社会科学版），2007（3）：86-88.

[153] 黄新亚. 中国文化史概论·上卷·长安文化［M］. 西安：陕西师范大学出版社，1989：17-18.

[154] 徐杰舜. 关中人的人文特征——西北汉族族群研究之一［J］. 青海民族大学学报，2016（1）：54-59.

[155] 黄新亚. 中国文化史概论·上卷·长安文化［M］. 西安：陕西师范大学出版社，1989：17-18.

[156] 徐杰舜. 关中人的人文特征——西北汉族族群研究之一［J］. 青海民族大学学报，2016（1）：54-59.

[157] 樊志民. 周秦文化的对接与变异［C］. 问稼轩农史文集，杨凌：西北农林科技大学出版社，2006.

[158] 赵馥洁. 论关学的基本精神［J］. 西北大学学报（哲学社会科学版），2005（5）：6-11.

[159] 李彦群，任绍斌，耿虹."文化基因遗传"视角下民族文化遗产整体性保护 [J]. 城市发展研究，2021（2）：75-82.

[160] 林剑鸣. 秦史稿 [M]. 北京：中国人民大学出版社，2009：41.

[161] 蒋苑，崔陇鹏，严少飞. 近代以来西安城墙保护历程研究 [J]. 建筑与文化. 2014（2）：60-65.

[162] 刘容. 我国典型城市文化消费及相关政策研究 [J]. 中国名城，2018（9）：45-48.

[163] Blundell R，Bond S. Initial conditions and moment restrictions in dynamic panel data models [J]. Journal of Econometrics，1998，87（1）：115-143.

[164] Battese G E，Coelli T J. A model for technical inefficiency effects in a stochastic frontier production function for panel data [J]. Empirical Economics，1995，20（2）：325-332.

[165] 刘颖，孙兵，刘谦. 人口年龄结构如何影响地方政府学前教育财政投入？——基于 2007—2021 年省级面板数据的研究 [J]. 学前教育研究，2024，（12）：11-24.

[166] 李留通，张森森，赵新正，权东计，罗伊. 文化产业成长对城市空间形态演变的影响——以西安市核心区为例 [J]. 地理研究，2021（2）：431-445.

[167] 马忠新. 营商制度环境与民营经济发展——基于营商文化"基因"的历史考察与实证 [J]. 南方经济，2021（2）：106-122.

[168] 赵海英. 文化基因研究缘起、进展与未来研究思考综述 [J]. 中国传媒大学学报（自然科学版），2021（5）：1-10.

[169] 鲁婧颉，随洪光，周瑾. 文化消费与经济增长质量提升 [J]. 南开经济研究，2021（5）：158-175.

[170] 单世联. 论文化产业两种效益的逻辑与纵深 [J]. 贵州社会科学，2021（7）：50-56.

［171］范玉刚．文化产业在构建新发展格局中的创新文化功能［J］.深圳大学学报（人文社会科学版），2022（2）：43-53.

［172］贺冠雄．文化与经济融合发展新论［J］.重庆社会科学.2022（4）：118-128.

［173］朱粲，郑雨琦．新发展格局：文化基因、中国道路与文化强国［J］.福建论坛（人文社会科学版），2022（6）：54-59.

［174］蔡晓璐．文化基因视域下北京中轴线的文化内涵与当代价值［J］.北京社会科学.2022（9）：33-45.

［175］宋河有．红色文化旅游符号培育：基因挖掘、氛围营造与产业带动［J］.理论月刊.2022（11）：93-102.

［176］吴秋林，吴晓梅．文化基因与社区营造——兼及中国社区模式研究［J］.湖北民族大学学报（哲学社会科学版），2023，41（6）：15-26.

［177］方辉．中华文明起源与发展的连续性及其文化基因［J］.中国社会科学，2023，（8）：10-15+204.

［178］陈慧敏．中国式现代化道路的传统文化基因探赜［J］.西北民族大学学报（哲学社会科学版），2023（4）：138-145.

［179］马忠新．营商制度环境与民营经济发展——基于营商文化"基因"的历史考察与实证［J］.南方经济，2021（2）：106-122.

**图书在版编目（CIP）数据**

历史文化名城基因与文化产业发展内在机制研究：以西安为例 / 梁英建著 . --北京：社会科学文献出版社，2025.7. --ISBN 978-7-5228-5267-6

Ⅰ . G127.411

中国国家版本馆 CIP 数据核字第 2025RQ2290 号

## 历史文化名城基因与文化产业发展内在机制研究
——以 西 安 为 例

著　　者／梁英建

出 版 人／冀祥德
组稿编辑／恽　薇
责任编辑／胡　楠
文稿编辑／徐　磊
责任印制／岳　阳

出　　版／社会科学文献出版社·经济与管理分社（010）59367226
　　　　　地址：北京市北三环中路甲 29 号院华龙大厦　邮编：100029
　　　　　网址：www.ssap.com.cn
发　　行／社会科学文献出版社（010）59367028
印　　装／三河市龙林印务有限公司

规　　格／开 本：787mm×1092mm　1/16
　　　　　印 张：16　字 数：221 千字
版　　次／2025 年 7 月第 1 版　2025 年 7 月第 1 次印刷
书　　号／ISBN 978-7-5228-5267-6
定　　价／98.00 元

读者服务电话：4008918866